임기응변의 힘

임기응변의 힘
ⓒ신동준 2013

초판 인쇄 2013년 9월 27일
초판 발행 2013년 10월 10일

지은이 신동준
펴낸이 강병선
편집인 김성수

기획·책임편집 김성수 **디자인** 이현정 **교정** 최향금
마케팅 방미연 정유선 이동엽 **온라인 마케팅** 김희숙 김상만 이원주 한수진
제작 김애진 김동욱 임현식

펴낸곳 (주)문학동네
출판등록 1993년 10월 22일 제406-2003-000045호
임프린트 아템포

주소 413-120 경기도 파주시 회동길 210
문의전화 031-955-1930(편집부) 031-955-8889(마케팅)
팩스 031-955-8855
전자우편 kss7507@munhak.com

ISBN 978-89-546-2249-3 13320

- 아템포는 문학동네 출판그룹의 임프린트입니다. 이 책의 판권은 지은이와 아템포에 있습니다.
- 이 책 내용의 전부 또는 일부를 재사용하려면 반드시 양측의 서면동의를 받아야 합니다.
- 이 도서의 국립중앙도서관 출판시도서목록(CIP)은 서지정보유통지원시스템 홈페이지(http://seoji.nl.go.kr)와 국가자료공동목록시스템(http://www.nl.go.kr/kolisnet)에서 이용하실 수 있습니다.(CIP제어번호: CIP2013018649)

www.munhak.com

臨機應變

어지러운 세상, 동양고전 3000년의 지혜를 권하다

임기응변의 힘

신동준 지음

아템포

서문:

세상에 영원한 1등은 없다. 애플의 스마트폰 공습 당시 속수무책으로 당했던 삼성전자가 2013년 상반기 순이익 면에서도 애플을 눌렀다. 이는 소니의 하청회사에서 출발한 삼성전자가 원청업체인 소니를 누를 때 이미 예상된 일이기도 했다. 아날로그에서 디지털, 디지털에서 스마트폰으로 변환되는 세계 전자시장의 흐름에 재빨리 올라타 총력 매진한 덕분이다. 변화된 주변상황에 맞춰 재빨리 '임기응변臨機應變'하는 한국인의 특징이 여실히 드러나는 대목이다.

예로부터 일본은 주어진 매뉴얼에 맞춰 일사불란하게 움직이는 데 뛰어난 면모를 보여주었다. 일명 '도자기전쟁'으로 불린 임진왜란 당시 조선의 도공들을 대거 끌고 가 전 세계 도자기 시장을 석권한 게 그렇다. 한때 소니의 워크맨이 전 세계 소비자를 열광하게 만든 것도 같은 맥락이다. 산업혁명 이래 20세기까지는 아날로그시대였다. 아날로그시대에는 임기응변보다 매뉴얼을 좇아 한 가지 일에 매진하며 점진적으로 기술을 개선해나가는 자세가 위력을 발휘할 수밖에 없다.

그러나 모든 것이 급변하는 21세기 스마트혁명시대는 말 그대로 임기응변의 시대다. 영국의 〈이코노미스트〉를 비롯한 세계 유수 언론은 한국이 통일되면 2040년대에 세계 2위의 경제대국으로 우뚝 설 것으로 예상하고 있다. 이미 좋은 조짐이 나타나고 있다. 유튜브 조회 부문에서 기네스북 기록을 갈아치운 싸이의 음악을 비롯해 영화와 드라마, 음식 등 다양한 종류의 한류가 약진하고 있다.

스포츠에서도 한국과 일본의 이런 차이는 극명하게 드러나고 있다. 일본은 지난 1998년 프랑스 월드컵 이후 2014년의 브라질 월드컵을 대비하는 현재까지 교체된 감독이 모두 5명에 불과하다. 감독을 무려 10여 명이나 바꾼 한국과 대비된다. 매뉴얼에 충실한 결과다. 그러나 매뉴얼은 예기치 못한 사건이 발생했을 때 임기응변에 극도로 취약한 결정적인 약점을 안고 있다. 지난 2011년 후쿠시마 원전사태 이후 일본정부가 제대로 된 해법을 내놓지 못한 채 계속 우왕좌왕한 게 그렇다.

한국은 아무런 준비도 안 하고 있는 듯 보이지만 막상 발등에 불이 떨어지면 놀라운 집중력을 발휘해 기적을 일군다. 1998년 프랑스 월드컵 당시 현지에서 감독을 해임해 논란을 빚기도 했지만 2002년 한일월드컵의 4강 신화는 그런 임기응변의 결과이기도 했다. 박정희 전 대통령이 야당과 언론의 거센 반발에도 불구하고 경부고속도로 건설을 밀어붙여 10대 무역대국의 기반을 닦은 것도 같은 맥락이다. 이런 임기응변의 신화를 다시 한 번 재현할 필요가 있다.

북로남왜北虜南倭의 외침에 시달려온 한국의 문화유전자는, 섬에 고립된 채 매뉴얼에 매달리며 자고자대自高自大한 일본과 달리 임기응변에 유리하게 진화해왔다. 우리의 장기인 임기응변을 멀리한 채 이웃한 일본의 장기를 흉내 내서는 안 된다. 지난 2011년 광복절을 닷새 앞두고 삿포로에서 열린 한일전에서 한국은 유럽 축구를 흉내 낸 일본 축구를 어설프게 따라했다가 참패하고 말았다. 자신의 장기를 내팽개친 채 남의 장기를 좇은 탓이다. '한국형 축구'만이 월드컵 제패를 기대할 수 있듯이 '한국형 경제모델'과 '한국형 민주주의 모델'만이 모든 것이 급변하는 21세기 스마트혁명시대의 앞날을 기약할 수 있다.

현재 일본은 비록 G2의 자리를 중국에 양보하기는 했으나 앞으로도 G3의 경제대국 자리를 계속 유지할 공산이 크다. 모범생이 그렇듯이 매뉴얼에 충실하면 1등은 못할지라도 2, 3등은 할 수 있기 때문이다. 그러나 개성이 강한 한국 사람들이 이를 좇을 경우 2, 3등은커녕 4, 5등에도 들 수 없다. 필자가 이 책을 집필한 이유가 여기에 있다. 우리의 장기인 임기응변의 특징을 최대한 살려내야 급변하는 이 시대를 슬기롭게 헤쳐나갈 수 있다. 각 부문에서 '퍼스트 무버First Mover'가 되어 세계시장을 선도해나가야 한다.

이 책은 동양 고전에 나오는 임기응변의 이치를 크게 변역, 임기, 응변 세 가지 차원에서 집중 분석했다. 원래 임기응변은 《손자병법》을 비롯한 역대 병서와 《한비자》와 《상군서》를 비롯한 법가서, 《관자》와 《사기》〈화식열전〉 등의 경제사상서가 성패의 관건으로 꼽는 중요한 성공 키워드다.

21세기 스마트혁명시대는 자타가 인정하는 임기응변의 시대다. 임기응변의 문화유전자를 지닌 우리에게는 천재일우의 기회가 도래한 셈이다. 그러기 위해서는 무엇보다도 강력한 추진력을 바탕으로 시의적절한 임기응변을 행하는 것이 관건이다. 이 책이 명실상부한 '동북아 허브시대'의 개막에 앞장서고자 하는 모든 이들에게 나름 도움이 됐으면 하는 바람이다.

2013년 가을
학오재學吾齋에서 저자 쓰다

목차:

서문 04

들어가는 글 난세에는 난세의 논리가 있다 10
　　먼저 내줘야 나중에 더 크게 취한다·한국인에게는 임기응변이 답이다

1부 변역變易, 흥망성쇠의 계기를 읽어야 한다

01: 천기天機, 하늘의 변역 이치를 살펴라 24
　　자강불식, 스스로 부단히 채찍질하는 힘·임기응변의 묘리를 터득하라·살고자 하는 힘은 강하다·하늘과 땅에 기대지 않고 스스로 대업을 이뤄야 한다

02: 지기地機, 땅의 생육 이치를 통찰하라 42
　　땅처럼, 후덕을 베풀어라·죽음의 땅에서도 능히 살아날 수 있다·배수진의 힘·천문지리 속에서 가능성을 찾아내다

03: 인기人機, 사람의 관계 이치를 터득하라 67
　　사람의 관계는 먹고 입는 데서 출발한다·사람을 감동시키는 것보다 나은 계책은 없다

2부 임기臨機, 누구에게나 결정적인 계기가 온다

01: 시기時機, 철저히 대비하며 때를 기다린다 90
　　시기를 놓치지 마라·시기가 올 때까지 참고 또 참아야 한다·인내, 달빛 아래에서 은밀히 실력을 기르는 시간

02: 사기事機, 사안이 무르익었을 때 신속히 움직여라 113
　　준비되지 않은 자에게 기회는 없다·멀리 내다보는 지혜·움직일 때는 신속하게

03: 심기心機, 마음의 자세에 모든 것이 달려 있다 132
　　심기가 바로 서야 한다·상대의 심기를 흩뜨리는 법·심기일전, 승기를 잡는 내면의 힘

3부 응변應變, 승부수를 던져야 할 때

01 : 세기勢機, 염량세태 속에서 세를 확장하라 158
안목이 힘이다 · 명리에 초연하기 · 스스로에게는 엄격하고 남에게는 너그럽게 · 부하를 자식처럼 아껴라

02 : 전기轉機, 이기는 계기는 스스로 만들 수 있다 186
대천명은 진인사의 결과일 뿐 · 식견을 키워야 안목이 생긴다 · 과오를 적게 하는 것이 승리의 관건 · 비상한 시기에는 비상한 계책이 필요하다 · 마지막까지 마음을 놓아서는 안 된다

03 : 승기乘機, 이기는 계기에 재빨리 올라타라 212
무임승차의 위험을 기억하라 · 신뢰가 쌓여야 설득할 수 있다 · 파죽지세 하라!

04 : 결기決機, 결단 앞에서 절대 머뭇거리지 마라 235
결단해야 할 때 결단해야 한다 · 체면에 얽매이지 마라 · 위기일수록 더욱 속히 결단하라

05 : 투기投機, 하나의 표적에 온 힘을 쏟아부어라 271
절대로 힘을 분산시키지 마라 · 단순함의 힘 · '파탈의 미학'을 터득하라

나가는 글 임기응변, 스마트혁명시대를 위한 동양고전 3000년의 지혜 295
공자는 괴력난신을 말하지 않았다 · '기정병용'의 용병 원리를 활용하라 · 심기일전의 각오로 임기응변하라

참고문헌 318

들어가는 글
난세에는
난세의 논리가 있다

먼저 내줘야 나중에 더 크게 취한다

　임기응변은 불가측성이 극대화된 난세亂世 상황에서 재빠른 변신을 통해 난관을 돌파한다는 취지에서 나온 말이다. 난세에는 치세治世 때와 달리 이익을 향해 무한 질주하는, 이른바 '호리지성好利之性'이 적나라하게 드러난다. 호리지성은 원초적인 본능에 해당하므로 부부와 부모자식, 형제 등 가장 가까운 인간관계에서도 예외 없이 나타난다. 다음은 《한비자》〈오두五蠹〉의 해당 대목이다.

　"흉년이 든 이듬해 봄에는 어린 동생에게도 먹을 것을 주지 못하지만, 풍년이 든 해의 가을에는 지나가는 나그네에게도 음식을 대접한다. 이는 골육을 멀리하고 나그네를 아끼기 때문이 아니라 식량의 많고 적음에 따른 것이다. 옛날 사람이 재물을 가볍게 여긴 것은 어질었기 때문이 아니라 재물이 많았기 때문이고, 요즘 사람이 재물을 놓고 서로 다투는 것은 인색하기 때문이 아니라 재물이 적기 때문이다. 옛날 사람이 천자의 자리를 쉽게 버린 것은 인격이 고상하기 때문이 아니라 세력과 실속이 박했기 때문이고, 요즘 사람이 지위가 높고 권세가 있는 자에 기대어 미관말직을 놓고 서로 다투는 것은 인격이 낮기 때문이 아니라 이권에 따른 실속이 많기 때문이다."

군신 간의 의리는 말할 것도 없고 부모자식과 형제 등의 가족관계조차 호리지성의 덫에서 한 치도 벗어나지 못하고 있다는 지적이다. 이와 대비되는 것이 영예로운 삶을 추구하는 '호명지심好名之心'이다. 공명을 떨쳐 죽백(竹帛, 서적 특히 역사서를 이르는 말)에 이름을 남기고자 하는 심성을 뜻한다. 이는 사회 및 국가 등의 공동체 속에서만 발현되고, 최소한 먹는 문제가 해결된 뒤에 나타난다는 점에서 '호리지성'과 대비된다. '호리지성'이 성악설에 입각한 인간 개개인의 본성인 '인성人性'에 해당한다면, '호명지심'은 인간이 최초로 집단생활을 영위하면서 나타나기 시작한 '민성民性'으로 풀이할 수 있다. 민성은 사회 및 국가공동체 속의 삶에서만 나타나는 특이한 현상이다.

영장류도 인간과 유사한 군거생활을 영위하지만 영예를 위해 목숨을 바치는 식의 호명지심은 나타나지 않는다. 그러므로 호리지성은 인간을 포함한 모든 동식물에 예외 없이 나타나는 현상인 데 반해 호명지심은 오직 인간사회에서만 찾아볼 수 있는 특이한 현상이라 할 수 있다. 전국시대 중엽 서쪽 변방의 진秦나라를 가장 부강한 나라로 만들어낸 상앙商鞅은 《상군서商君書》〈산지算地〉에서 민성을 다음과 같이 분석해놓았다.

"민성은 배고프면 먹을 것을 구하고, 지치면 쉬기를 원하고, 괴로우면 즐거움을 찾고, 치욕을 당하면 영예를 바라기 마련이다. 이게 백성의 기본 정서다. 백성들이 이익을 추구하면 예의의 법도를 잃게 되고, 명성을 추구하면 민성의 기본규율을 잃게 된다. 어떻게 그리 말할 수 있는가? 지금 도적이나 다름없는 귀족들은 위로 군주의 금령을 범하고, 아래로는 신민臣民으로서의 예의를 잃었다. 명성이 땅에 떨어져 욕을 먹고 몸이 위태로워졌는데도 여전히 도적질을 그치지 않는 것은 끊임없이 이익을 추구하는 '호리지성'을 좇았기 때문이다. 옛날 선비들은 이와 달랐다. 그들은 옷을 입어도 몸을 따뜻이 하기를 구하지 않고, 밥을 먹어도 배부른 것을 구하지 않았다. 어려움을 겪으면서도 의지를 다지는 동시에 사지를 수고롭게 하고 오장을 손상시키면서도 마음만은 더욱 여유 있고 활달하게 했을 뿐이다. 이는 민성의 기본규율과 어긋난다. 그럼에도 그들이 그리한 것은 명성을 추구하는 '호명지심' 때문이다. 그래서 말하기를, '명성과 이익이 모이는 곳에 백성들이 따른다'라고 하는 것이다."

서구 자본주의의 출발이 호리지성에 대한 통찰에서 출발한 것도 같은 맥락에서 이해할 수 있다. 사실 애덤 스미스가 《국부론》에서 역설한 '보이지 않는 손'에 의한 시장가격의 형성은 이미 사마천이 《사기》〈화식열전貨殖列傳〉에서 역설한 것이기도 하다. 〈화식열전〉에서 부상富商의 전형으로 거론한 백규白圭가 대표적인 인물이다. 그는 인간의 호리지성을 활용해 거만巨萬의 재산을 모은 전설적인 부호다. 축재의 비결을 그는 이같이 설파했다.

"나는 생업을 운영하면서 이윤伊尹과 여상呂尚이 계책을 내듯, 손무孫武와 오기吳起가 군사를 쓰듯, 상앙이 법을 시행하듯 했다. 지智가 권변權變에 부족하거나, 용勇이 결단決斷에 부족하거나, 인仁이 먼저 내주어 나중에 더 크게 취하는 취여取予의 수준이 안 되거나, 강彊이 지킬 바를 끝까지 지키는 소수所守 수준이 안 되는 자는 아무리 내 비술을 배우고자 해도 결코 가르쳐주지 않았다."

'권변'은 주어진 상황에서 최선의 답안을 찾아내는 지智, '결단'은 결정적인 시기에 즉각 행동에 옮기는 용勇, '소수'는 지킬만한 것은 반드시 끝까지 지키는 강彊, '취여'는 먼저 내주어 나중에 더 크게 취하는 인仁에 해당한다. '지'는 하늘의 변역 이치인 천기天機와 땅의 생육 이치인 지기地機, 인간관계의 정수를 꿰는 인기人機를 하나로 녹이는 지혜를 말한다. 이는 '임기응변'의 대전제에 해당한다. 결정적인 시기에 머뭇거리지 않고 결단하는 '용'과 지킬 바를 반드시 끝까지 지키는 '강'은 때와 사안이 무르익을 때까지 참고 견디며 스스로를 부단히 채찍질하는 시기時機와 사기事機 및 심기心機를 언급한 것이다. 그게 바로 '임기'이다. 먼저 내주어 나중에 더 크게 취하는 '인'은 변덕스럽기 그지없는 염량세태 속에서 세를 확장하는 세기勢機와 승리의 계기를 스스로 조성해 바라던 바를 이루는 승기勝機의 핵심을 언급한 것이다. 그게 바로 '응변'이다.

백규의 언급 가운데 가장 주목할 것은 먼저 내주어 나중에 더 크게 취하는 '인'이다. 이른바 '취여지도取予之道'다. 주지하다시피 공자가 《논어》에서 역설하고 있는 모든 덕목을 하나로 뭉뚱그린 것이 바로 '인'이다. 많은 사람이 유가사상을 인학仁學으로 표현하는 이유다. 백규는 《손자병법》을 위시한 모든 병서가 하나같이 중시한 임기응변의 방략方略을 취여지도로 요약해놓은 셈이다. 이는 《관자管子》〈목민牧民〉에 나오는 4순四順의 이치에서 힌트를 얻은 것이다. 다음은 해당 대목이다.

"백성들을 능히 편안하고 즐겁게 만들면 백성들은 군주를 위해 근심과 노고를 감수하고, 능히 부귀하게 만들면 군주를 위해 빈천을 감수하고, 능히 보호하여 안전하게 만들면 군주를 위해 위험에 빠지는 것을 감수하고, 능히 잘 낳아 기르면 군주를 위해 후사의 단절도 감수한다. 형벌은 백성들의 뜻을 두렵게 만들기에 부족하고, 살육은 백성들의 마음을 복종토록 만들기에 부족하다고 말하는 이유다. 아무리 형벌이 번다할지라도 백성들의 뜻이 이를 두려워하지 않게 되면 군주의 명령이 시행되지 않고, 아무리 많은 사람을 살육할지라도 백성들의 마음이 이에 복종하지 않으면 윗사람의 자리가 위태로워진다. 그래서 백성들의 4욕四欲을 좇으면 먼 곳의 사람도 제 발로 다가와 친해지고, 백성들의 4오四惡를 행하면 가까운 주변 사람조차 배반하는 것이다. 그래서 말하기를, '주는 것이 곧 얻는 것임을 아는 것이 통치의 요체다!'라고 하는 것이다."

백성들이 간절히 바라는 4욕은 일락佚樂, 부귀富貴, 존안存安, 생육生育의 네 가지 욕망이다. 그리고 백성들이 가장 꺼리는 4오는 우로우憂勞, 빈천貧賤, 위추危墜, 멸절滅絶의 네 가지 혐오다. 4욕을 실현하고, 4오를 멀리하는 것이 바로 천하를 다스리는 요체라는 주장이다. 그게 4순이고, 취여지도를 구체적으로 설명해놓은 풀이에 해당한다. 관중(管仲, 관자)은 이를 한마디로 뭉뚱그려 '주는 것이 곧 얻는 것임을 아는 것이 통치의 요체다'라고 표현한 것이다.

병가와 유가의 사상이 관중을 효시로 하는 이른바 상가商家와 접하는 대목 역시 취여지도에 있음을 알 수 있다. 이는 도가의 효시인 노자가 역설한 것이기도 하다. 다음은 이를 뒷받침하는 《도덕경》 제36장의 해당 대목이다.

"상대를 승복케 만들고자 하면 반드시 먼저 상대를 기고만장하게 만들고, 상대를 약하게 만들고자 하면 반드시 먼저 상대를 강하게 만들고, 상대를 폐하고자 하면 반드시 상대를 먼저 흥하게 해주고, 상대를 빼앗고자 하면 반드시 먼저 주어야 한다."

위 대목은 도가 역시 취여지도에 공명하고 있음을 보여준다. 이처럼 제자백가 모두 인간의 호리지성과 호명지심에 공명하고 있다. 이를 치국평천하에 적용한 게 바로 취여지도다. 자신과 집안을 다스리는 수신제가에도 취여지도가 그대로 적용된다. 이에 대한 통찰이 전제돼야 능히 백규처럼 난세에 천하의 부를 거머쥘 수도 있고, 남과 경쟁할지라도 패하지 않는다.

현재 항간에는 '유전무죄, 무전유죄'라는 자조自嘲의 목소리가 높다. 이는 주주이익을 우선하는 서구식 주주자본주의의 통폐通弊가 이미 도를 넘었음을 반증한다. 서구 자본주의의 한계를 극복하고 모든 사람이 고루 잘사는 새로운 패러다임의 설정이 절실한 때다. 지난 대선 때 '경제민주화'와 '동반성장'이 화두로 등장한 것도 이 때문이다. 그 해답이 바로 취여지도에 있다. 21세기 스마트혁명시대의 새로운 경제·경영 패러다임 역시 여기서 찾을 필요가 있다.

한국인에게는 임기응변이 답이다

동아시아의 중국과 일본 및 한국은 유럽의 영국과 독일 및 프랑스와 여러모로 비교된다. 중국과 영국은 대립되는 현상을 하나로 녹여내는 화해和諧, 일본과 독일은 치밀한 계략하에 일사불란하게 움직이는 교범敎範, 한국과 프랑스는 급변 상황에 재빨리 대응하는 응변應變에 능하다. 이런 특징은 오랜 역사 속에서 만들어진 하나의 집단적 문화유전자로 자리 잡고 있다. 거시사巨視史의 관점에서 볼 때 각 민족이 지니고 있는 문화유전자는 그 특징을 최대한 살릴 경우 천하를 호령하는 배경으로 작동한다.

아편전쟁 이전까지 만주족의 대청제국이 중국의 전 역사를 통틀어 가장 넓은 영토를 차지하고, 130년간에 달하는 이른바 강건성세康乾盛世를 구가한 게 그렇다. 북방 민족의 상무정신과 남방 한족의 숭문정신을 결합시킨 결과다. 대영제국이 게르만족의 거친 언어와 라틴족의 세련된 문화어를 하나로 녹인 간명한 '영어'를 무기로 활발한 해외 진출을 시도함으로써 '해가 지지 않는 제국'을 건설한 것과 닮았다. 뒤늦게 산업혁명에 뛰어든 일본과 독일이 두 차례에 걸친 세계대전을 통해 천하를 진동케 만든 것 역시 치밀한 부국강병 계책 아래 전 국민이 하나가 되어 총력 매진한 결과다. '교범'에 그만큼 충실했던 것이다. 한국이 한때 만주를 호령하며 중원을 통일한 수나라와 당나라의 잇단 침공을 물리치고, 세계 최강의 무력을 자랑한 원나라와 치열한 접전을 벌인 것 역시 '응변'에 능했기 때문이다. 프랑스가 《손자병법》을 탐독한 나폴레옹의 치세 때 막강한 무위를 떨친 것도 '유럽의 공자' 등을 자처한 계몽주의 사상가들이 동양문화를 가장 먼저 흡수한 '응변' 덕분이었다.

자국의 문화유전자에 충실한 각국의 행보는 오늘날의 스마트혁명시대에도 그대로 이어지고 있다. 중국은 덩샤오핑鄧小平의 개혁개방 선언 이후 불과 30여 년 만에 G2의 일원으로 우뚝 섰다. 이는 독자적인 해석을 통해 사회주의와 자본주의를 하나로 녹인 '사회주의 시장경제'를 만들어낸 결과로, '화해'의 특징을 잘 살린 덕분이다. 그리고 일본이 100여 년 동안 동아시아의 패자霸者로 군림할 수 있었던 이유 역시 '교범'에 충실한 덕분이었다.

문제는 우리나라다. 우리나라는 조선왕조 개창 이래 수백 년 동안 문화유전자를 거스르는 쪽으로 나아갔다. 고구려의 후신을 자처하며 황제를 칭했던 고려와 달리 조선왕조는 성리학을 통치이념으로 받아들인 후 상무정신을 잃고 문약文弱의 늪에 빠졌다. 그 결과는 천하대세에 눈을 감은 유아독존의 자만이 불러온 왜란과 호란 등의 잇단 외침, 사변논쟁으로 날을 세운 당쟁과 일족의 안위만을 생각한 외척세력의 세도정치로 인한 국가의 패망이었다. 북로남왜로 상징되는 거센 외풍을 막아냈던 응변의 능력을 스스로 포기한 후과後果다.

객관적으로 볼 때 치세에는 임기응변이 그다지 쓸모가 없다. 조선왕조가 일본의 침략을 받기 전까지 현실과 동떨어진 사변논쟁으로 날을 세웠는데도 별 탈이 없었던 것도 이런 이유다. 이런 시기에는 모든 것이 하나의 '룰' 내지 '패턴'으로 정형화되어 있기 때문에 임기응변의 필요성이 크지 않다. 외침만 없다면 의외의 일이 터졌을 때조차 기존의 관행 내지 매뉴얼대로 할지라도 큰 문제가 없다. 치세에 이른바 임시변통臨時變通이 통하는 이유다.

그러나 난세의 방략인 임기응변은 이와 다르다. 이는 기본적으로 달빛 아래에서 은밀히 칼을 가는 도광양회韜光養晦와 스스로를 부단히 채찍질하며 목표를 향해 시종여일하게 전진하는 자강불식自强不息이 전제돼야만 가능하다. 그게 바로 이 책이 역설하는 '임기응변의 도'다. 이는 마치 오리가 수면 위를 미끄러지듯 헤엄치지만 물밑에서는 쉬지 않고 발을 젓는 것과 같다. 임기응변은 결코 아무나 즉흥적으로 구사할 수 있는 게 아니다. 인구에 회자하는 '위기는 곧 기회다'라는 속언도 이런 맥락에서 접근해야 그 의미를 제대로 파악할 수 있다. 《손자병법》 제1편 〈시계始計〉는 임기응변을 이같이 풀이해놓았다.

"뛰어난 장수는 전황을 잘 따져 형세를 좇아 물 흐르듯 임기응변한다!"

삼국시대 때 임기응변으로 불리한 전세를 유리하게 바꿔 대역전극을 쓴 대표적인 인물로 조조가 있다. 조조는 원래 82편이던 《손자병법》을 13편으로 새로이 편제했는데 이를 《손자약해孫子略解》라 한다. 오늘날 전해오는 《손자병법》은 《손자약해》가 원본이다. 고금을 통틀어 조조만큼 《손자병법》을 깊이 있게 연구한 사람도 없다. 《손자약해》에 나오는 뛰어난 주석이 이를 뒷받침한다. 조조는 매번 전투에 임할 때마다 임기응변술을 이용해 적은 병력으로 많은 병력을 지닌 군웅들을 차례로 격파할 수 있었다.

사마광은 《자치통감》〈황초 원년〉조에서 조조가 실현한 임기응변술을 이같이 평했다.

"조조는 적과 대진하여 싸울 때 태연자약하여 마치 싸우지 않는 듯했다. 그러나 결정적인 기회에 결단하여 승세에 올라타는 결기승승決機乘勝의 시기에는 그 기세가 용솟음쳐 마치 돌을 뚫는 듯 차고 넘쳤다."

조조가 구사한 임기응변술을 '결기승승'처럼 절묘하게 표현해놓은 것도 없다. 임기응변술을 실현코자 한다면 무엇보다 먼저 적과 아군의 전력은 물론 그 장단점을 소상히 파악해야만 한다. 《손자병법》이 지피지기知彼知己를 역설한 이유다. 이는 인기人機를 말한 것이다. 이어 천기天機와 지기地機를 훤히 꿰어야 한다. 《손자병법》이 지피지기만큼이나 중시한 지천지지知天知地가 그것이다. 그래야만 아무리 불리한 상황에 처할지라도 활로를 찾아내 일대 역전극을 펼칠 수 있다.

조조의 사례를 통해 알 수 있듯이 임기응변술은 난세를 만나야 제구실을 한다. 천리마가 전쟁터에서 진면목을 드러내는 것과 같은 이치다. 치세에는 오히려 임기응변술이 불리할 수도 있다. 자칫 간적奸賊으로 몰릴지도 모를 일이다. 천리마가 치세에 제 역할을 다하지 못한 채 한낱 마구간에서 늙어죽는 것과 같다. 허소許劭가 조조를 두고 '치세의 간적, 난세의 영웅'으로 평한 것도 동일한 맥락이다.

난세에 임기응변술이 없으면 결코 천하경영에 성공할 수 없다. 임시변통으로 임했다가는 오히려 더 큰 화를 초래할 수 있다. 임시변통은 먼 앞날을 내다본 커다란 밑그림과 주어진 현실을 토대로 한 구체적이고도 실현가능한 방안이 부족하기 때문이다. 비전과 실천방략이 결여돼 있으면 아무리 현란한 행보를 보일지라도 임시변통에 지나지 않는다. 간혹 적중할지라도 소가 뒷걸음치다 쥐를 잡는 것에 불과하다.

그런 점에서 한때 세계 최빈국이었던 중국이 21세기에 들어와 G2의 일원으로 우뚝 선 사실에 주목할 필요가 있다. '도광양회'와 '자강불식'을 행한 덕분이다. 한때 반동의 괴수로 매도된 공자가 세계문명의 아이콘으로 급부상하고 있는 것도 이런 맥락에서 이해할 수 있다. 쯔진청(紫禁城, 자금성) 수뇌부가 세계 각지의 '공자학원' 건립에 박차를 가한 결과다. 이는 하드웨어뿐만 아니라 소프트웨어까지 석권해 명실상부한 G1으로 도약코자 하는 속셈이다. 다시 말해 '팍스 아메리카'를 대신할 '팍스 시니카Pax Sinica'의 본격 출항을 상징한다.

한반도는 G2시대의 두 축인 미국과 중국의 힘이 정면으로 충돌하는 곳이다. 젊은이들의 '88만원 세대' 자조와 북핵이 상징하듯 안팎의 상황도 녹록지 않다. 게다가 중국의 기술력은 한국의 턱밑까지 쫓아왔다. 아직 상대적 우위를 유지하고 있지만 추격 속도가 워낙 빨라 언제 추월당할지 모른다. 한국은 기술력에서 계속 상대적 우위를 유지해야만 흑자 기조를 유지할 수 있는 절박한 상황에 처해 있다. 그러나 위기는 곧 기회이기도 하다. 고금을 막론하고 천하가 요동칠 때만큼 모든 가능성이 활짝 열려 있는 때도 없다. 임기응변의 도가 절실한 이유다. 그래야만 기회가 왔을 때 이를 꽉 움켜잡고 승리를 거머쥘 수 있다.

1부
:
변역變易, 흥망성쇠의 계기를 읽어야 한다

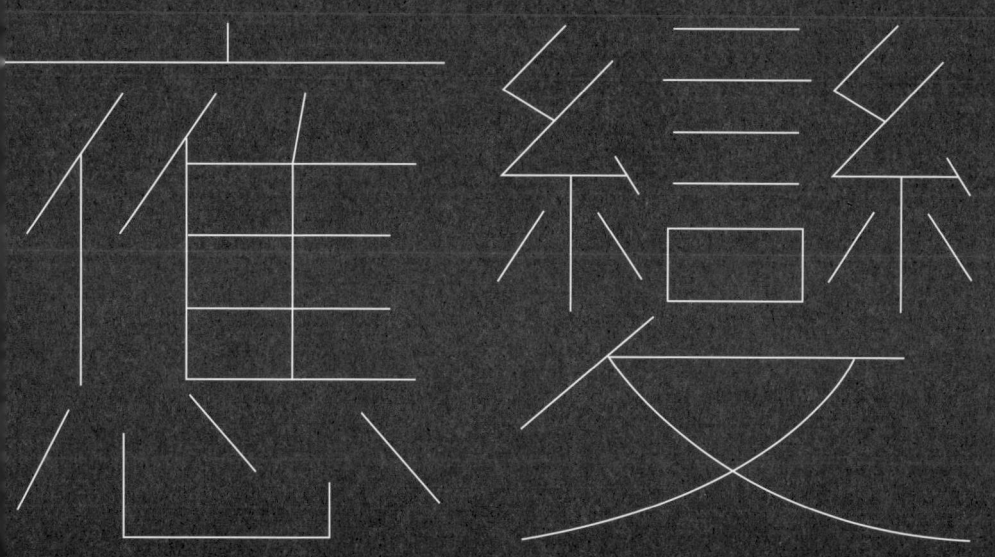

01: 천기 天機
하늘의 변역 이치를 살펴라

자강불식, 스스로 부단히 채찍질하는 힘
:

《주역》을 관통하는 키워드는 변역變易이다. '역易'의 어원과 관련해 여러 설이 있으나 주변 상황에 따라 자유자재로 색이 변하는 도마뱀을 상징하는 상형문자에서 유래됐다고 보는 견해가 가장 그럴듯하다. 임기응변의 기機는 변역의 변變과 취지를 같이한다. 그래서 양자를 합쳐 통상 기변機變으로 표현하는 것이다. '기변'은 우리말의 '낌새'를 뜻하는 '기미'(幾微 혹은 機微)와 서로 통한다. 기미는 극히 미세한 변화의 조짐을 지칭할 때 사용하고, 기변은 미세한 변화의 조짐이 표면화한 경우를 지칭할 때 사용한다. 결국 《주역》에서 말하는 '변역'은 낌새를 눈치 채고 스스로 변화하는 것을 뜻하는 셈이다. '임기응변'의 기본취지가 바로 여기에 있다. 이는 크게 '임기臨機'와 '응변應變'으로 나눠 살펴볼 수 있다.

임기응변의 '임기'는 변화 조짐을 뜻하는 기변의 상황에 맞닥뜨린 경우를 지칭하고, '응변'은 이런 임기 상황에서 인간 스스로 변화하는 것을 뜻한다. 이처럼 임기와 응변은 원인과 결과, 상황과 결단의 관계를 맺고 있다. 다시 말해 임기는 천지자연의 끝없는 순환과 변화에 맞닥뜨린 상황 내지 그 원인, 응변은 이런 상황에서 개개인이 자신의 지혜를 동원해 내린 결단 내지 그 결과에 해당한다.

임기응변에는 반드시 인간의 지략智略이 개입돼 있으므로 임시변통臨時變通과 엄밀히 구분해야 한다. '변통'과 '응변'에는 커다란 간극이 있다. 변통에는 지식과 계책을 동원해 적극적으로 변신해나간다는 의미가 없다. 임시변통은 엉겁결에 만들어낸 방편이 요행히 통한 것에 지나지 않는다. 그러므로 임시변통은 갑자기 터진 일을 우선 간단하게 둘러맞춰 처리하는 임시방편臨時方便과 같은 의미로 사용된다. 그런데도 적잖은 사람들이 임기응변을 임시변통 내지 임시방편과 혼용하고 있다. 영어를 포함한 서구의 언어에는 임기응변을 뜻하는 용어가 없다. 영어의 경우 즉흥적인 처리를 뜻하는 'improvise'와 즉석에서 처리한다는 뜻의 'extemporize'만 존재한다. 이는 임시방편 내지 임시변통일 뿐이다.

그렇다고 한·중·일 동아시아 3국의 사람들이 임기응변의 의미를 제대로 파악하고 있는 것도 아니다. 《주역》 등의 주석서를 보면 거의 예외 없이 임기응변의 '기'를 통상 '천기天機'로 좁혀 해석하고 있다. 이는 맹자를 사상적 조종祖宗으로 삼고 있는 성리학이 남긴 통폐다. 맹자는 지기地機와 인기人機를 인정하지 않았다. 인간이 개척해 나아가야 할 길인 인도人道를 천도天道의 부속물로 본 탓이다. 군주가 잘못하면 하늘이 여러 징조를 통해 이를 경고하고, 그래도 말을 듣지 않으면 마침내 벌을 내려 무너뜨리고 만다는 식이다. 그 내용을 보면 '신'을 '하늘'로 바꿔놓았을 뿐 불교와 기독교 등의 종교와 별 차이가 없다. 이는 인격신에 해당하는 천지天志를 숭상한 묵가의 이론을 차용한 결과다. 묵자가 사상 최초로 사용한 인의仁義 개념이 《맹자》를 관통하는 키워드로 나오는 게 그 증거다. 이를 통상 '천인합일설天人合一說'이라 한다.

주희가 집대성한 성리학의 기본이론인 '이기론理氣論' 역시 맹자의 '하늘'을 '이理'로 바꿔놓은 것에 지나지 않는다. 프랑스혁명 직후 로베스피에르가 기독교를 폐하고 이성을 숭상하는 이른바 '이신교理神敎'를 국교로 선포한 것도 이런 맥락에서 이해할 수 있다. 이신교는 겉만 무신론일 뿐 알맹이를 보면 '야훼'를 '이성'으로 바꿔놓은 무신론적 유신론에 불과하다.

이와 대비되는 것이 순자의 '천인상분설天人相分說'이다. 하늘과 땅과 인간은 상호 밀접한 관계를 맺고 있으나 작동하는 원리는 서로 다르다는 게 천인상분설의 요지다. 이는 《주역》의 변역 이치와 부합한다. 《주역》은 결코 맹자처럼 영원히 변치 않는 항구불변의 '천도'를 언급한 적이 없다. 오히려 천지자연이 끊임없는 순환하며 바뀌는 변역을 역설하고 있다. 《주역》이 인정하는 유일무이한 항구불변의 이치는 우주만물 가운데 그 어떤 것도 변역의 이치에서 벗어나지 않는다는 원리 하나뿐이다. 이는 맹자의 천인합일설과 극명한 대조를 이룬다.

천인상분설과 《주역》의 변역 이치에 따르면 천지자연이 끝없이 순환하며 변화하는 계기는 크게 세 가지다. 하늘과 땅과 사람의 이른바 3재三才에 부응하는 기변인 천기天機, 지기地機, 인기人機가 그것이다. 이를 3기三機라고 한다. 《주역》에 나오는 64괘 384효는 바로 3기의 상호관계를 설명해놓은 것이다. 이를 한마디로 요약해놓은 게 바로 '변역'이다. 공자는 《주역》〈계사전〉에서 변역의 이치인 이른바 역도易道를 이같이 설명해놓았다.

"《주역》의 괘사卦辭와 효사爻辭는 위태로운 정황을 드러내 위태롭다고 조심하는 자는 평안을 얻고, 안이한 자세로 임하는 자는 기울어지게 해놓았다. 그 도가 매우 커 천지만물이 모두 그 안에 있다. 일을 할 때 시작부터 끝까지 두려운 마음으로 임하면 '역도'는 그로 하여금 재난을 면하게 한다. 변역의 이치가 이와 같다."

역도의 요체가 바로 근면한 자세로 스스로를 부단히 채찍질하며 전진하는 '자강불식自强不息'에 있음을 언급한 것이다. 체용體用의 논리를 동원하면 변역의 이치인 역도는 체體, 자강불식은 그 운용인 용用에 해당한다. 공자는 〈계사전〉에서 또 이같이 말했다.

"무릇 '역도'란 무엇을 말하는 것인가? 역도란 일을 시작해 이루는 개물성무開物成務를 뜻한다. 가히 천하의 모든 도를 덮을 만하다. 역도의 체용은 오직 이것 하나뿐이다."

사업의 시작과 끝을 하나로 관통시키는 이치를 변역의 모든 것으로 풀이한 셈이다. 그게 바로 자강불식이다. 《주역》이 하나같이 난관에 봉착했을 때 그 원인을 자신에게서 찾을 것을 주문하고 있는 것도 바로 이 때문이다. 《주역》〈이괘履卦〉에서는 호랑이의 꼬리를 밟는 위란危亂의 시기조차 스스로 반성해 노력하는 자는 이내 길吉하게 된다고 역설하고 있다. 이는 군자의 자강불식이 바로 수신제가와 치국평천하의 요체임을 말한 것이다. 때가 오지 않아 득지得志하지 못했을 때는 수신제가에 매진하고, 득지했을 때는 성신誠信의 자세로 치국평천하에 임하는 것이 군자가 취해야 할 바른 길이다. 《주역》에서 말하는 중정中正이 바로 그것이다. 때가 아닌데도 수신제가를 게을리한 채 계속 전진만을 추구하거나, 결정적인 시기에 결단을 내리지 못한 채 치국평천하의 길에 나서지 않는 것 모두 흉凶하다고 본 이유다. 개인의 성패는 말할 것도 없고 기업과 국가의 흥망역시 자강불식 이치에서 한 치도 벗어난 적이 없다.

《주역》을 점복을 치는 복서卜筮 책으로 간주해서는 안 된다. 역사를 거울로 삼아 미래를 대비하는 게 옳다. 《주역》이 자강불식을 역설한 것도 바로 이 때문이다. 다음은 이를 뒷받침하는 《주역》〈건괘乾卦〉의 괘사(卦辭, 64괘의 뜻을 풀이해놓은 글)다.

"64괘의 이치를 풀이해 놓은 《주역》〈단전彖傳〉에 이르기를 '크구나, 하늘의 원덕元德이여!'라고 했다. 만물이 이를 바탕으로 태어난 것을 말한다. 구름이 날고 비가 대지를 적시니 만물이 제각기 흘러 모양을 갖춘다. 하늘의 도는 천변만화千變萬化하여 만물의 성명性命을 바로잡는다. 64괘와 384효爻의 괘상卦象과 효상爻象을 풀이한 《주역》〈상전象傳〉에 이르기를 '하늘의 운행이 굳건하니 군자는 이를 본

받아 자강불식한다'라고 했다."

자강불식을 군자의 수신제가와 치국평천하로 해석한 것이다. 《주역》과 《도덕경》을 하나로 꿴 삼국시대의 왕필王弼도 이와 유사한 의미로 풀이했다.

"이는 군자가 《주역》〈건괘〉의 괘상을 이용해 스스로 강인하게 힘써 노력하며 쉬지 말아야 한다는 취지다."

《주역》에 나오는 64괘의 요지는 한마디로 '시변時變에 부응하는 군자의 자강불식'에 있다고 해도 과언이 아니다. 《주역》〈혁괘革卦〉는 변혁變革을 언급하고 있다. 변혁은 변역과 같은 개념으로, 다만 변역의 주체에 방점을 찍은 것이 약간 다르다. 혁명革命 개념이 〈혁괘〉에서 나온 게 그렇다. 〈혁괘〉는 효사(爻辭, 384효의 뜻을 풀이해놓은 글)에서 군주의 변혁을 대인호변大人虎變, 신하의 보필을 군자표변君子豹變으로 표현해놓았다. 장려하게 털갈이를 한 호랑이와 표범처럼 아름답다는 뜻이다. 군주와 신하가 합세해 '혁명'을 완수하는 것을 이같이 표현한 것이다.

임기응변의 묘리를 터득하라

변역의 '역'은 천지자연의 변화에 초점을 맞추고 있다. 이에 반해 변혁의 '혁'은 인간의 능동적인 변역에 방점을 찍고 있다. 군자의 자강불식과 같은 취지이다. 한마디로 모든 사업의 성패는 궁극적으로 자강불식 여부에 달려 있다는 이야기다. 초한전 때 자강불식을 소홀히 해 건달 출신 유방에게 손에 다 넣은 천하를 '헌납'한 항우처럼 하늘을 원망하거나 남을 탓하는 것은 자강불식의 기본 취지와 정면으로 배치된다.

중국의 역대 황제 가운데 청조의 강희제와 더불어 최고의 성군으로 손꼽히고 있는 당태종 이세민은 자강불식의 이치를 통찰했다. 그가 정관지치貞觀之治의 성세를 구가한 배경이다. 여기에는 위징魏徵의 도움이 컸다. 당태종과 위징의 대화를 수록한《정관정요貞觀政要》에 따르면 정관 11년(637), 위징은 당태종에게 이런 내용의 상소를 올린 바 있다.

"군자와 소인이 뒤섞이고 시비가 뒤엉키는 일이 없도록 하려면 반드시 덕행으로 사람들을 다독이고, 신뢰로 대하고, 인의로 격려하고, 예절로 절제토록 만들어야 합니다. 연후에 선량한 자와 선한 일을 좋아하며 사악한 자와 악한 일을 싫어하고, 상벌을 분명히 해야 합니다. 이같이 하면 소인은 간사한 짓을 끊고 군자는 자강불식을 행하게 됩니다. 억지로 다스리려 하지 않을지라도 천하가 절로 다스려지는 일이 어찌 멀리 있는 일이겠습니까?"

아무리 득천하得天下에 성공했을지라도 자강불식을 게을리하면 이내 치천하治天下에 실패할 수밖에 없다고 지적한 것이다. 당태종은 위징의 상소를 읽고 찬탄했다.

"그대를 만나지 못했다면 어찌 이처럼 훌륭한 말을 들을 수 있었겠는가!"

사상사적으로 볼 때 자강불식은 공자가 《논어》〈안연顏淵〉에서 역설한 극기복례克己復禮와 취지를 같이한다. 하루는 안연이 인仁에 관해 묻자 공자가 이같이 대답했다.

"실로 '극기복례'야말로 인을 이루는 첩경이다. 하루만이라도 '극기복례'를 행하면 천하가 인으로 돌아갈 수 있다. 이는 자신에게서 비롯되는 것이다. 어찌 다른 사람에게서 비롯될 수 있겠는가?"

안연이 재차 물었다.

"자세한 사항을 묻고자 합니다."

공자가 대답했다.

"예禮가 아니면 보지 않고, 예가 아니면 듣지 않고, 예가 아니면 말하지 않고, 예가 아니면 움직이지 않는 게 그것이다."

예를 통해 절도를 지키는 게 바로 '극기복례'라고 답한 셈이다. 극기복례에서 말하는 '예禮'는 끊임없이 스스로를 채찍질하는 자강불식을 달리 표현한 것이다. 극기복례는 《춘추좌전》에 처음으로 나온다. 〈노소공 12년〉조에 따르면 당시 초영왕楚靈王은 멋대로 정사를 펼치다가 신하들에 의해 쫓겨나 객사하는 화를 당했다. 공자는 이를 두고 이같이 평했다.

"옛 책에 이르기를, '극기복례가 곧 인이다'라고 했다. 참으로 좋은 말이다. 만일 초영왕이 이같이 했다면 어찌 치욕을 당할 리 있었겠는가!"

'극기'는 형이상학적인 개념이 아니라 말 그대로 스스로를 절제하는 '자극自克' 내지 스스로 경계하는 '자계自戒'를 말한다. '복례'는 《춘추좌전》에 나오듯이 자강불식을 통해 인으로 돌아가는 이른바 '복인復仁'을 뜻한다. 고금을 막론하고 자강불식에 성공하지 못한 경우 오랫동안 왕조를 유지할 수 없었다. 기업이라고 다를 리 없다. 한때 세계 IT시장을 석권했던 소니와 노키아의 몰락이 이를 방증한다. 애플도 그런 길을 가고 있다. 그 틈을 비집고 정상을 차지한 삼성도 자강불식에 소홀했다가는 이내 이들의 전철을 밟을 수밖에 없다.

제자백가 가운데 임기응변의 중요성을 가장 절실하게 깨달은 학파는 병가다. 병가에서 중시하는 무경칠서武經七書 가운데 《사마법司馬法》은 《맹자》처럼 인의를 고창高唱한 것으로 유명하다. 그럼에도 난세의 임기응변을 적극 수용하고 있다. 다음은 이를 뒷받침하는 《사마법》〈인본仁本〉의 해당 대목이다.

"옛 성왕은 인仁을 근본으로 삼고 의義에 입각해 나라를 다스렸다. 이를 정도正道라고 한다. 그러나 정도가 막혀 뜻대로 되지 않을 때는 타개책으로 권도權道를 사용했다."

권도는 목적 달성을 위해 상황에 따라 임기응변으로 임하는 것을 말한다. '정도'가 인의에 입각한 왕도王道라면, '권도'는 강력한 무력과 법치를 토대로 한 패도覇道를 지칭한다. 전국시대 말기 맹자는 열국을 주유하며 제후들 앞에서 오직 왕도에 입각해야만 천하통일의 대업을 이룰 수 있다고 주장했다. 난세조차 덕정에 기초한 왕도를 펼쳐야 한다고 역설한 것이다. 이것이 현실과 동떨어진 것임은 말할 것도 없다. 이에 반해 순자는 왕도로 천하통일을 이루는 것이 가장 바람직하지만 현실적으로 불가능한 만큼 패도를 통해 천하통일을 이루는 것도 가하다고 주장했다. 이를 선왕후패先王後霸라고 한다. 왕도와 패도의 차이를 《사마법》〈인본〉의 구절처럼 정도와 권도의 관계로 파악한 것이다. 난세에는 이런 접근이 타당하다. 열국의 제후들이 맹자의 이야기를 귓등으로 흘려들은 이유다. 권도, 즉 패도는 임기응변을 전제로 한 것이다.

대표적인 사례로 주나라의 건국원훈인 태공망 여상呂尙을 들 수 있다. 여상은 주나라 무왕을 도와 은나라를 정벌하는 데 앞장선 인물이다. 기원전 1046년 2월, 주무왕의 군사가 지금의 허난성河南省 치현淇縣 부근인 은나라 도성 조가朝歌 근교의 목야牧野에 이르렀을 때 갑자기 벼락이 치고 폭우가 쏟아졌다. 깃발과 북이 모두 찢어지자 군심이 흉흉해졌다. 주무왕의 한 측근이 점을 친 뒤 길조가 있을 때 진군해야 한다며 행군의 중단을 주장하자 여상이 다음과 같이 일갈했다.

"썩은 풀과 말라빠진 거북등으로 무엇을 묻겠는가? 지금은 비상한 시기로 군주를 치러 가는 때다. 점괘가 불길하다고 해서 어찌 훗날 다시 거병할 날을 기다릴 수 있단 말인가!"

그러고는 무왕을 설득해 곧바로 진격했다. 난세의 임기응변이 어떤 것인지를 극명하게 보여준 대표적인 사례에 속한다. 이게 바로 《주역》〈혁괘〉에서 말하는 변혁이다. 당시 여상이 구사한 임기응변이 주나라 건국의 결정적인 계기로 작용한 것은 말할 것도 없다. 난세의 임기응변인 변역이 새 왕조의 건립으로 이어질 때 이를 '혁명'이라 한다.

이를 통해 알 수 있듯이 임기응변에 능한 자만이 난세의 시기에 천하를 평정할 수 있다. 개인과 기업도 마찬가지다. 삼성은 마누라와 자식만 빼고 모든 것을 바꾸라는 이건희 회장의 이른바 '프랑크푸르트 선언'을 계기로 일약 초일류 글로벌 기업으로 우뚝 섰다. 결정적인 계기에 임기응변에 성공한 대표적인 사례에 해당한다. 난세에 성공적인 삶과 사업을 이루고자 할 때 반드시 임기응변의 묘리를 터득해야 하는 이유가 여기에 있다.

살고자 하는 힘은 강하다

제자백가 가운데 '천기'를 가장 먼저 언급한 사람은 장자莊子다. 다음은《장자》〈대종사大宗師〉의 해당 대목이다.

"남에게 굴복하는 자는 목이 멘 사람처럼 아첨하는 말소리가 마치 토하는 듯하고, 욕심이 많은 사람은 생명을 지속시키는 근본인 '천기'가 얕다. 옛날의 진인眞人은 생명을 받으면 기뻐하고, 잃으면 자연의 원래 자리로 돌아갈 뿐이다."

주목할 것은 장자가 '천기'를 삶을 지속시키는 근본인 '생기生機'로 파악한 점이다. 명대 말기 홍자성洪自誠도 유교, 불교, 도교의 삼교합일三敎合一 관점에 입각해 펴낸 처세서《채근담菜根譚》에서 '천기'를 '생기'로 풀이했다.

"새 울음과 벌레 소리 모두 마음을 전하는 비결이다. 꽃봉오리와 풀빛 가운데 도를 깨닫게 하는 밝은 문장 아닌 게 없다. 학문을 하는 자는 모름지기 심기心機가 '천기'와 맑게 통하게 하고, 가슴속을 영롱하게 하여야 한다. 그런 자세로 사물을 접하면 그때마다 깨닫는 바가 있을 것이다."

남북조시대 북제의 안지추顔之推는 천기를 하늘이 부여한 영성靈性으로 파악했다. 원래 영靈은 기機와 통한다. 총명하고 영리한 것을 기령機靈으로 표현하는 게 그 증거다. 다음은 《안씨가훈顔氏家訓》〈면학勉學〉의 해당 대목이다.

"결혼할 나이가 되면 몸과 성정이 일정 부분 안정된다. 이를 계기로 훈육을 통해 '천기'를 더욱 북돋울 필요가 있다."

그런데 남송대에 들어와서는 천기의 의미가 완전히 바뀌었다. '하늘의 기밀'을 뜻하는 말로 굳어진 것이다. 육유陸游의 〈취중초서인희작차시醉中草書因戲作此詩〉에 나오는 다음 구절이 이를 뒷받침한다.

"어린아이가 노인에게 새롭게 깨달은 바가 있는지 묻자, 곧바로 이야기하면 '천기'를 누설할까 두려워했다."

오늘날도 천기는 이런 의미로 사용되고 있다. 남송 때 주희에 의해 성리학이 집대성될 무렵 천기가 하늘의 기밀을 뜻하는 말로 전용된 게 발단이다. 임기응변의 관점에서 보면 천기는 장자처럼 해석하는 게 타당하다. 병가 사상가들도 이런 관점에서 접근했다. 대표적인 인물이 손무孫武와 더불어 병가사상의 쌍벽을 이루는 오기吳起다. 다음은 오기가 쓴 《오자병법》〈논장論將〉의 해당 대목이다.

"무릇 용병에는 기본 틀에 해당하는 핵심원리가 있다. 첫째 기기

氣機, 둘째 지기地機, 셋째 사기事機, 넷째 역기力機다. 전군의 병력이 백만 대군에 이를지라도 이를 운용하는 것은 결국 장수 한 사람의 역량에 좌우될 수밖에 없다. 이를 '기기'라고 한다. 길이 좁고 험하며 큰 산이 가로막고 있는 지형은 열 명이 지킬지라도 천 명의 군사가 지나갈 수 없다. 이를 '지기'라고 한다. 첩자를 잘 활용하고 기동부대를 적절히 운용하면 적의 병력을 분산시킬 수도 있고, 군신 사이를 이간시킬 수도 있다. 이를 '사기'라고 한다. 그리고 전차의 바퀴 굴대통과 비녀장이 견고하고 배의 후미와 양옆에 부착한 노가 편리하도록 만들고, 병사들이 진법에 익숙토록 하고, 말이 잘 달릴 수 있도록 조련하는 것을 '역기'라고 한다. 이들 네 가지 용병원리를 잘 아는 자라야 장수로 삼을 수 있다. 이런 장수를 얻으면 나라가 강성해지고, 떠나면 나라가 위태로워진다. 이런 장수를 일컬어 양장良將이라고 한다."

위 대목에서 관심을 끄는 것은 군사의 운용은 결국 장수의 역량에 좌우될 수밖에 없다고 언급한 '기기'다. 싸움에서 반드시 승리를 거두고자 하는 장한 기상인 의기意氣는 곧 위기상황에서 살아남고자 몸부림치는 '삶에 대한 무한의지'에서 비롯된다. 오기는 이를 '기기'로 표현한 셈이다. 장자가 말한 '천기'와 궤를 같이한다. 장자가 〈대종사〉에서 '옛날의 진인은 생명을 받으면 기뻐하고, 잃으면 자연의 원래 자리로 돌아갈 뿐이다'라고 언급한 것은 생사를 초월한 관점에서 삶을 마주하고 있음을 보여준다. 이때 주목할 것은 '생명을 받으면 기뻐한다'라고 언급한 대목이다. 생사를 초월하면 살고 죽는 것에 희로애락의 감정을 개입시킬 일이 없건만 장자조차도 '생명을 받으면 기뻐한다'라고 언급했다. 인간을 포함한 모든 생명체의 근본적인 욕망을 통찰한 결과로 볼 수 있다.

하늘과 땅에 기대지 않고 스스로 대업을 이뤄야 한다

천기는 성리학자들이 말한 것처럼 결코 형이상적인 '하늘의 기밀'을 뜻하는 게 아니다. 대업을 완성하면 천명을 받은 게 되고 실패하면 천명을 거스른 역적이 되듯이, 천하를 거머쥔 자의 일거수일투족이 곧 하늘의 기밀이다. 삼국시대 때 위문제 조비가 손권을 오나라 왕에 봉하는 책명策命에서 '천기'를 언급한 게 그렇다. 다음은 《삼국지》 〈손권전〉에 나오는 해당 대목이다.

"짐은 지금 만국에 군림하면서 '천기'를 손에 넣어 통제하고 있다."

난세에는 천하를 호령하는 자의 움직임과 관련한 기밀사항이 곧 '천기'로 표현됐음을 알 수 있다. 이종오李宗吾도 《후흑학厚黑學》에서 이같이 갈파한 바 있다.

"당초 나는 글을 안 후 영웅호걸이 되고자 했다. 유가 경전인 사서오경을 수도 없이 읽었으나 아무 소득이 없었다. 제자백가와 24사를 통해 얻고자 했으나 초기에는 이 또한 아무 소득이 없었다. 그래서 나는 과거 영웅호걸이 된 자는 분명히 세상에 전해지지 않는 비술을 터득했을 터인데 나만 못나서 그것을 찾아내지 못한 것으로 생각했다. 그러던 중 왕조의 흥망성쇠와 이를 논한 사관의 평이 완전히 상반되고 있다는 사실을 알게 됐다. 이후 연구를 거듭한 끝에 그 비결은 바로 낯가죽이 두꺼운 면후面厚와 속마음이 시꺼먼 심흑心黑에 지나지 않는다는 사실을 알게 됐다."

이는 마키아벨리가 《군주론》에서 난세의 군주는 결코 통상적인 도덕률에 얽매여서는 안 되고 반드시 '여우의 지혜'와 '사자의 용맹'을 기본 덕목으로 갖춰야 한다고 역설한 것과 취지를 같이한다. 임기응변의 천기도 이런 관점에서 접근해야 한다. 하늘과 땅에 기대지 말고 스스로 노력해 대업을 이뤄야 한다는 의미다. 성공하면 당사자의 일거수일투족이 '천기'가 된다. 그게 바로 제왕이 천하의 모든 정사를 친히 보살핀다는 뜻의 만기친람萬機親覽에서 말하는 '만기'다. 이는 '천기'를 달리 표현한 말이다.

《손자병법》도 같은 맥락을 담고 있다. 제1편〈시계〉에 나오는 다음 대목이 이를 뒷받침한다.

"군주는 도道, 천天, 지地, 장將, 법法 등 다섯 가지 사안에서 적과 아군을 비교·분석해 승부의 흐름을 잘 짚어낼 줄 알아야 한다. '도'는 백성이 군주와 한마음이 되어 생사를 함께할 수 있도록 하는 것이다. 그리하면 백성들은 군주를 위해 죽을 수도 있고, 살 수도 있고, 어떤 위험도 두려워하지 않을 것이다. '천'은 밤낮의 날씨, 계절, 사계절의 변화 등 시간적인 조건을 말한다."

이를 임기응변술의 관점에서 해석하면 '도'는 말 그대로 측량할 길이 없을 정도로 변화무쌍한 임기응변 자체를 뜻한다.《도덕경》에 나오는 '부득이용병不得已用兵'의 취지와 완전히 일치한다. 부득이할 때에 한해 군사를 동원해야 한다는 뜻이다. 《도덕경》은 제30장에서 무력을 동원해 최상의 치도治道인 이른바 도치道治를 이루는 방법을 구체적으로 제시하고 있다.

"용병에 능한 자는 오직 과감할 뿐 감히 강포強暴한 모습을 취하지 않는다. 과감하되 뽐내거나, 자랑하거나, 교만해지지 않는다. 과감하되 부득이할 때에 한해 용병하고, 과감하되 강포한 태도를 취하지 않은 까닭이다. 모든 사물은 장성하면 곧 노쇠하기 마련이다. 강포한 모습은 도에 맞지 않는다. 도에 맞지 않는 것은 일찍 끝나기 마련이다."

부득이하여 군사를 동원했으나 오직 위난危難을 구제하는 데 그칠 뿐 무력을 이용해 강포한 모습을 드러내지 않는 것이 바로 병가에서 말하는 최상의 용병인 병도兵道이다. 임기응변술은 바로 병도와 부합한다.

《손자병법》〈시계〉의 '천'은 임기응변에서 말하는 천기를 달리 표현한 것으로, 《오자병법》〈논장〉에 나오는 기기氣機에 해당한다. 조조는 《손자약해》에서 천기를 이같이 해석해놓았다.

"여기서 말하는 '천'은 천기의 변화를 좇아 토벌에 나선다는 뜻이다. 음양과 사계절의 변환을 어떻게 적절히 활용할 것인지를 언급한 것이다. 《사마법》에서 '겨울과 여름에는 군사를 일으키지 않는다. 적국의 백성까지 배려해야 하기 때문이다'라고 말한 이유다."

조조가 《사마법》을 인용한 점에 주목할 필요가 있다. 적국의 백성까지 배려한다는 것은 곧 천기가 바로 만물을 소생케 만드는 생기生機를 위주로 하고 있음을 방증한다. 다시 말해 음양이 서로 뒤바뀌고, 오행이 서로 맞물려 돌아가고, 사계절이 자리를 바꿔가며 운행하는 것처럼 천지만물이 끝없이 성쇠를 거듭하며 순환하는 이치를 언급한 것이다. 이를 통해 임기응변에서 말하는 모든 기機는 《손자병법》에서 말하는 병도, 전략, 전술과 일대일로 조응하고 있음을 알 수 있다. 《손자병법》〈시계〉에 나오는 '도, 천, 지, 장, 법'의 다섯 가지 개념 가운데 '도'는 전략과 전술을 관통하는 기본 이념으로 《도덕경》 제30장에서 말하는 '부득이용병'을 달리 표현한 것이다. 그게 바로 병도다. 나머지 네 가지 개념 가운데 '천'과 '지'는 전략, '장'과 '법'은 전술 개념에 가깝다. 《주역》의 변역 이치에 입각해 풀이하면 병도는 도체道體, 전략과 전술은 덕용德用에 해당한다.

조조는 《손자약해》에서 도, 천, 지, 장, 법을 하나로 묶어 이같이 풀이해놓았다.

"용병은 늘 상황변화에 따라 임기응변해야 하는 만큼 고정된 형세가 없다. 마치 물이 지형에 따라 자유자재로 모습을 바꿔가며 흐르는 것과 같다. 《손자병법》이 적을 맞이해 싸우는 실전에서 구사되는 무궁무진한 임기응변 이치를 어떤 고정된 이론으로 정립해 미리 전수할 수 없다고 언급한 이유다."

때와 장소의 다양한 차이를 감안해 수시로 계책을 달리하는 임기응변의 이치를 이처럼 잘 요약해놓은 것도 없다. 병도와 전략, 전술은 상호 불가분의 관계를 맺고 있으므로 따로 떼어놓고 봐서는 안 된다. 마찬가지로 임기응변 역시 천기와 지기 및 인기의 3기三機를 하나로 녹여 구사할 줄 알아야 한다. 그러나 아무리 임기응변에 능할지라도 구체적인 접전상황에서는 승부를 예측키 어렵다. 중과부적衆寡不敵의 상황에서는 더욱 그렇다. 《손자병법》은 적을 착각에 빠뜨리는 이른바 '궤도詭道'에서 해답을 찾고 있다. 조조는 《손자약해》에서 궤도를 이같이 풀이했다.

"병법의 요체는 일정하게 정해진 모습이 없는 용병에 있다. 오직 상황에 따라 적을 착각에 빠뜨려 이기는 것만이 유일한 길이다."

고정된 형식의 용병과는 정반대로 상황에 따라 다양한 유형의 용병을 구사하는 것이 바로 병무상형兵無常形이다. 이는 임기응변을 달리 표현한 것이다. 조조가 구사한 임기응변은 매우 다양한 모습으로 나타났다. 짐짓 아군의 미약한 모습을 내비침으로써 적장의 교만을 부추겨 방심하게 만드는 약병계弱兵計, 무력시위로 적을 지레 겁먹게 만드는 요병계耀兵計, 허수아비 등을 이용한 거짓 용병으로 아군에 대한 판단을 흐리게 만드는 의병계疑兵計, 적이 전혀 예상하지 못한 시점에 기습적인 용병으로 적의 허점을 찌르고 들어가는 기병계奇兵計 등이 그것이다. 고금을 막론하고 싸움에서 승리하기 위해서는 상대방의 움직임에 따른 철저한 대비가 있어야만 한다. 이는 아군의 대비가 상대적으로 더욱 철저했음을 뜻한다. 조조가 구사한 임기응변이 모두 그러했다.

02: 지기 地機
땅의 생육 이치를 통찰하라

땅처럼, 후덕을 베풀어라

지기地機는 땅을 상징한다. 땅은 만물을 생육케 만든다. 《주역》의 〈곤괘坤卦〉 괘사는 땅의 위대한 면모를 다음과 같이 표현했다.

"땅은 크게 형통하니 유순함과 인내심을 지닌 암말처럼 바른 도를 지키는 것이 이롭다. 군자가 나아가야 할 바이니, 앞서 나아가면 헤매게 되나 뒤를 좇아 나아가면 얻게 된다. 앞서 나아가는 사람을 주인으로 섬기고 따르면 반드시 이로울 것이다. 〈상전象傳〉에 이르기를, '땅의 형세는 두텁고 건실하며 화순하다!'고 했다. 군자는 땅을 본받아 그 덕을 더욱 두텁게 하여 만물을 싣고자 한다."

군자가 땅을 본받아 그 덕을 더욱 두텁게 하여 만물을 싣고자 한다는 뜻의 원문은 '후덕재물厚德載物'이다. 〈건괘〉에서 역설한 자강불식과 짝을 이룬다.

하늘이 '양'이라면 땅은 '음'이다. '음'의 기운은 만물의 생장을 북돋운다. 밤의 휴식 때 만물이 부쩍 자라는 게 그렇다. 제자백가 가운데 땅의 효용을 가장 높이 평가한 것은 도가다. 노자사상은 유가와 달리 학단學團을 형성하지 못한 채 일사(逸士, 세상을 등지고 숨어 사는 선비)들을 중심으로 전수되었다. 이들은 무위자연無爲自然을 주장하는 장자의 자연파自然派와 음기를 길러 장생불사를 꾀하는 학파인 이른바 양신파養身派로 나뉘었다. 자연파와 양신파 모두 《도덕경》에 그 사상적 뿌리를 두고 있는데, 《도덕경》은 천기와 지기를 하나로 묶어 해석한 게 특징이다. 《도덕경》 제7장의 다음 대목이 이를 상징한다.

"하늘과 땅이 매우 길고 오래니 이는 자기만 살고자 하지 않기 때문이다. 그래서 능히 오래 사는 것이다. 이에 성인은 자신을 뒤로 하여 오히려 앞서고, 자신을 돌보지 않아 오히려 보존된다. 이 어찌 사사로움이 없이 공정한 덕분이 아니겠는가? 그래서 오히려 능히 사적인 일도 이룰 수 있는 것이다."

하늘과 땅이 매우 길고 오래다는 뜻의 원문은 '천장지구天長地久'다. 시간과 공간을 엄히 구분할 경우에는 '천구지장天久地長'으로 표현하는 게 맞는데, 《도덕경》은 '천구지장'이 아닌 '천장지구'로 표현해놓았다. 이는 무한한 시간과 공간은 상호 밀접한 관련이 있다고 판단했기 때문이다. 무한대의 시공간 속에서는 '시'와 '공'의 구분이 별 의미가 없다는 뜻이다. 그럼에도 《도덕경》은 하늘보다 땅에 방점을 찍고 있다. 이는 사람은 시간보다 공간에 더 큰 영향을 받고 있음을 암시한다. 다음은 《도덕경》 제8장의 해당 대목이다.

"최고의 선은 물과 같다. 물은 능히 만물을 이롭게 하면서도 공을 다투지 않고, 많은 사람이 싫어하는 곳에 머문다. 그래서 거의 도에 가깝다. 머무는 것이 땅처럼 낮고 마음이 연못처럼 고요하면 주는 것이 매우 인자하고, 말이 매우 믿음직하고, 정치가 잘 이뤄지고, 일이 잘 처리되고, 움직임이 때에 잘 맞는다. 오직 다투지 않기에 허물이 없는 것이다."

본래 《도덕경》에서 말하고자 하는 '도'는 인간의 삶과 동떨어진 '형이상의 도'가 아니라 인간의 삶과 직결된 '형이하의 도'다. 제39장을 보자.

"하늘은 도를 얻어 청명해졌고, 땅은 도를 얻어 안녕해졌고, 만물은 도를 얻어 생성했고, 제왕은 도를 얻어 천하를 바르게 했다. 하늘이 청명만을 고집하지 않은 것은 장차 분열할까 두려워했기 때문이고, 땅이 안녕만을 고집하지 않은 것은 장차 터지고 샐까 두려워했기 때문이고, 만물이 생성만을 고집하지 않은 것은 장차 멸망할까 두려워했기 때문이고, 제왕이 고귀만을 고집하지 않은 것은 장차 자리를 잃을까 두려워했기 때문이다. 존귀는 비천을 근본으로 삼고, 높은 것은 낮은 것을 기초로 삼는다. 제왕이 스스로를 일컬어 孤, 寡, 불곡不穀이라고 한 이유다. 이것이 천한 것을 근본으로 삼은 게 아니겠는가?"

군주는 마치 땅이 그러하듯이 스스로를 낮춰야 나라를 바르게 다스릴 수 있다고 지적한 것이다. 군주가 스스로를 낮춰 부를 때 사용하는 칭호 가운데 '고'는 박덕하여 외롭다는 뜻이고, '과'는 덕이 적다는 의미이고, '불곡'은 선하지 못하다는 의미다. '고'와 '과' 및 '불곡' 등의 용어는 만물을 자신의 몸 위에 싣는 땅의 덕을 흉내 낸 것이다. 임기응변의 관점에서 볼 때 '지기'는 바로 이런 후덕을 체득해야 구현할 수 있다.

죽음의 땅에서도 능히 살아날 수 있다

《손자병법》이 지형을 최대한 활용하라고 주문한 것을 제대로 이해하려면 바로 이런 맥락에서 접근해야 한다. 《손자병법》은 땅의 덕을 자신에게 유리하게 활용할 줄 아는 안목을 주문한 것이다. 《손자병법》〈시계〉는 지기의 활용을 이같이 제시했다.

"'지地'는 땅의 원근遠近, 험이險易, 광협廣狹, 생지生地와 사지死地 등을 말한다."

이를 두고 조조는 《손자약해》에서 이같이 풀이해놓았다.

"〈시계〉에서 말하는 '지'는 아홉 가지 지형과 형세가 저마다 다른 특징을 지니고 있는 까닭에 상황에 따라 그 이로움을 적극 취해야 한다는 뜻을 밝힌 것이다. 이에 대한 구체적인 언급은 〈구지〉에 나온다."

〈구지〉는 지형에 맞는 전술을 택할 것을 역설하고 있다. 다음은 해당 대목이다.

"용병의 원칙에 따르면 지형은 모두 아홉 가지다. 산지散地, 경지 輕地, 쟁지爭地, 교지交地, 구지衢地, 중지重地, 비지圮地, 위지圍地, 사지 死地 등이 그것이다. 본국 내에서 전쟁이 벌어진 곳을 '산지'라고 한 다. 적지로 들어가기는 했으나 깊숙이 들어가지 않는 곳을 '경지'라 고 한다. 아군이 빼앗으면 아군에게 유리하고 적이 점령하면 적에 게 유리한 곳을 '쟁지'라고 한다. 아군은 물론 적도 공격할 수 있고 사방으로 통하는 곳을 '교지'라고 한다. 세 나라 이상의 많은 나라 가 인접해 있는 지역에서 싸움이 벌어질 경우가 있다. 이 경우 먼저 도착하는 쪽이 주변의 제3국과 우호관계를 맺는 데 유리하다. 이런 곳을 '구지'라고 한다. 적지 안으로 깊숙이 들어간 결과 그 나라의 많은 성읍이 등 뒤에 있어 돌아오기 어렵게 된 부담스런 곳을 '중지' 라고 한다. 산림, 험준한 지형, 늪과 소택지 등 행군하기 어려운 곳 을 '비지'라고 한다. 들어가는 입구는 좁고, 돌아올 때는 우회해야 하고, 소수의 적이 다수의 아군을 공격할 수 있는 곳을 '위지'라고 한다. 빨리 전투를 끝내면 살 수 있으나 그렇지 못하면 퇴로를 차단 당해 몰살당하는 곳을 '사지'라고 한다. '산지'에서는 정면대결을 피 하고, '경지'에서는 오래 머물지 않도록 하고, '쟁지'에서는 함부로 공 격하지 않도록 하고, '교지'에서는 앞뒤의 연락이 끊기지 않도록 주 의하고, '구지'에서는 속히 주변의 제3국과 동맹을 맺고 사방의 공격 에 대비해야 하고, '중지'에서는 군량과 보급물자의 현지조달에 힘쓰 고, '비지'에서는 가능한 한 속히 빠져나와야 하고, '위지'에서는 임 기응변의 계책으로 속히 포위망을 벗어나야 하고, '사지'에서는 전군이 사력을 다해 싸워야 한다."

여기서 주목할 것은 조조가 이 대목을 주석하면서 이를 '물리적인 지형'으로만 파악하지 않고 '심리적인 지형'으로도 간주한 점이다. 다음은 조조의 해석이다.

"'산지'에서는 병사들이 나라 안에서 싸우는 까닭에 고향을 더욱 그리워하게 된다. 전쟁터와 고향 간의 거리가 가까울수록 병사들은 쉽게 탈영한다. '경지'에서는 병사들이 적지라는 개념이 없는 까닭에 언제든 쉽게 본국으로 돌아갈 수 있다고 생각한다. '쟁지'에서는 요충지의 쟁탈 여부에 따라 적은 병력으로도 능히 많은 적을 제압할 수 있고, 약한 전력으로도 능히 강한 전력을 이길 수 있다. '교지'에서는 길이 사방으로 교차하는 까닭에 뜻하지 않게 적군과 맞닥뜨리거나 아군의 행군 위치가 쉽게 드러날 수 있다. '구지'에서는 적보다 먼저 도착해 전쟁에 중립적이거나 소극적인 제3국을 끌어들여 아군을 돕도록 만들 수 있다. '중지'의 명칭은 적지 안으로 너무 깊숙이 들어와 임의로 되돌아가기가 어렵게 된 탓에 붙여진 것이다. '비지'에서는 단단한 땅이 적어 행군하기가 어렵다. '사지'는 앞에 높은 산이 우뚝 서 있고, 뒤에 큰 강이나 호수 등이 있어 이러지도 저러지도 못하는 장소를 말한다. 장애물과 적의 기습공격 위협 등으로 인해 전진하기도 어렵고, 물러나기도 쉽지 않게 된 진퇴양난進退兩難의 상황이 이에 해당한다."

조조는 '위지'에 대해서는 주석을 달지 않았으나, 몰살을 당할 위험이 크다는 점에서 사지와 별반 다를 게 없다. 조조가 가장 역점을 둔 지형은 사지다. 그는 왜 사지에 주목한 것일까? 임기응변술을 발휘할 수 있는 최상의 지형이 바로 사지이기 때문이다. 〈구지〉의 다음 대목이 이를 뒷받침한다.

"병사들을 도주할 수 없는 곳에 투입하면 죽기로 싸울지언정 결코 물러나지 않을 것이다. 죽기로 싸우며 결코 투항할 생각을 하지 않으니 어찌 임무를 제대로 충실히 수행하지 못할 리 있겠는가? 장교와 사병이 한마음이 되어 죽기로 싸운 덕분이다. 병사들은 빠져나갈 길이 없으면 더욱 단결하고, 적국에 깊숙이 들어갈수록 더욱 뭉친다. 병사들이 부득이한 상황에 처하면 더욱 필사적으로 싸우는 이유다."

조조는 심리전 차원에서 접근해 이같이 풀이했다.

"사람은 위험한 상황에 처하면 서로 마음을 합치기 마련이다. 뭉친다는 것은 곧 마치 서로를 줄로 꽁꽁 묶은 것처럼 한 덩어리가 된다는 뜻이다. 사람 역시 궁지에 몰리면 죽기로 싸우기 마련이다."

죽기로 싸우는 것을 '사전死戰'이라고 한다. 이는 '결사항전決死抗戰'의 준말이다. 우리말 속담에 '쥐도 궁지에 몰리면 고양이를 문다'는 표현이 있다. 이른바 '궁서설묘窮鼠齧猫'다. 중국에서는 '토끼도 급하면 사람을 문다'는 뜻의 토급교인兎急咬人이란 성어가 사용되기도 한다. 사람은 사지에 처하면 살아남기 위해 온갖 기발한 계책을 짜내기 마련이다. 초인적인 능력을 발휘하기도 한다. 앞서 살펴보았듯이 '천기'가 '하늘의 기밀'이 아닌 '생기'를 뜻하는 것과 같은 맥락이다. 하늘과 땅이 늘 하나로 묶여 천지天地로 표현되는 것도 이와 무관할 수 없다. 21세기의 최첨단 과학인 핵물리학에서 증명하고 있듯이 무한대의 개념 속에서는 시간과 공간이 구분되지 않는다. 천기와 지기를 엄격히 구분할 필요가 없다는 이야기다. 조조가 '사지'에 방점을 찍은 것은 바로 이런 점에 주목한 결과다.

원래 '지기'의 핵심에 해당하는 사지를 가장 먼저 언급한 고전은 《도덕경》이다. 제50장에 이런 구절이 나온다.

"세상에 태어나 살다가 죽음으로 되돌아가는 와중에 제대로 사는 무리도 10 중 3이고, 죽는 무리도 10 중 3이고, 잘살다가 사지로 가는 무리도 10 중 3이다. 이는 무슨 연고인가? 바로 지나치게 넉넉한 삶을 살려고 했기 때문이다. 대략 듣건대, '생기生機를 잘 기르는 자는 육지로 다닐지라도 외뿔소와 호랑이로 인한 해를 입지 않고, 군에 입대할지라도 전쟁으로 인한 해를 입지 않는다'라고 했다. 외뿔소는 뿔을 들이받을 곳이 없고, 호랑이는 발톱을 쓸 곳이 없고, 무기는 칼날을 들이밀 곳이 없다는 뜻이다."

상식적으로 생각할 때 칼날이 부딪치는 전쟁터와 호랑이 등이 출몰하는 험한 곳은 사지에 해당한다. 장수가 병사들을 이끌고 전쟁터로 나아가는 것은 사지로 들어가는 것이나 다름없다. 특히 여러모로 열세에 처해 있는 중과부적 상황은 더욱 그렇다. 그러나 장수의 역량에 따라서는 이런 사지에서도 능히 살아날 수 있다. 장수의 리더십이 중요한 이유다. 여기서 장수의 리더십을 뜻하는 '인기'가 '천기' 및 '지기'와 하나로 결합한다. '사지'에서 나타나는 특이한 현상이다.

배수진의 힘

사지에서 오히려 대승을 거둔 대표적인 사례로 초한전 당시 당대 최고의 병법가로 활약했던 한신韓信이 조나라를 점령할 때 구사한 배수진背水陣을 들 수 있다.

기원전 205년 10월, 유방의 명을 받은 한신은 곧바로 남하해 지금의 산시성山西省 타이위안太原에 이른 뒤 동쪽으로 방향을 틀었다. 험하기로 유명한 정형井陘의 협곡을 지나 조나라의 심장부인 도성 한단邯鄲으로 돌진하고자 한 것이다. 이는 한니발과 나폴레옹이 알프스 산을 넘어 로마로 진격한 사례를 방불케 하는 작전이었다.

정형의 협곡 입구를 흔히 '정형구井陘口'라고 한다. 정형구의 형陘은 산맥이 끊긴 두 산 사이가 좁게 형성되어 입 구口의 형상을 이룬 곳을 말한다. 지키기는 쉽고 공격하기는 어려운 천혜의 험지로 일종의 관關에 해당한다. 그래서 정형구를 정형관井陘關이라 부르기도 한다. 태항산맥에는 이런 관문이 모두 여덟 군데 있다. 정형관은 다섯 번째 관문에 해당한다.

당시 한신은 '문경지교刎頸之交' 성어의 주인공인 장이張耳와 함께 자신의 군사를 20만 명이라고 내세웠다. 문경지교는 서로를 위해서라면 목이 잘린다 해도 후회하지 않을 정도의 사이라는 뜻이다. 장이의 문경지교 상대는 진여陳餘였다. 두 사람은 한때 문경지교를 자랑했으나 도중에 사이가 틀어져 견원지간犬猿之間이 돼버렸다. 난세에 흔히 나타나는 현상이기도 하다. 당시 장이는 원수가 된 진여를 죽이기 위해 당대 최고의 병법가인 한신의 힘을 이용한 것이다. 이에 맞서 진여도 20만 명의 대군을 정형구에 배치했다. 진여도 나름 병법에 일가견이 있는 인물이다. 그러나 모든 것은 상대적이기 마련이다. 더 뛰어난 인물이 나타나면 자신이 아는 병법 지식은 무용지물에 가깝게 된다. 당시 진여의 참모로 있던 이좌거李左車는 다음과 같이 건의했다.

"한신과 장이가 승세에 올라타 싸움을 걸고 있습니다. 지금 저들의 예기(銳氣, 날카롭고 굳세며 적극적인 기세)를 감당하기 어렵습니다. 제가 듣건대 '천 리 길을 양식을 운송하며 가면 병사에게 주린 기색이 있고, 아무 준비 없이 급히 나무나 풀을 베어다가 밥을 해먹이면 군사들이 계속 배부르지 못하다'고 했습니다. 지금 정형구는 길은 매우 좁아 수레 두 대가 병행하여 갈 수 없고, 말도 대오를 지어 갈 수 없습니다. 행군의 길이는 수백 리에 이를 것이고, 형세로 보아 양식 또한 반드시 후미에 있을 것입니다. 원컨대 제가 기병奇兵을 구사하고자 하니 저에게 군사 3만 명을 빌려주십시오. 그러면 샛길로 가서 그들의 치중(輜重, 무기, 식량, 장막 등 군대의 여러 가지 군수품, 혹은 이를 담당하는 부대)을 끊어버리겠습니다. 장군이 해자垓字를 깊이 파고 보루를 높인 채 저들과 교전하지 않으면 저들은 앞으로 나아가 싸울 수도 없고, 뒤로 물러나 철군할 수도 없고, 들에서 노략질할 것도 없게 됩니다. 열흘도 채 못 돼 한신과 장이의 머리를 가히 장군 앞에 갖다놓겠습니다. 그리하지 않으면 우리는 반드시 저들의 포로가 되고 말 것입니다."

그러나 진여는 《사마법》에서 역설하는 의병義兵을 중시하며 속임수와 기병 계책을 쓰지 않는 것을 자랑으로 삼았다.

"내가 들은 바에 의하면 《손자병법》에서 적의 열 배면 상대를 포위하고, 두 배면 싸운다고 했소. 지금 한신의 군사는 수만 명이라고 하지만 실제로는 수천 명에 지나지 않소. 게다가 천 리 길을 달려와 우리 군사를 치는 까닭에 지금 크게 지쳐 있을 것이오. 이런 약한 군사를 피하고 정면으로 공격치 않으면 장차 더 큰 대군이 공격해올 때 어찌해야 한단 말이오? 제후들은 틀림없이 나를 겁쟁이로 업신여기며 가벼이 보고 곧장 공격해올 것이오!"

당시 한신은 사람을 보내 적진을 세밀히 정탐하고 있었다. 한신은 이내 진여가 이좌거의 계책을 쓰지 않은 것을 알고는 크게 기뻐했다. 곧바로 군사를 이끌고 적진이 있는 정형구로 내려갔다. 당시 태항산의 완만한 경사면은 물론 우뚝 솟은 절벽에도 나무가 띄엄띄엄 있었다. 낮에도 어두운 협곡을 행군해 출구에 해당하는 정형구에서 불과 30리도 못 미치는 곳에서 행군을 멈추고 영채를 차렸다.

한밤중에 한신은 출병 전령을 내렸다. 날쌘 기병 2000명을 뽑아 각기 한나라를 상징하는 붉은 깃발을 하나씩 가지고 샛길을 이용해 산속에 몸을 엄폐한 뒤 조나라 군사의 동정을 살펴보게 했다. 이때 한신이 병사들에게 이같이 경계했다.

"조나라 군사는 내가 도망치는 것을 보면 반드시 영루를 비우고 나를 쫓아올 것이다. 그때 그대들은 영루로 재빨리 들어가 조나라 깃발을 뽑아낸 뒤 우리 한나라의 붉은 깃발을 세우도록 하라."

이어 휘하 장수들 앞에서 장담했다.

"오늘은 조나라 군영을 깨뜨린 후 그곳에서 회식할 것이오."

장수들은 한신의 말을 믿지 못하고 건성으로 응답했다. 한신이 이를 눈치 채고 간략히 배경을 설명했다.

"조나라 군사는 먼저 용병에 편리한 곳에 기대어 영루를 쌓았소. 게다가 저들은 아직 대장군의 기고(旗鼓, 싸움터에서 쓰는 기와 북으로 군대를 지휘하고 명령하는 데 씀)를 보지 못한 까닭에 우리의 선봉을 공격하려 들지 않을 것이오. 아마 내가 이내 험로에 막혀 철군할 수밖에 없을 것으로 생각할 것이오."

그러고는 1만 명의 군사들을 먼저 나아가게 했다. 그들이 출병하자 이내 배수진을 쳤다. 당시 한신이 배수진을 친 곳은 지금의 산시성山西省 방양현靬陽縣에서 발원해 북쪽으로 흐르다가 정형구 경계 쪽으로 들어가는 면만수綿蔓水였다. 조나라 군사들이 이를 바라보며 크게 웃었다. 새벽을 넘긴 시점에 한신이 대장군의 기고를 세운 뒤 우렁찬 군악소리와 함께 북을 치면서 정형구를 빠져나간 뒤 강물을 건너 동쪽으로 집결하자 이를 본 조나라 군사들이 영루의 문을 열고 공격했다. 진여는 한신을 사로잡을 기회가 왔다고 판단해 전군에 총공격을 명했다.

큰 전투가 제법 오래 지속되었다. 도중에 한신과 장이는 기고를 거짓으로 버리고 강물에 대기하고 있던 선박 영채로 달아났다. 한신의 병사들은 진여 군대의 추격을 힘겹게 방어하면서 더 이상 물러서지 않고 맹렬히 싸웠다. 얼마 후 과연 조나라 군사들이 완승을 거둘 생각으로 영루를 비운 채 총출동하여 한나라의 기고를 다투어 빼앗으며 한신과 장이의 뒤를 쫓았다. 그러나 한신과 장이는 이미 물 위에 세운 선박 영채 안으로 들어간 뒤였다. '사지'에 투입된 것이나 다름없는 한나라 병사들 모두 결사적으로 싸웠다. 조나라 군사들로서는 결사적으로 싸우는 한나라 병사들을 이길 수 없었다.

이 사이 산등성이에 매복하고 있던 2000명의 한나라 기병은 조나라 군사들이 영루를 비운 것을 확인한 뒤 조나라 영루로 급히 들이쳐 조나라 깃발을 모두 뽑아버리고 한나라의 붉은 깃발 2000개를 세웠다. 조나라 군사들은 한신과 장이를 잡는 것이 어렵게 되자 영루로 귀환하다가 영루가 온통 한나라의 깃발로 둘러쳐져 있는 것을 보곤 한나라 군사가 이미 영루에 있던 조왕의 장령들을 모두 포획한 것으로 생각했다. 군사들은 이내 혼란에 빠져 사방으로 달아나기 시작했다. 조나라 장수들이 달아나는 군사들의 목을 베며 저지하고자 했으나 이미 늦었다.

한나라 군사가 조나라 군사를 협격해 대파한 뒤 남쪽으로 몇십 리 밖에 있던 지금의 허베이성 화이허槐河 지역인 당시의 저수泜水 가에서 진여의 목을 베고 조왕 조헐을 사로잡았다. 기원전 204년 10월의 일이다. 당시 한신이 구사한 배수진은 후대인들로부터 한신이 구사한 여러 계책 가운데 가장 멋지고 기발한 계책으로 평가받았다. 싸움이 끝난 뒤 제장諸將들이 수급과 포로를 바치며 서로 분분히 축하한 뒤 한신에게 물었다.

"병법에 이르기를 '진을 칠 때 오른쪽으로 산릉을 등지고, 왼쪽

전면으로 수택水澤을 가까이 한다'라고 했습니다. 이번에 장군이 오히려 배수진을 치면서 '조나라 군영을 깨뜨린 후 그곳에서 회식할 것이다'라고 했으나 저희는 내심 믿지 못했습니다. 그러나 결국 승리를 거두었습니다. 이는 어떤 전술입니까?"

한신이 대답했다.

"이 또한 병법에 있는 것으로 제군들이 자세히 살피지 못했을 뿐이오. 병법에 이르기를 '사지에 빠진 뒤에야 생환할 수 있고, 망지亡地에 놓인 뒤에야 생존할 수 있다'라고 하지 않았소. 게다가 나 한신은 평소 장병들과 깊이 친애할 길이 없었소. 이들을 부리는 것은 소위 '훈련받지 않은 저잣거리 사람들을 구사해 작전함'과 다름없는 짓이오. 그래서 형세상 부득불 이들을 사지에 두어 각자 스스로 분전하게 만들지 않을 수 없었던 것이오. 지금 이들에게 사방으로 도주가 가능해 살아날 수 있는 생지生地를 제공했다면 모두 달아나고 말았을 것이오. 어찌 그런 사람들을 지휘하며 작전할 수 있었겠소?"

사지 및 망지와 관련해 《손자병법》〈구지〉는 '급하게 싸우면 살아남고, 싸우지 않으면 패망해 죽음의 땅이 된다'라고 기록해놓았다. 이에 대해 조조는 '앞에 높은 산이 있고, 뒤에 강물이 있어 나아갈 수도 없고 물러나려고 해도 장애가 있는 곳을 말한다'라고 주석했다.

《맹자》〈진심 하〉에도 이와 유사한 '부우완항負隅頑抗' 일화가 나온다. 부우완항은 험준한 지형에 의지해 결사항전에 임하는 것을 말한다. 제나라에 흉년이 들자 맹자의 제자 진진陳臻이 다음과 같이 말했다.

"제나라 도성 사람들은 모두 선생님이 다시 한 번 양곡창고가 있는 당읍棠邑의 창고를 열어달라고 건의할 것으로 생각하고 있습니다. 하지만 이는 다시 할 수 없을 듯합니다."

그러자 맹자가 말했다.

"그리하는 것은 풍부馮婦의 짓이다. 일찍이 중원 진晉나라 사람 중에 풍부라는 자가 있었는데, 범을 잘 잡았다. 하루는 그가 들로 나가자 여러 사람들이 범을 쫓고 있었다. 범이 산모퉁이를 등지고 서자 사람들이 감히 달려들지 못했다. 사람들은 마침 멀리 있는 풍부를 보고는 곧바로 달려가 맞이했다. 풍부가 곧 수레를 타고 달려와 팔뚝을 걷어붙이며 수레에서 내리자 사람들이 크게 좋아했다. 그러나 선비들은 모두 이를 비웃었다."

맹자는 사람들이 좋아한다고 해서 또다시 어리석은 짓을 되풀이할 수 없다는 뜻을 밝힌 것이다. 원래 '풍부'는 어리석은 자의 상징으로 통한다. 명태조 주원장의 책사로 활약하면서 새 왕조 건립에 큰 공을 세운 유기劉基의 저서 《욱리자郁離子》에 나오는 일화이다.

"남쪽 동구東甌 사람들은 '불'을 '호랑이'라고 부른다. 이 지역에서는 불을 뜻하는 화火와 호랑이를 뜻하는 호虎의 발음이 같기 때문이다. 이 나라에는 벽돌이 없어 띠로 지붕을 이은 탓에 화재가 잦았다. 백성들 모두 고생이 심했다. 전에 한 상인이 중원의 진나라로 갔다. 그곳에 호랑이를 잘 잡는 풍부라는 자가 있었다. 상인은 풍부가 가는 고을에는 호랑이가 없다는 말을 듣고는 돌아와서 동구의 군주에게 그 이야기를 했다. 동구의 군주는 풍부가 불을 잘 끄는 것으로 오해해 크게 좋아하며 곧 그에게 명해 많은 예물을 갖고 가 풍부를 불러오게 했다. 풍부가 오자 동구의 군주는 관문까지 나가 영접한 뒤 함께 돌아와 국빈관에 머물게 하면서 귀빈으로 대접했다. 이튿날 시장에 불이 나자 백성들이 풍부에게 달려와 이 사실을 알렸다. 풍부는 팔을 걷어붙이고, 그들을 따라나서 호랑이를 찾았으나 도무지 찾을 길이 없었다. 불길이 궁전 옆의 가게를 위협하는 상황이 되자 사람들이 풍부를 안아다가 불길을 끄게 했다. 결국 풍부는 불에 타 죽었다. 상인은 군주를 속인 죄로 벌을 받았고, 풍부는 영문도 모른 채 죽고 말았다."

부우완항 일화에서 주목할 것은 궁지에 몰린 호랑이가 배수진을 친 점이다. 백수의 제왕 호랑이도 궁지에 몰리면 살아남기 위해 부우완항의 배수진을 칠 수밖에 없다.

천문지리 속에서 가능성을 찾아내다

《손자병법》은 〈지형〉에서 천시와 지리를 정확히 읽을 것을 역설하고 있다. 이른바 '지천지지知天知地'다. 다음은 해당 대목이다.

"지형에는 크게 여섯 가지 유형이 있다. 사통팔달의 교통이 편리한 통형通形, 가기는 쉬워도 돌아오기 어려운 괘형掛形, 아군과 적이 서로 좁은 길을 사이에 두고 대치하는 지형支形, 길이 매우 협소하고 통행이 불편한 애형隘形, 산천이 매우 험준한 험형險形, 아군과 적이 서로 멀리 떨어져 있는 원형遠形이 그것이다. '통형'은 아군이 갈 수도 있고 적이 올 수도 있는 곳을 말한다. 이런 지형에서는 먼저 높고 양지바른 곳을 점령한 뒤 군량 보급로를 확보해 싸우면 유리하다. '괘형'은 아군과 적군을 막론하고 가기는 쉬우나 돌아오기는 어려운 곳을 말한다. 이런 지형에서는 적의 방비가 허술한 때 기습하면 이길 수 있다. 그러나 적이 방비하고 있을 때는 공격해도 이길 수 없을 뿐만 아니라 퇴각하기도 어려워 매우 불리하다. '지형'은 아군이 먼저 진격해도 불리하고 적군이 먼저 진격해도 불리한 곳을 말한다. 이런 지형에서는 비록 적이 이익을 제공해 유인할지라도 진격하지 말아야 한다. 일단 후퇴해 적이 먼저 진격하도록 유인한 후 반쯤 진격했을 때 반격하면 이길 수 있다. 길이 협소한 '애형'에서는 아군이 먼저 점거하면 반드시 방비를 튼튼히 한 뒤 적이 공격해오기를 기다려야 한다. 만일 적이 먼저 점거했을 때는 방비가 충실하면 공격하지 않고, 방비가 허술한 때에 한해 공격한다. 주변 지형이 험준한 '험형'에서는 아군이 먼저 점거하면 높고 양지바른 곳을 점거한 뒤 적이 공격해오기를 기다린다. 만일 적이 먼저 점령했을 때는 재빨리 철수하고 공격하지 말아야 한다. 양쪽의 영루가 서로 멀리 떨어진 '원형'에서는 전력이 서로 비슷할 때는 먼저 도전하지 말아야 한다. 이를 지키지 않고 무리하게 달려가 억지로 싸우려고 달려들면 이내 불리해진다. 무릇 이 여섯 가지는 지형 특성을 이용해 적절히 대응하는 원칙이다. 이는 장수의 중대한 책임이니 신중히 살피지 않으면 안 된다."

'지형地形'을 직역하면 땅의 형상이다. 여기서는 '전장의 형세'라는 의미로 사용됐다. 전장의 형세는 해당 지역의 땅 모습에 따라 달라질 수밖에 없다. 고대에는 지형이 승패에 결정적인 영향을 미쳤다. 《손자병법》에 〈지형〉이 따로 편제된 이유다. 《손자병법》은 〈시계〉에서 승패를 가늠케 하는 다섯 가지 사항인 도, 천, 지, 장, 법을 언급했다. 이때 '지'는 지리地利를 언급한 것으로, 바로 〈지형〉에 나오는 여섯 가지 유형의 모습이다. 〈지형〉의 골자는 천문天文과 지리地理에 대한 제대로 된 이해가 승패의 관건이라는 점이다. 천문과 지리를 천시天時와 지리地利로 바꿔 해석해도 마찬가지다. '지천지지'를 제대로 행하지 못할 경우 패할 수밖에 없다. 다음은 이를 뒷받침하는 해당 대목이다.

"지형은 용병에 도움을 주는 기본조건이다. 적의 내부사정을 정확히 파악해 승리를 견인하기 위해서는 우선 지형의 험준함과 평탄함, 행군 거리의 멀고 가까움 등을 헤아릴 줄 알아야 한다. 이는 현명한 장수인 상장上將이 반드시 알아두어야 하는 것이다. 이를 알고 싸우는 자는 반드시 승리하고, 알지 못하고 싸우는 자는 반드시 패한다."

'지피지기'는 인사人事에 관한 것이고, '지천지지'는 천시와 지리에 관한 것이다. 결국 천시와 지리, 인사를 모두 훤히 꿰어야만 승리를 거둘 수 있다는 이야기다. 〈지형〉에서 천시와 지리를 승리의 관건으로 제시한 이유다. 적잖은 사람들이 지천지지를 풍수지리로 이해하고 있으나, 임기응변술에서는 때와 장소로 표현되는 주변의 모든 정황에 대한 깊이 있는 통찰을 뜻한다.

지천지지를 통해 승리를 거머쥔 대표적인 사례로 경원 원년(260) 촉한을 정벌한 위나라 장수 등애鄧艾를 들 수 있다. 그는 촉한 정벌의 일등공신이다. 당시 위나라 최고의 전략가로 손꼽히던 종회鍾會조차 검각劍閣에서 저지되어 철군을 생각하던 정황을 감안할 때, 그의 촉한 정벌이 결코 우연히 이루어진 것이 아님을 알 수 있다.

등애는 어렸을 때 고아가 된 후 지금의 허난성河南省 루난현汝南縣 땅으로 옮겨가 농부로 살았으나, 독학으로 학업을 꾸준히 이어갔다. 이후 관부의 양식과 마초 등을 지키는 소리小吏가 되었다. 그는 매번 높은 산과 큰 못을 볼 때마다 그곳에 군영의 설치 여부가 적당한지 헤아려 그림으로 나타내곤 했는데, 사람들 모두 그의 이런 행동을 비웃었다. 나중에 조금 승진해 회계를 담당하는 상계리上計吏가 되었을 때 사마의의 눈에 띄었다. 사마의는 단박에 그의 재주를 알아보고 과감히 발탁해 군무를 다루게 했다.

당시 사마의는 양주揚州와 예주豫州 사이에서 대규모로 둔전屯田하여 곡식을 저장한 뒤 장차 동오東吳를 도모하는 재원으로 활용하려 했다. 사마의는 등애에게 명하여 동쪽 수춘壽春 일대까지 두루 시찰하도록 했다. 등애는 이 지역을 두루 탐사한 뒤 운하를 개통해야 한다는 판단을 내리고 〈제하론濟河論〉을 지어 사마의에게 올렸다. 수로를 확장해 관개 능력을 높이고 조운(漕運, 배로 물건을 실어 나름)을 보다 쉽게 만들라는 게 골자였다. 사마의가 이를 받아들여 조운용 수로를 확장하기 시작했다. 덕분에 동남쪽에서 전투가 벌어질 때마다 크게 군사를 일으켜 배를 타고 내려가 곧장 장강長江과 회하淮河에 이를 수 있었다. 군량도 남아돌고, 수해를 염려할 필요도 없었다. 이때 이미 등애의 지천지지가 간단치 않았음을 알 수 있다.

사마의가 죽은 뒤 대장군이 된 사마사司馬師는 등애의 주청을 받아들여 서쪽 강족과 남흉노의 세력을 분산시키는 방안을 실시하기도 했다. 당시 등애는 한인과 이민족의 혼거를 주장했는데, 사마사가 이를 받아들여 훗날 남북조시대 이후 한족과 북방민족이 결합하는 '호한융합胡漢融合'의 기반이 되었다.

등애의 활약은 제갈량의 뒤를 이어 무모한 북벌을 거듭 시도한 촉한의 강유姜維를 저지하면서 두드러지기 시작했다. 당시 강유는 여덟 차례에 걸쳐 위나라 침공을 시도했으나 매번 등애의 저지로 좌절을 겪었다. 한번은 북벌에 나선 강유가 주춤하자, 옹주자사 진태陳泰가 잔치를 베풀어 위나라 장수들을 위로했다. 위나라 장수들이 입을 모아 진태를 칭송했다.

"강유는 이제 힘이 다해 두 번 다시는 나타나지 못할 것입니다."

이에 안서 장군으로 있던 등애가 웃으며 말했다.

"그렇지 않습니다. 그들은 승세를 타고 있고, 우리는 병력이 매우 취약합니다. 이것이 첫 번째 고려할 점입니다. 그들은 장병이 서로 잘 알고 병기가 예리하나, 우리는 장병이 모두 새롭게 충원된 데다 병기도 제대로 수리가 안 되어 있습니다. 이것이 두 번째 고려할 점입니다. 그들은 배를 타고 가고 우리는 걸어서 가니 힘들고 쉬는 정황이 다릅니다. 이것이 세 번째 고려할 점입니다. 적도와 농서, 남안, 기산에 모두 수비군을 두고 있으니 그들은 한 곳에 전념할 수 있으나, 우리는 네 개 지역으로 나누어 방비해야 합니다. 이것이 네 번째 고려할 점입니다. 그들은 남안과 농서로 진출하면 강족의 양식을 먹을 수 있고, 기산으로 들어오면 다 자란 보리밭이 1000경頃을 넘으니 그들의 식량이 되기에 족합니다. 이것이 다섯 번째 고려할 점입니다. 만일 적이 간교한 계책을 구사하게 되면 반드시 공격하러 나올 것입니다."

진태가 탄복했다.

"과연 공은 적군의 사정을 귀신처럼 꿰뚫어보고 있으니, 내가 어찌 촉나라 군사를 염려하겠소!"

진태가 크게 기뻐하며 곧 그와 나이를 잊고 친구가 되는 망년지교忘年之交를 맺었다.

등애의 가장 큰 공은 촉한의 정벌에 있다. 당시 사마사의 뒤를 이은 사마소司馬昭는 장차 위나라의 제위를 찬탈하기 위해서는 촉한 정벌을 통해 위신을 세우는 것이 필요하다고 판단했다. 경원 4년(263) 8월, 사마소는 종회를 촉한 정벌 사령관에 임명했다. 종회는 등애 등에게 명하여 강유를 치게 하고, 자신은 군사 10만 명을 이끌고 진령을 넘어 직접 한중漢中으로 쳐들어갔다. 당시 촉한의 병력은 약 9만 명이었다. 강유가 이 중 5만 명을 이끌고 위나라 군사를 막았다. 나머지 군사 4만 명은 성도成都를 포함한 각 요충지로 분산돼 방비에 나섰다. 그해 9월, 종회가 한중을 함락하자 강유는 남쪽으로 물러나 지금의 쓰촨성四川省 지엔거현劍閣縣 북쪽에 있는 검각을 지켰다. 이곳은 천혜의 요새였다. 종회는 이곳에 막혀 더 이상 진격하지 못했다. 종회는 앞으로 나아갈 수도 없는 데다 양도(糧道, 군량을 나르는 길)가 매우 험하고 멀어 병사들이 결식하는 상황에 처하자 퇴각을 생각하게 되었다.

이때 등애가 종회를 찾아와 다음과 같이 건의했다.

"적이 이미 사기가 꺾여 있기 때문에 응당 승세를 타 진공해야 마땅합니다. 만일 음평陰平에서 지름길을 통해 부현涪縣으로 들어가면 거기서부터 검각까지는 서쪽으로 불과 100리밖에 안 됩니다. 부현은 성도에서 300여 리밖에 안 떨어져 있습니다. 기병奇兵을 이용해 기습을 가하면 검각을 수비하는 일부 병사들이 반드시 부현을 구원하려 할 것입니다. 이때를 노려 일제히 진격하면 될 것입니다. 만일 검각을 지키던 수비병들이 돌아오지 않으면 이는 그들이 부현에서 접전하고 있어 돌아오지 못하는 것이니 그때 장군은 그 틈을 노려 검각을 손쉽게 돌파할 수 있을 것입니다."

종회는 등애와 헤어져 본채로 돌아오자마자 제장들을 모아놓고 이같이 말했다.

"모두들 등 장군을 유능하다고 하나 오늘 내가 보니 한낱 용재(庸才, 평범한 재주)에 지나지 않소."

제장들이 그 이유를 묻자 종회가 이같이 대답했다.

"음평의 소로라고 하는 것이 모두 고산준령이오. 만약 촉한에서 100여 명만 가지고 요충지를 지키다가 길을 끊으면 등 장군의 군사는 다 굶어죽고 말 것이오. 우리가 10만 대군으로 어찌 검각을 깨뜨리지 못할까 염려하겠소."

종회의 제장들이 모두 고개를 끄덕이며 등애를 비웃었다.

등애는 이날 밤 영을 내려 영채를 모두 거두어 음평 소로를 향해 나아가 검각에서 700리 떨어진 곳에 영채를 세웠다. 먼저 아들 등충鄧忠에게 명해 병사 5000명을 이끌고 가 길을 내도록 했다. 등충은 음평을 출발한 뒤 깊은 산과 계곡 속을 20여 일 동안 헤매면서 이내 700여 리를 전진했다. 그가 지나온 곳은 모두 인가가 없는 곳이었다. 연도沿道에 차례로 영채를 여러 개 세워놓은 까닭에 마지막으로 남은 군사는 2000명밖에 안 되었다. 등애가 영마루(고개의 맨 꼭대기)에 올라가 바라보니 등충이 병사들과 쭈그리고 앉아 울고 있었다. 등애가 다가가 곡절을 묻자 등충이 말했다.

"이 영마루의 서쪽은 모두 거대한 절벽이어서 길을 낼 수가 없습니다. 그래서 지금까지 한 일이 모두 헛수고가 되어 우는 것입니다."

등애가 격려했다.

"우리 군사는 여기까지 이미 700리를 왔고 이제 여기만 지나면 곧 목적지에 이르게 된다. 어찌 도로 물러간단 말인가?"

그러고는 곧 모든 군사를 불러놓고 이같이 말했다.

"속언에 '호랑이 굴에 들어가지 않고는 범의 새끼를 잡지 못한다' 라고 했다. 나는 여러분과 함께 이곳에 왔으므로 만약 공을 이루기만 하면 함께 부귀를 누릴 것이다."

군사들이 등애의 말에 다시 용기를 얻었다. 등애는 먼저 병기들을 절벽 아래로 밀어 떨어뜨린 뒤 담요로 자기의 몸을 싸고 솔선해서 아래로 굴러 내려갔다. 부장들 가운데 담요를 가지고 있는 자는 그것으로 몸을 싸서 굴러 내려가고, 담요가 없는 장병들은 서로 밧줄로 허리를 매어 연결한 후 나무 위로 올라가 몸을 연결해 절벽을 넘어갔다. 등애는 이런 방법으로 장애를 모두 극복하고 드디어 성도에서 300리 떨어진 강유江油까지 진격했다. 강유성을 지키고 있던 장수 마막馬邈이 보고를 듣고는 크게 놀라 곧바로 항복했다.

급보를 접한 후주後主 유선劉禪은 제갈량의 아들 제갈첨을 보내 이를 막게 했다. 그러나 제갈첨이 군사들을 이끌고 머뭇거리는 사이 등애는 곧바로 평지로 내려와 제갈첨의 선봉부대를 격파했다. 제갈첨이 이내 견디지 못하고 부현을 포기하고 지금의 쓰촨성 더양현德陽縣 북쪽인 면죽綿竹으로 후퇴하자 등애는 등충과 휘하 장수 사찬을 시켜 제갈첨을 협격하게 했다. 제갈첨이 전사하자 이 소식을 들은 유선은 곧바로 등애에게 항복했다. 강유도 제갈첨이 패했다는 소식을 듣고 검각으로부터 철군해 성도를 구하러 돌아오던 도중 유선의 투항명령을 접하고 곧 종회에게 항복했다. 경원 4년(263) 10월의 일이다. 이로 인해 촉한은 유비가 황제를 칭한 지 42년 만에 무너지고 말았다. 이것이 사마씨의 천하통일에 결정적인 배경으로 작용했다.

여기서 주목할 것은 등애가 험난한 우회로를 택해 진공을 시도한 점이다. 통상적인 천문지리의 관점에서 보면 비웃음을 살 만한 일이다. 그러나 그는 불가능을 가능으로 바꿔놓았다. 마치 나폴레옹이 한겨울에 통상적인 천문을 어기고 눈 덮인 알프스 산맥을 넘어가 롬바르디아에서 오스트리아 대군을 기습해 대승을 거둔 것에 비할 만하다. 로마공화국 시절 카르타고의 한니발이 처음으로 알프스를 넘은 이후 당시까지 이를 시도한 사람은 아무도 없었다. 나폴레옹의 부관들이 불가능한 일이라며 극구 만류했으나 그는 단호히 '내 사전에 불가능이란 단어는 없다'라며 이를 강행했다. 결국 그는 1800년 6월 마렝고 전투에서 오스트리아 대군을 굴복시켜 이듬해 2월 오스트리아로부터 라인 강의 절반을 할양받았다. 이는 유럽의 패권을 장악하는 결정적인 계기로 작용했다.

임기응변술에서 말하는 지천지지는 바로 등애와 나폴레옹이 그랬던 것처럼 불가능을 가능으로 바꾸는 경우를 의미한다. 대다수 사람들은 통상적인 천문지리의 틀에서 벗어나지 못한다. 그러나 불가능한 것처럼 보이는 천문지리 속에서 그 가능성을 찾아내는 안목이 필요하다. 승기勝機는 여기서 나온다. 천기와 지기는 통상적인 천문지리를 승리의 결정적인 계기로 삼는 안목을 말한다. 그게 진정한 의미의 '지천지지'다.

03: 인기 人機
사람의 관계 이치를 터득하라

사람의 관계는 먹고 입는 데서 출발한다

:

인기人機는 인간관계를 통해 승기를 찾아내는 것을 말한다. 천도天道와 인성人性 문제를 전혀 거론하지 않은 공자와 달리 전국시대 말기에 활약한 맹자는 이 문제를 본격 거론하면서 이른바 '성선설性善說'을 주창했다. 성선설의 입장에서 접근하면 모든 인간관계는 의리로 맺어진 선남선녀 내지 군자들의 상호관계여야 한다. 이것이 현실과 동떨어진 것임은 말할 것도 없다. '성악설性惡說'의 관점을 취한 한비자가 모든 인간관계를 이해관계로 접근한 이유다. 의리의 관계로 파악한 맹자와 정반대다.

본래 성性은 심心과 생生이 합쳐져 이뤄진 데서 알 수 있듯이, 생존에 관한 본원적인 욕구와 기질을 뜻하는 말이다. 실제로 이 글자는 '생'과 함께 오랫동안 생래적 욕구 등을 뜻하는 말로 사용됐다.

후대에 '성'이 본격적인 논의 대상으로 부상하면서 그 의미가 바뀐 것이다. 맹자가 성선설을 토대로 '성'을 본격 거론하고 나서면서 인성론人性論은 통치의 근본은 무엇이고, 어떻게 통치하는 것이 좋은가 하는 문제로 비화됐다. 논쟁에 참여한 제자백가 모두 인간의 본성에 대한 상이한 시각을 토대로 다양한 이론을 전개시켜 나갔다.

춘추전국시대에 나온 문헌 가운데 인성론을 최초로 언급한 것은 《관자》다. 비록 인성을 직접 거론한 것은 아니지만 귀신 및 조상신에 관한 제사를 통치문제와 관련시켜 해석한 최초의 사례다. 다음은 《관자》〈목민〉의 해당 대목이다.

"인민을 따르게 하는 기본원칙은 귀신을 밝게 하고, 산천에 제를 올리고, 종묘를 존숭하고, 조상을 공경하는 데 있다."

관중은 인민을 교화의 대상으로 간주했는데, 그의 인성론은 인성은 선악이 혼재한다는 일종의 '유선유악설有善有惡說'에 가깝다.

그러나 공자는 '괴력난신怪力亂神'을 멀리한 것과 같은 맥락에서 인성 문제 역시 직접적인 언급을 피했다. 《논어》〈선진〉에 이를 뒷받침하는 일화가 나온다. 하루는 자로가 귀신 섬기는 것을 묻자 공자가 이같이 대답했다.

"사람을 제대로 섬기지 못하는데 어찌 능히 귀신을 섬길 수 있겠는가?"

자로가 거듭 물었다.

"감히 죽음에 대해 묻고자 합니다."

공자가 대답했다.

"삶도 제대로 알지 못하는데 어찌 죽음을 알 수 있겠는가?"

괴력난신을 멀리한 공자의 이런 태도는 이후 유가들이 사후세계를 크게 문제 삼지 않는 학풍을 만들어내는 데 결정적인 공헌을 했다. 실제로 공자는 죽을 때까지 치국평천하의 현실문제 해결에 골몰했다. 그가 '천도'를 두고 하늘을 경외하는 자세를 유지하면서도 '천도'보다는 '인도'에 깊은 관심을 기울인 것도 이런 맥락에서 이해할 수 있다. 다음은 〈계씨〉의 해당 대목이다.

"군자에게는 세 가지 두려워하는 대상인 3외三畏가 있다. 천명天命, 대인大人, 성인지언聖人之言이 바로 그것이다. 소인은 천명을 알지 못해 이를 두려워하지 않고, 대인을 함부로 대하고, 성인지언을 업신여긴다."

외천명畏天命, 외대인畏大人, 외성인지언畏聖人之言을 이른바 '군자삼외君子三畏'라고 한다. 여기의 외畏는 공경할 경敬의 뜻이다. '천명'은 피할 길이 없는 명운을 뜻한다. 사람은 이런 천명을 만나면 공경스런 모습을 취하게 된다. '대인'은 통상 군주를 위시한 고관을 뜻하는 말로 사용되나 여기서는 부모와 선배를 포함해 도덕과 학문이 높은 사람을 지칭한 것이다. '성인지언'은 경전과 사서 등에 나오는 성인의 가르침을 뜻한다.

공자의 군자삼외 자세는 맹자와 뚜렷이 대비된다. 맹자는 대인을 대할 때 공경하기는커녕 무시하는 듯한 모습을 보였다. 다음은 이를 뒷받침하는 《맹자》〈진심 하〉의 해당 대목이다.

"대인에게 유세할 때는 그를 경시하고, 그 드높은 모습을 보아서는 안 된다. 대인은 전당의 높이가 몇 길이나 되고 서까래 머리가 몇 자나 되는 곳에 살지만 나는 뜻을 얻을지라도 그리하지 않을 것이다. 대인은 음식이 사방 열 자의 상 위에 가득 차려져 있는 연회를 열면서 수백 명에 달하는 여인의 시중을 받지만 나는 뜻을 얻을지라도 그리하지 않을 것이다. 대인은 연회 때 환담을 즐기며 술을 마시고, 말을 내달리며 사냥할 때 뒤따르는 수레가 1000승乘이나 되지만 나는 뜻을 얻을지라도 그리하지 않을 것이다. 대인에게 있는 것은 모두 내가 하지 않는 것이다. 나에게 있는 것은 모두 전래의 법도이다. 그러니 내 어찌 대인을 두려워하겠는가?"

맹자는 성인지언에 대해서도 전혀 두려워하는 기색이 없었다. 이를 뒷받침하는 일화가 〈고자 하〉에 나온다. 하루는 조교曹交라는 사람이 맹자에게 물었다.

"선생은 사람들 모두 요순이 될 수 있다고 했는데 과연 그게 사실입니까?"

"그렇소."

"제가 듣기로 문왕은 키가 10척, 탕은 9척이라고 합니다. 지금 저는 9척 4촌이 되지만 곡식만 축내고 있을 뿐이니 어찌하면 좋겠습니까?"

"그게 무슨 상관이 있겠소. 단지 실천하고자 하면 되는 것이오. 요순 같은 사람이 되는 길은 효제孝悌에 있을 뿐이오. 그대가 성군 요임금과 같은 옷을 입고, 요임금의 말을 하고, 요임금의 행실을 행하면 바로 요임금이 되는 것이오. 그러나 폭군 걸桀의 옷을 입고,

걸의 말을 하고, 걸의 행실을 행하면 바로 걸이 되는 것이오."

자신을 포함해 모든 사람이 요순 같은 인물이 될 수 있는 마당에 경전과 사서에 나오는 성인의 말씀에 그다지 무게를 둘 필요는 없다는 취지를 담고 있다. 성인의 가르침에 경외하는 자세를 보인 공자와 극명한 대조를 이룬다. 공자가 맹자와 달리 인성과 천도 문제에 대한 언급을 꺼린 이유는 어지러운 세상을 바로잡기 위해서는 형이상적인 인성 문제보다는 현실적인 형이하의 치국평천하 문제를 더 중요하게 생각했기 때문이다.

순자가 이상세계를 그리는 차원에서 왕도를 높이 평가하면서도 현실세계의 차원에서 패도를 적극 수용한 것도 같은 맥락이다. 순자가 성악설을 주장한 것은 인간의 욕망을 방치할 경우 사회공동체 내지 국가공동체를 유지할 수 없다고 판단한 데 따른 것이다. 다음은 《순자》〈성악〉의 해당 대목이다.

"지금 인성을 보면 사람은 나면서부터 이익을 좋아하는 호리지성好利之性을 갖고 있다. 이를 따르기 때문에 쟁탈이 빚어지고 사양하는 풍조가 사라진 것이다. 사람은 나면서부터 질투하고 미워하는 질오지심疾惡之心을 갖고 있다. 이를 따르기 때문에 잔인한 도적이 일어나고 충성스런 믿음이 사라진 것이다. 사람은 나면서부터 눈과 귀를 즐겁게 하고자 하는 이목지욕耳目之欲을 갖고 있기에 성색聲色을 좋아한다. 이를 따르기 때문에 음란한 짓이 횡행하고 예의와 아름다운 형식을 띤 이치가 사라진 것이다. 그래서 인성人性을 따르고 인정人情을 좇으면 반드시 쟁탈이 빚어지고, 이내 역할의 한계를 범하고 질서를 어지럽히는 현상으로 이어져 마침내 폭란暴亂으로 귀결될 수밖에 없다. 반드시 군사君師와 법제의 교화와 예의에 의한 다스림이 있어야 하는 이유다. 연후에 사양하는 마음이 나타나 아름다운 형식을 띤 이치에 부합하게 되어 마침내 치국평천하로 귀결될 수 있다."

순자는 인의예지仁義禮智를 인성으로 간주한 맹자와 달리 이익을 향해 무한 질주하는 '호리지성'을 인성, '질오시심'과 '이목지욕'을 인정으로 파악했음을 알 수 있다.

주원장의 일등 참모로 활약했던 유기는 《욱리자》에서 인간의 호리지성에 관해 다음과 같이 말하고 있다.

"까마귀가 운다고 반드시 흉사가 있는 것도 아니고, 까치가 운다고 반드시 경사가 있는 것도 아니다. 이는 사람들 모두 아는 것이다. 그런데도 지금 까마귀가 날마다 인가에 모여 울면 집 주인은 비록 늘 기쁨이 있을지라도 그 새를 미워할 것이다. 마찬가지로 까치가 날마다 인가에 모여 울면 집 주인은 비록 늘 근심이 있을지라도 그 새를 좋아할 것이다. 어찌 일반 서민만 그렇겠는가? 비록 공자 같은 철인哲人일지라도 예외가 아닐 것이다. 왜 그럴까? 어찌 그 소리 때문이 아니겠는가? 직언은 사람들 모두 충성된 것임을 안다. 그러나 끝내 싫어하지 않을 수 없다. 아첨은 사람들 모두 사악한 것임을 안다. 그러나 끝내 미혹되지 않을 수 없다. 직언은 그것이 약과 침이 되고 자신에게 유익한 것임을 안 연후에 비로소 듣게 된다. 아첨은 그것이 병이 되고 자신에게 유해한 것임을 안 연후에 비로소 피하게 된다. 모두 자신에게 다가올 이해득실을 우려하기 때문에 그러는 것이다. 충성을 잘하는 자도 반드시 이해득실을 근거로 간하고, 사악한 짓을 잘하는 자 역시 반드시 이해득실을 근거로 속임수를 쓰는 이유다. 오직 이해득실의 실정을 훤히 내다볼 줄 아는 사람만이 충성됨과 사악함을 변별할 수 있다. 자신의 마음속에 일고 있는 미혹의 원인을 찾고자 하면 응당 까마귀와 까치가 우는 소리의 이치를 통해 사물을 식별할 줄 알아야 한다."

인간의 호리지성이 바로 이해득실에 대한 판단에서 비롯된 것임을 지적한 것이다. 순자가 인간의 호리지성으로 인한 혼란을 막기 위한 해법으로 예치禮治를 제시한 것도 이런 맥락에서 이해할 수 있다. 순자는 기본적으로 인간의 호리지성은 막을 수도 없고, 막아서도 안 된다고 보았다. 호리지성을 국가공동체 발전의 동인으로 간주한 결과다. 그렇다고 호리지성으로 인한 혼란을 방치할 수도 없는 노릇이다. 그가 양보와 절제를 통해 이해득실의 절충점을 찾고자 한 이유가 여기에 있다. 그 해답이 바로 예치였다.

그러나 순자의 제자 한비자는 여기서 한발 더 나아갔다. 예치로는 호리지성과 질오지심 내지 이목지욕으로 인한 혼란을 근원적으로 막을 수 없다고 생각한 결과다. 그는 오로지 강력한 법치에 의존할 수밖에 없다고 보았다. 순자와 한비자의 기본관점은 완전히 일치한다. 호리지성으로 인한 국가공동체의 혼란을 바로잡는 방법에서만 차이가 있을 뿐이다. 객관적으로 볼 때 난세의 심도가 깊어지면 깊어질수록 한비자의 주장에 무게가 실린다. 정반대로 태평한 치세에는 순자의 주장이 설득력을 얻는다. 이상론에 치우친 맹자와 달리 현실세계의 관점에서 인간의 본성을 바라본 결과다.

맹자의 성선설과 대비되는 것은 한비자의 성악설이다. 순자는 공동체가 혼란에 빠지는 원인을 '성'이 아닌 '정'에서 찾았기 때문에 순자의 성악설은 한비자의 성악설과 달리 '정악설情惡說'로 규정하는 게 타당하다. 순자는 맹자와 한비자의 중간지점에 서 있다.

한비자가 스승인 순자의 '천인상분설'에 동조하면서도 여기서 한 발 더 나아가 천도와 인도의 철저한 분리를 역설한 이유가 여기에 있다. 이를 '천인엄분설天人嚴分說'이라고 한다. 이는 16세기 초 근대 정치학의 시조로 불리는 마키아벨리가 《군주론》에서 정치와 도덕을 완전히 분리시킨 것에 비유할 만하다. 마키아벨리의 원조가 바로 한비자인 셈이다. 마키아벨리보다 무려 1800년이나 앞서 있다.

한비자의 천인엄분설을 임기응변의 관점에서 분석하면 '천기'와 '지기'보다 '인기'에 방점을 찍은 것이나 다름없다. 그가 볼 때 인간관계에서 가장 가까운 부부관계조차 결코 이해타산의 끈에서 자유로울 수 없었다. 《한비자》〈내저설 하〉의 다음 일화가 이를 뒷받침한다. 하루는 위衛나라에 사는 어느 부부가 기도를 할 때 부인이 이렇게 빌었다.

"비나이다. 저희가 공짜로 삼베 500필을 얻게 해주십시오!"

남편이 힐난했다.

"어찌 그리 적은가?"

부인이 대답했다.

"그것보다 많으면 당신이 앞으로 첩을 들이겠지요!"

촌수가 없어 '무촌'으로 불리는 부부조차 동상이몽의 서로 다른 꿈을 꾸고 있다는 이야기다. 하물며 한 이불 속의 부부도 아니고 피를 나눈 형제도 아닌 군주와 신하, 기업의 사용자와 노동자 관계는 더 말할 것도 없다. 이익이 있는 곳을 향해 질주하는 인간의 호리지성은 모든 인간관계에 예외 없이 나타난다는 게 한비자의 생각이었다. 사실 난세에는 그런 경향이 더욱 두드러지게 나타날 수밖에 없다.

유가에서 그토록 역설하는 인의예지와 예의염치 등의 덕목 역시 인간의 본성이 선하기 때문이 아니라 의식衣食이 풍족한 데 따른 하나의 사회공동체 이념에 지나지 않다는 주장이다. 한비자의 이런 관점에 설 경우 식량이 모자랄 때는 예의염치와 인의예지의 덕목은 설 땅을 잃게 된다.

관중은 《관자》〈목민〉에서 호리지성과 예의염치의 상호관계를 이같이 요약해놓았다.

"나라에 재물이 많고 풍성하면 먼 곳에 사는 사람도 찾아오고, 땅이 모두 개간되면 백성이 안정된 생업에 종사하며 머물 곳을 찾게 된다. 창고가 가득 차야 백성들이 예절을 알고, 의식이 풍족해야 영욕榮辱을 알게 된다."

관중이 《관자》 전편에 걸쳐 백성에게 이로움을 안기는 이른바 이민利民의 정책을 역설한 배경이 여기에 있다. 한비자가 법치를 기치로 내세운 것도 바로 이 때문이다. 정치는 먹고 입는 데서 출발한다는 관중의 주장은 한비자와 취지를 같이하는 것이다.

사람을 감동시키는 것보다 나은 계책은 없다

《손자병법》〈모공〉은 벌모伐謀와 벌교伐交, 벌병伐兵, 공성攻城 등 4단계 용병술을 언급하고 있다. 이 가운데 가장 역점을 둔 것은 '벌모'다. 〈모공〉은 벌모의 요체를 이같이 설명해놓았다.

"용병의 기본이치를 말하면 적국을 온전히 굴복시키는 전국全國이 최상이고, 적국을 무찔러 항복을 받아내는 파국破國은 차선이다. 백 번 싸워 백 번 이기는 것은 결코 최상의 계책이 될 수 없다. 싸우지 않고도 굴복시키는 부전굴인不戰屈人이야말로 최상의 계책에 해당한다. 전쟁에서 최상의 계책은 지략으로 적을 굴복시키는 '벌모'다. 차선책은 외교수단으로 적을 굴복시키는 '벌교'다. 그다음 차선책은 무력으로 적을 굴복시키는 '벌병'이다. 최하 계책은 적의 성을 직접 공격하는 '공성'이다."

〈모공〉에서 말하는 벌모의 최고 수단은 상대방을 온전히 굴복시키는 전승全勝이다. 그게 바로 싸우지 않고도 적을 굴복시키는 부전굴인이다. 이는 상대의 마음을 얻어 굴복시키는 심복心服을 달리 표현한 것이다. 이와 대비되는 것이 최하 단계인 유혈전의 '공성'이다. 공성 가운데 최악의 사례는 흔히 진흙 밭 개싸움을 이르는 말로 사용하는 이전투구泥田鬪狗다. 이겨도 남는 게 없는 최악의 싸움에 해당한다. 승자와 패자의 구분이 무의미한 이유다. 책략이 없기 때문에 이런 일이 빚어진다.

벌모의 구체적인 방안으로 크게 세 가지를 들 수 있다. 첫 번째는 이익을 미끼로 내세워 따르게 만드는 취여지계取予之計다. 두 번째는 보유하고 있는 권력과 위세를 이용하는 위권지계威權之計다. 마지막 세 번째는 사람의 마음을 얻어 복종케 만드는 심복지계心服之計다. 심복지계가 바로 부전굴인에 가장 가까운 방안이라 할 수 있다. 이들 세 가지 방안은 상대의 성향에 따라 달리 구사해야 효과를 볼 수 있다. 이익을 밝히는 자에게는 취여지계, 권세를 탐하는 자에게는 위권지계, 명예를 추구하는 자에게는 심복지계를 구사하는 게 합당하다.

인간의 호리지성을 활용하는 '취여지계'는 앞서 검토한 바와 같이 이익을 향해 무한 질주하는 인간의 본성을 활용한 것이므로 그 효과가 즉각적이다. 미인과 뇌물 등을 활용하거나 첩자를 활용해 적진의 내분을 부추기는 식의 반간계反間計와 이간계離間計 등도 여기에 속한다. 뛰어난 첩자 한 사람이 1개 군단과 맞먹는다는 이야기가 나온 이유다.

위세와 권력을 이용해 상대방을 복종케 만드는 '위권지계'의 위권威權은 국가원수의 공식회동 때 통상 총칼을 든 위병들을 곁에 세우듯이 군주의 힘과 위세를 보여주기 위한 수단이다. 상대를 무위武威로 제압해 협상을 유리하게 이끌려는 고단수의 술책에 해당한다. 춘추전국시대부터 널리 사용된 방안이기도 하다. 모든 종류의 무력시위는 보는 이들로 하여금 주눅들게 만들려는 취지에서 나온 것이다. 한비자는 위권지계의 힘을 통찰했다. 《한비자》〈난이〉에 이를 뒷받침하는 구절이 나온다.

"무릇 관직은 현자를 등용하기 위한 방편이고, 작록은 공로에 대해 상을 주기 위한 수단이다. 관직을 만들고, 작록을 벌여놓으면 인재들은 저절로 모여든다. 사람을 찾는 일이 어찌 고생스러울 리 있겠는가?"

《손자병법》이 역설하고 있는 벌모의 계책 가운데 가장 높은 수준의 '심복지계' 방안은 반드시 공명功名을 추구하는 인간의 호명지심好名之心을 활용해야 성공을 기할 수 있다. 원래 호명지심은 호리지성과 차이가 없는 것이다. 다음은 이를 뒷받침하는 《채근담》의 해당 구절이다.

"지조를 지키는 선비는 제후의 자리도 사양하지만 이악스런 자는 한 푼을 놓고 다툰다. 둘의 인품을 놓고 보면 하늘과 땅 만큼의 차이가 있다. 그러나 속내를 보면 명성을 좇는 '호명지심'과 이익을 좇는 '호리지성'은 크게 다르지 않다. 천자는 천하를 경영하기 위해 애태우고, 거지는 음식을 얻기 위해 동냥하는 목소리를 높인다. 둘의 위치만 놓고 보면 하늘과 땅만큼의 차이가 있다. 그러나 속내를 보면 마음을 애태우는 자와 동냥을 애걸하는 자 사이에 무슨 차이가 있겠는가?"

호명지심의 상징으로 천자, 호리지성의 상징으로 거지를 대비시키면서 양자의 본질은 같다고 갈파한 것이다. 《손자병법》은 호명지심에 기초한 《오자병법》과 달리 호리지성에 방점을 찍고 있으나 결코 호명지심에 기초한 용병술을 무시한 것은 아니다. 〈군형〉의 다음 대목이 이를 뒷받침한다.

"옛날 전쟁에 능했다고 일컬어진 자는 승리를 거둘 수 있는 여건을 갖추어놓고, 쉽게 이길 수 있는 적을 상대로 승리를 거뒀다. 전쟁을 잘하는 자의 승리에는 뛰어난 지략에 따른 명성이나 용맹한 전투 일화로 꾸며진 전공戰功이 없으나 그의 승리는 작고 보이지 않는 것까지 살펴 얻은 것이어서 틀림이 없다. 전략 자체가 싸우기도 전에 이미 필승을 예상한 것이고, 싸울 때 역시 이미 필패하는 자와 싸운 덕분이다. 전쟁을 잘하는 자는 애초부터 패하지 않을 위치에 서 있고, 적을 패퇴시킬 기회를 놓치지 않는다. 그래서 승리하는 군대는 승산을 확인한 뒤 전쟁을 벌이고, 패하는 군대는 전쟁부터 벌인 뒤 승리의 요행을 찾는다."

'이미 필승을 예상한 것' 운운은 싸우기도 전에 사실상 적을 굴복시킨 것이나 다름없다는 취지를 담고 있다. 부전굴인의 직전 단계를 언급한 것이다. 부전굴인의 요체는 적에게 치욕을 안기지 않는 데 있다. 개인이든 국가든 치욕을 당하면 반드시 설욕을 벼르기 마련이다. 호명지심을 최대한 활용하는 책략이 필요하다. 그게 바로 심복지계다. 이를 두고 조조는 다음과 같이 풀이했다.

"태공망 여상도 《육도六韜》에서 말하기를, '수많은 칼날이 부딪치는 백병전을 치르면서 맨 앞에서 용맹을 떨치는 장수는 좋은 장수가 아니다'라고 했다. 세인의 눈에 띄기 위해 전공을 세우려는 자는 흔해빠진 자에 불과하다. 원래 승리의 기미를 읽고 쉬운 적을 상대로 승리를 거뒀다는 것은 이길 수 있는 적을 공격하고, 이길 수 없는 적을 공격하지 않았다는 이야기에 지나지 않는다. 적군이 출동하기 이전에 이미 계략과 외교술 등을 동원해 적을 무릎 꿇게 만드는 까닭에 세인의 입에 오르내릴 만한 혁혁한 전공이 있을 턱이 없다. 적의 움직임을 소상히 살핀 뒤 승산을 점친 까닭에 조금도 어긋남이 없다. 승패가 갈리는 것은 미리 철저히 계책을 세운 군대와 계책도 없이 무턱대고 싸움에 임하는 군대의 차이에서 비롯된다."

제자백가 가운데 인간의 호명지심이 호리지성 못지않게 강렬하다는 사실을 통찰한 대표적인 인물이 바로 한비자다. 다음은 이를 뒷받침하는 《한비자》〈궤사〉의 해당 대목이다.

"지금 세인들은 군주의 자리를 업신여기며 권력을 우습게 여기는 자를 두고 고상하다고 말하고, 군주를 낮춰보며 벼슬을 마다하는 자를 현명하다고 말하고, 이익을 무시하며 위세를 가벼이 여기는 자를 진중하다고 말하고, 법령을 따르지 않고 하고 싶은 바대로 행하는 자를 충실하다고 말하고, 명예를 숭상하며 관직에 나가지 않는 자를 정절이 뛰어난 열사라고 말하고, 법을 가벼이 여기고 형벌이나 사형의 중벌도 피하지 않는 자를 용사라고 말한다. 지금 백성들이 명성을 추구하는 것이 이익을 추구하는 것보다 그 정도가 훨씬 심하다. 상황이 이럴진대 선비 가운데 먹을 것이 없어 극도의 빈궁에 빠진 자가 어찌 도인을 흉내 내 깊은 산속으로 들어가 수행하는 방식으로 명성을 다투려 들지 않겠는가? 세상이 제대로 다스려

지지 않는 것은 신하들로 인한 게 아니라 군주가 다스리는 도를 잃었기 때문이다."

난세에 우후죽순처럼 등장하는 유협遊俠은 호명지심에 극도로 민감한 무리다. 유협의 가장 큰 특징은 명예를 위해 목숨을 내던지는데 있다. 호명지심이 그만큼 강렬하다. 《채근담》에 이를 뒷받침하는 대목이 나온다.

"이익을 좇는 자는 도의를 벗어난다. 그 움직임이 겉으로 드러나는 까닭에 그 해독이 얕다. 명성을 좇는 자는 도의 안에 숨는다. 그 움직임이 겉으로 드러나지 않는 까닭에 그 해독이 매우 깊다."

호명지심에 따른 폐해가 호리지성에 따른 폐해보다 더 크다는 것은 치세와 난세의 논리가 다르다는 사실을 반증한다. 난세에 대거 등장하는 유협의 무리들이 의리를 전면에 내세우며 열사의 행보를 보이는 이유가 여기에 있다. 역사상 인간의 호명지심을 가장 잘 활용한 인물이 바로 유비다. 대표적인 사례로 건안 13년(208) 9월에 빚어진 사건을 들 수 있다.

조조는 형주荊州를 접수한 여세를 몰아 동오의 손권까지 제압할 심산이었다. 당시 유비는 번성樊城에 있었다. 그는 뒤늦게 유종의 투항 사실을 알게 됐다. 그대로 있다가는 조조에게 포로로 잡힐 수밖에 없었다. 그래서 황급히 군사를 이끌고 번성을 떠났다. 당시 조조는 유비가 군수물자가 있는 강릉을 점거할까 두려워 경무장한 군사를 이끌고 급히 당양에 도착했다. 유비가 이미 떠났다는 소식을 듣고 조조가 급히 정예 기병 5000명을 거느리고 추격에 나섰다. 하루 밤낮을 쉬지 않고 300여 리를 달려가 당양 북쪽에 있는 장판에 이르렀다. 유비는 처자를 버린 채 제갈량과 장비, 조운 등 수십 명만 이끌고 급히 말을 몰아 도주했다. 이 와중에 조운의 모습이 보이지 않았다. 어떤 사람이 유비에게 황급히 보고했다.

"조운이 이미 북쪽으로 도주했습니다!"

유비가 수극(手戟, 창의 일종으로 낫처럼 생긴 창날을 달았다. 긴 것은 장극, 짧은 것을 수극이라 함)을 집어던지며 호통을 쳤다.

"자룡子龍은 나를 버리고 도주할 사람이 아니다."

'자룡'은 조운의 자字다. 과연 얼마 안 돼 조운이 유비의 외아들 유선을 품에 안고 돌아왔다. 유비의 심복지계가 구사된 것은 그다음이었다. 천신만고 끝에 유비를 만난 조운이 유선을 공손히 바치자 유비가 유선을 땅바닥에 내던지며 이렇게 말한다.

"못난 자식 때문에 나의 훌륭한 장수를 잃을 뻔했다!"

처자식보다 휘하 장수가 더 중요하다는 의중을 이같이 표현한 것이다. 유비의 이 말을 들은 휘하 장병들이 모두 눈물을 흘리며 충성을 맹서했는데 당사자인 조운은 더 이상 말할 것도 없다. 유선을 내던지는 과장된 행동을 통해 처자식과 아끼는 장수를 버려둔 채 도주했다는 비난을 벗어난 것은 물론 졸지에 부하 장수를 아끼는 관인한 군주로 각인된 셈이다.

조조도 심복지계의 위력을 실감하고 있었다. 건안 2년(197) 봄, 조조와 적대했던 장수張繡가 가후賈詡의 건의를 좇아 투항해왔다. 조조가 크게 기뻐하며 큰 잔치를 베풀었다. 조조가 사람들에게 술을 돌릴 때마다 조조 뒤에는 1척이나 되는 큰 도끼를 든 전위典韋가 서 있었다. 이로 인해 사람들은 간담이 서늘해져 감히 조조를 쳐다볼 엄두도 내지 못했다. 며칠 동안 장수는 주연을 벌이며 조조를 초청했다. 하루는 조조가 술에 취해 있을 때 한 측근이 은밀히 말했다.

"간밤에 제가 관사 곁에 가서 살펴보니 한 부인이 있는데 용모가 아름다워 누군지 알아보았더니 장수의 숙부 장제의 미망인이라고 합니다."

그 말을 들은 조조가 그 부인을 데려오라 했다. 과연 절색이었다. 조조가 은밀히 그녀와 밤을 보낸 사실을 뒤늦게 안 장수가 대로했다.

"조조란 도적놈이 나를 이같이 욕보이다니 너무 지나친 것이 아닌가?"

곧 가후를 불러 의논하자 가후가 계책을 일러주었다.

"내일 조조가 군막에서 나와 일을 의논할 때 도모하는 게 좋을 듯합니다."

이튿날 조조가 군막에서 나와 좌정하자 장수가 말했다.

"이번에 항복한 군사들 가운데 도망치는 자들이 많으니 중군 옆에 두는 것이 좋겠습니다."

조조가 허락하자 장수는 수하 군사들을 중군 옆으로 옮겨놓고 날짜를 정해 거사를 도모하기로 했다. 그러나 전위의 용맹이 두려워 섣불리 근접할 수 없었다. 이때 조조가 장수의 휘하 장수 호거

아호車兒를 총애한 나머지 호거아의 환심을 사기 위해 금덩이를 보냈다. 장수는 조조가 호거아를 통해 자신을 도모하는 것이 아닌지 크게 의심했다. 장수가 측근들과 이를 상의하자 한 사람이 계책을 냈다.

"주공은 내일 연회를 베풀어 전위를 만취케 하십시오. 이후에 거사하면 가히 대사를 이룰 수 있을 것입니다."

다음 날 전위는 장수 부하들의 술대접을 받고 대취한 나머지 귀영하자마자 잠에 떨어졌다. 이 틈을 타 장수가 조조의 영채를 습격했다. 전위가 잠에서 깨어났을 때는 장수의 군사들이 이미 영문 앞까지 들이닥친 뒤였다. 전위는 급한 나머지 보졸이 차고 있던 칼을 빼어 들고 곧바로 뛰쳐나갔다. 그는 칼을 휘두르며 부하들과 함께 분전했으나 역부족이었다. 이내 수십 군데 상처를 입고 말았다. 장수의 군사들이 앞으로 다가와 그를 잡으려고 하자 두 명을 두 겨드랑이 사이에 끼고 격살했지만 그게 끝이었다. 결국 장수 군사들이 그의 목을 베었다. 전위가 영문을 막고 있는 사이 조조는 영채 뒤로 말을 타고 내뺐다. 이 싸움에서 조조는 맏아들 조앙과 조카를 잃었다. 조조가 다시 전열을 가다듬어 반격하자 장수는 군사를 이끌고 황급히 달아났다. 조조가 군공에 따라 상벌을 내린 뒤 곧바로 전위의 제사를 지내면서 통곡했다.

"내가 비록 맏아들과 조카를 잃었으나 그 슬픔보다 큰 것은 전위를 잃은 것이다. 지금 내가 우는 것은 오직 전위를 위해서다! 전위여, 나의 전위여!"

조조의 군사들은 이를 지켜보면서 감격을 금치 못했다. 조조는 본거지인 허도로 돌아와서도 전위의 혼을 위로하기 위해 다시 크게 제사를 지냈다. 조조가 추모행사가 끝난 뒤 좌우에 명했다.

"전위의 아들 전만典滿을 중랑中郎에 임명하고 나의 부중에서 기르도록 하겠다."

조조는 비록 자신의 방심으로 장남과 조카 등을 잃었으나 피붙이보다 장수 한 명 잃은 것을 더 애통해함으로써 부하 장병들을 감복시켰다. 이는 유비가 유선을 내던지는 모습을 통해 휘하 장수들을 감복시킨 것과 닮았다. 과장된 유비의 행동은 말할 것도 없고 조조가 보여준 극진한 애도 행사 역시 일정 부분 연출된 것일지라도 천하를 거머쥐려면 최소한 이런 수준의 전략적인 면모는 지녀야 한다. 고금을 막론하고 사람을 감동시키는 것보다 더 나은 계책은 없다. 그게 바로 심복지계다. 《손자병법》이 부전굴인을 역설한 것도 이런 맥락에서 이해할 수 있다.

'인기'의 요체는 상황에 따라 인간의 호명지심과 호리지성을 적절히 활용해 다양한 계책을 마련하는 데 있다. 《한비자》가 호리지성에 방점을 찍고 있으면서도 〈궤사〉에서 호명지심에 유의할 것을 당부한 게 그렇다. 실제로 호리지성과 호명지심 가운데 어느 한쪽에 치우칠 경우 실패할 소지가 크다. 명예를 중시하는 자에게 이익을 제시하거나, 이익을 밝히는 자에게 명예를 미끼로 내거는 식의 접근을 해서는 안 된다. 난세의 시기에는 이익을 향해 무한 질주하는 사람이 있는가 하면, 명예를 얻기 위해 목숨을 초개처럼 버리고자

하는 협객도 횡행하기 때문이다.

초한전 때 건달 출신 유방이 천하를 거머쥔 배경이 여기에 있다. 명예를 중시하는 협객과 이익을 향해 무한 질주하는 백성을 두루 모은 덕분이다. 이와 정반대의 길을 간 인물이 항우다. 그는 당대 최고의 무력과 용병술을 자랑했음에도 결국 최후의 결전에서 패하고 말았다. 《손자병법》이 '백 번 싸워 백 번 이기는 것은 결코 최상의 계책이 될 수 없다'고 역설한 이유다.

항우는 죽을 때조차 자신의 잘못을 깨닫기는커녕 하늘을 원망하는 모습을 보였다. '천기'와 '지기'도 '인기'의 연장선상에 있는 것임을 몰랐기 때문이다. '천기'를 '하늘의 기밀'로 해석해서는 안 되는 이유가 여기에 있다. 항우가 후대인의 웃음거리가 된 것도 이와 무관할 수 없다. 왕조교체기의 난세 때 군웅의 각축전에서 최후의 승리를 거두면 그가 바로 '천기'를 다스리는 새 왕조의 창업주가 되는 것이고, 패하면 '천기'를 거스르는 '역적'이 되는 것이다. 고금동서를 막론하고 하늘은 스스로 노력하는 자만 돕기 마련이다.

임기응변술의 관점에서 보면 '천기'와 '지기'는 '인기'의 연장선상에 있다. '천기'를 맹자나 주희가 해석한 것처럼 '하늘의 기밀'로 풀이해서는 안 되고, 장자처럼 만물을 소생케 만드는 '생기'로 풀이해야 하는 이유다. '천기'와 짝을 이루는 '지기'도 마찬가지다. 죽을 각오로 싸워야만 살아남을 수 있는 전쟁터의 사지死地가 대표적인 경우에 속한다. '인기'의 상징인 장수는 조조가 역설한 것처럼 '병무상형兵無常形'의 용병술로 싸움에 임해야만 '사지'에서도 승리를 거머쥘 수 있다. 한신이 구사한 배수진의 용병술이 대표적이다. 배수진은 '생기'를 구현하기 위한 병무상형의 용병술에 해당한다. 한신은 배수진을 통해 죽음을 뜻하는 '사지'를 살아남는 땅인 생지生地로 변환시킨 셈이다.

이를 통해 생기가 곧 천기와 지기 및 인기 등의 3기를 관통하는 키워드임을 알 수 있다. 《손자병법》이 역설하고 있듯이 천기와 지기의 관건은 '지천지지知天知地', 인기의 관건은 '지피지기知彼知己'에 있다. 천하를 놓고 건곤일척의 승부를 다투는 싸움에서는 반드시 지천지지와 지피지기를 하나로 녹이는 지략을 발휘할 줄 알아야 한다. 그래야만 최후의 승자가 될 수 있다. 천기와 지기 역시 결국 사람이 만드는 것이고, 인기의 연장선상에 있는 것임을 아는 자만이 최후의 승자가 될 수 있다. 난세에 하늘의 기밀이 따로 존재하는 것처럼 생각하거나, 여상이 갈파했듯이 '썩은 풀'이나 '말라빠진 거북 등'과 같은 점복卜에 의지해서는 안 되는 이유가 여기에 있다. 이를 모르면 용렬庸劣하게 하늘이나 원망하며 스스로 목숨을 끊어 후대의 웃음거리가 된 항우의 전철을 밟게 된다.

2부
:
임기臨機,
누구에게나
결정적인 계기가 온다

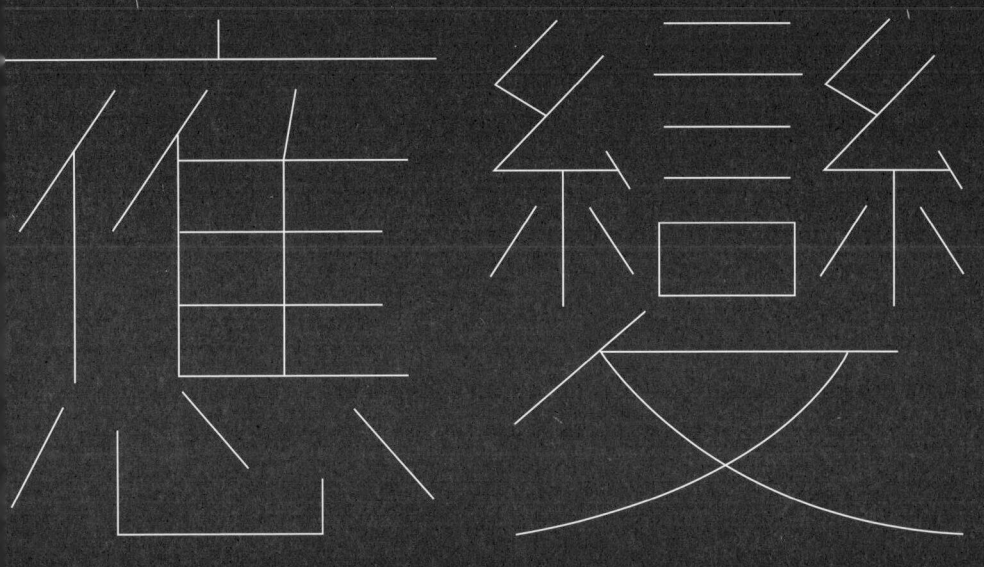

01: 시기 時機
철저히 대비하며 때를 기다린다

시기를 놓치지 마라

:

임기응변을 수기응변隨機應變으로 표현하기도 하는데, 이는 잘못된 사용이다. 수기응변이란 말은 《구당서》〈곽효각전郭孝恪傳〉에 처음 등장했는데, 따른다는 뜻의 '수隨'는 임한다는 뜻의 '임臨'과 비교할 때 상대적으로 수동적인 느낌이 강하다. 반면 임기응변술에서 말하는 '임기'는 천기와 지기 및 인기 등의 '3기'의 상황에 맞닥뜨렸을 때 능동적으로 대처한다는 뜻을 담고 있다.

임기응변의 임기는 응변을 위한 준비단계에 해당한다. 단순히 수동적으로 3기와 마주치는 '수기'의 뜻으로 새겨서는 안 되는 이유다. 임기는 3기와 맞닥뜨린 결정적인 계기를 뜻하므로 세 가지 모습으로 나타난다.

천기에 부응하는 임기인 '시기時機'와 지기에 부응하는 임기인 '사기사機' 및 인기에 부응하는 임기인 '심기心機'가 그것이다. '시기'라는 용어는 진수의 《삼국지》〈손등전孫登傳〉의 배송지裴松之 주注에 인용된 《강표전江表傳》에 처음으로 나온다. 시기를 정확히 인식한다는 뜻의 '정식시기精識時機' 구절이 그것이다. 시기는 진퇴 및 결단에 필요한 절호의 계기를 뜻한다. 이는 뒤로 물리는 게 불가능한 불가역不可逆의 시간 속에 존재한다. 한번 놓치면 다시 만회할 길이 없다.

《오자병법》〈요적〉에 이를 경계하는 구절이 나온다. 하루는 위무후가 오기에게 언제 적을 칠 수 있는지를 묻자 이같이 대답했다.

"적을 치고자 할 때는 반드시 적의 허와 실을 면밀히 분석해 그 약점을 노려야 합니다. 적이 먼 곳에서 막 도착해 대오가 아직 정돈되지 않았거나, 적이 식사를 마친 후 아직 전투태세를 갖추지 못했거나, 적이 정신없이 달아나거나, 적이 일에 지쳐 있거나, 적이 불리한 지형에 처해 있거나, 적이 때를 놓쳤거나, 적이 먼 길을 행군하여 후미가 아직 휴식을 취하지 못하고 있거나, 적이 강을 반쯤 건너고 있거나, 적이 험하거나 좁은 길에 들어섰거나, 깃발이 어지럽게 움직이거나, 진지를 자주 이동하거나, 장수가 병사들과 떨어져 있거나, 적이 공포에 떨고 있거나 할 때 칠 만합니다. 무릇 적이 이런 상황에 놓여 있을 때는 정예부대를 선발해 돌파한 뒤 병력을 나눠 지속적으로 몰아붙여야 합니다. 조금도 의심치 말고 지체 없이 공격하는 게 필요합니다."

시기를 놓치지 말고 과감히 결단해야 승리를 거둘 수 있다고 조언한 것이다. 제갈량의 저서로 알려진 《장원將苑》의 〈출사出師〉에도 유사한 일화가 나온다.

"옛날 나라가 위난危難에 처하면 군주는 현능한 인재를 발탁해 장수로 삼았다. 군주는 3일 동안 몸과 마음을 깨끗이 하며 부정한 일을 멀리하는 재계齋戒를 행한 후 종묘로 가 남쪽을 향해 섰다. 장수가 북쪽을 향해 서면 태사太師가 부월斧鉞을 군주에게 바친다. 군주가 이를 받아 장수에게 넘겨주면서 말하기를, '이후 군중軍中의 일은 장군이 모두 지휘하라'고 하면서 이같이 덧붙인다. '적이 허점을 보이면 진격하고, 충실하고 강력하면 퇴각하라. 자신의 신분이 높다는 이유로 다른 사람을 얕보지 마라. 독선적으로 임해 장병들과 대립하지 마라. 공적과 능력을 자랑하며 충신을 잃는 일이 없도록 하라. 휘하 장병이 앉지 않았을 때 먼저 앉는 일이 없도록 하라. 휘하 장병이 먹지 않을 때 먼저 먹는 일이 없도록 하라. 휘하 장병들과 더불어 더위와 추위를 함께하고, 수고를 함께하고, 즐거움과 고통을 함께하고, 환난을 함께하라. 이리하면 장병들이 목숨을 걸고 최선을 다할 것이고, 적은 기필코 패망할 것이다.' 군명君命을 받은 장수가 출정할 때 군주는 무릎을 꿇은 채 수레바퀴를 밀면서 말하기를, '진공과 퇴각 여부는 오직 시기를 좇아 행하라. 군중의 모든 업무는 군명을 따르지 말고 장군이 호령하여 집행하라'고 한다."

장수는 군주의 간섭을 받지 않고 독자적으로 휘하 군사를 지휘할 수 있어야 승리를 거둘 수 있다는 점을 역설하고 있다. 요체는 장수가 시기를 좇아 작전을 전개하는 데 있다. 《오자병법》과 《장원》이 이구동성으로 시기를 역설한 것은 시기를 좇은 결단이 승패를 좌우하는 관건이라는 사실을 통찰한 결과다. 이를 제대로 행하지 못하면 이내 만회할 수 없는 패배를 자초하게 된다.

대표적인 예로 모든 면에서 우세했던 원소가 조조에게 참패를 당한 관도대전官渡大戰을 들 수 있다. 삼국시대에는 100여 차례의 크고 작은 전쟁이 있었다. 그중 가장 규모와 영향력이 큰 것으로 관도대전을 위시해 적벽대전赤壁大戰과 한중대전漢中大戰, 이릉대전夷陵大戰을 꼽을 수 있다. 이들 4대 대전 가운데 조조 사후 유비와 손권 사이에 벌어진 이릉대전을 제외한 나머지 3대 대전은 모두 조조 생전에 조조가 주체가 된 전쟁이었다는 점에서 공통점이 있다. 이 시기는 동탁과 이각 및 곽사로 대표되는 장안정권長安政權이 종지부를 찍고 조조가 중심이 된 허도정권許都政權이 존립한 시기와 일치한다. 장안정권을 삼국시대의 제1기라고 한다면 허도정권은 제2기에 해당한다.

관도대전은 바로 허도정권 성립 초기에 일어난 대전으로 당시 최고 실력자였던 원소와 새로운 세력으로 등장한 조조가 중원의 패권을 놓고 격돌한 싸움이다. 싸움의 발단은 조조가 한헌제를 맞이해 천자의 조명詔命을 통해 지방 군벌을 호령하는 '협천자 영제후(挾天子 令諸侯, 천자를 끼고 제후를 호령하다)'를 행한 데서 비롯됐다. 초평 2년(191), 원소가 기주목의 자리에 오르자 책사인 저수沮授가 원소에게 '협천자 영제후' 방안을 제시한 바 있다.

"지금 조정이 이리저리 유랑하여 종묘가 황폐해진 상황입니다. 보건대 군웅 모두 비록 표면상 의병을 내세우고 있지만 실제로는 서로를 도모하고자 하니 사직을 염려하고 백성을 구제하려는 생각이 없습니다. 지금 기주冀州는 대략 안정되어 있는 데다 병사들이 정예하고 주변의 백성들 또한 연일 귀부歸附하고 있습니다. 만일 서쪽으로 나아가 어가를 영접하여 업성鄴城에 도성을 정한 뒤 '협천자 영제후'를 행하면 누가 능히 당해낼 수 있겠습니까?"

그러자 곽도郭圖와 순우경淳于瓊이 반대했다.

"한실漢室은 쇠미해진 지 이미 오래되어 지금 다시 부흥하는 것은 대단히 어렵지 않겠습니까? 게다가 영웅이 사방에서 일어나 각 지역을 차지하여 동원하는 병마의 숫자가 1만 명 이상이니 이는 마치 진나라가 천하를 잃은 정황과 비슷하여 먼저 얻는 자가 왕이 될 것입니다. 지금 천자를 맞이하여 가까이 두면 움직이는 즉시 상주문이 올라올 터인데 이를 좇으면 권력이 가볍게 되고 위반하면 항명하는 셈이 되니 이는 좋은 계책이 아닙니다."

원소는 저수의 건의를 따르지 않고 곽도 등의 의견에 동조했다. 이는 훗날 원소가 조조에게 패하게 된 결정적 배경이 되었다. 당시 조조는 한헌제를 허도로 맞아들여 허도정권을 세웠다. 시기를 놓치지 않은 것이다. 덕분에 허도정권은 이후 천자의 재가를 받은 유일한 정통정권으로 존속했을 뿐만 아니라 천자의 명을 받들어 제후를 토벌하는 권한을 행사할 수 있었다. 허도정권의 명을 받들지 않는 지방군벌은 '조적朝敵'으로 몰릴 수밖에 없었다. 삼국시대에서 가장 핵심이 되는 건안建安시대는 바로 조조가 한헌제를 허도로 모셔온 데서 시작됐다. '허현'이 '허도'로 탈바꿈하게 된 가장 상징적인 모습이 바로 허도에 수많은 궁실을 비롯해 종묘와 사직 등을 세운 것이다. 한헌제가 장안을 떠난 지 꼭 1년여 만의 일이었다. 한헌제의 어가가 이리저리 옮겨다니며 파천播遷하는 동안 거의 무정부상태에 가까웠던 혼란도 이로써 모두 가라앉았다.

궁중과 관부의 법제가 확립되자 허도정권이 가장 먼저 시행한 것은 조명을 받들지 않는 군벌에 대한 성토작업이었다. 관도대전의 단초가 바로 여기에 있다. 당시 허도를 새 도읍지로 정한 한헌제는 조조가 대장군이 되어 허도정권의 실질적인 책임자가 된 지 한 달여 만에 최고의 군벌로 군림하고 있는 원소에게 다음과 같은 조서를 내렸다.

"땅이 넓고 군사가 많은데도 오직 무리를 심는 데 열중하여 근왕(勤王, 임금을 위해 충성을 다함)을 위해 출동했다는 이야기는 들리지 않고 오직 멋대로 서로 토벌한다는 이야기만 들린다."

준엄한 경고다. 오랫동안 허도정권을 과소평가하거나 애써 무시해온 많은 사가들은 허도정권을 일개 지방 군벌에 불과한 조조가 천자를 협박하여 만든 사이비 정권으로 간주해왔으나 이는 잘못이다. 원소에게 보낸 조명의 내용을 통해 알 수 있듯이 동탁의 난 이후 군벌들에게 후한제국의 위엄을 최초로 드러낸 사례다.

당시 헌제의 존재를 무시하고 멋대로 조명을 빙자해 관원을 임명하고 이웃 지역을 병탄하기에 여념이 없었던 원소가 헌제의 조서를 받아보고 대경실색한 나머지 곧바로 상서하여 진력으로 변명한 사실이 이를 뒷받침한다. 조조는 원소가 허도정권에 굴복하는 자세를 보이자 이내 원소를 태위太尉로 삼고 열후에 봉하게 했다. 사실 당시 조조로서는 원소를 힘으로 굴복시킬 수 있는 처지에 있지도 못했다. 원소는 자신의 직위가 조조의 밑에 있게 된 것을 치욕으로 여겼다.

"조조가 몇 번이나 죽게 되었을 때 내가 모두 구해주었다. 그런데 이제 천자를 끼고 나에게 명령하려 드는 것인가?"

원소는 곧바로 상표上表하여 태위 자리를 받지 않으려 했다. 조조는 허도정권이 이제 막 출범한 상황에서 원소가 허도정권의 첫 작품인 인사명령을 따르지 않을 경우 대사를 그르칠까 크게 우려했다. 곧 대장군의 직함을 원소에게 양보하고 자신은 사공司空 겸 거기장군이 되었다. 대장군은 형식상 태위와 같은 지위에 속하나 실질적인 면에서 보면 통수권을 장악하고 있었기 때문에 태위보다 높았다. 조조는 명분을 버리고 실리를 취하는 사명취실捨名取實 전략을 구사한 것이다. 사실 원소의 경우는 비록 대장군의 직함을 가지고 있을지라도 직접적으로 허도정권에 가담해 군권을 장악한 것이 아니기 때문에 그리 큰 문제가 될 것이 없었다.

관도대전은 조조와 원소 사이에 숙제로 남아 있던 명분과 실리 간의 괴리를 제거하려는 양측의 갈등이 빚어낸 싸움이다. 관도대전이 일어나자 저수는 할 수 없이 원소를 좇아 전쟁터로 나갔다. 조조가 성동격서聲東擊西의 전술로 승리를 거둔 뒤 백성들에게 황하를 따라 서쪽으로 나아가도록 하자 이 소식을 들은 원소가 황하를 건너 급히 추격하고자 했다. 이에 저수가 만류하고 나섰다.

"승부의 변화는 신중히 고려하지 않으면 안 됩니다. 지금 응당 연진에 군사를 주둔시킨 채 군사를 나눠 관도로 진출해야 합니다. 그들이 관도를 치면 이를 우선 제압한 뒤 다시 돌아와 주둔하고 있는 군사와 함께 도하해도 늦지 않습니다. 일시에 모두 도하한 뒤 혹여 무슨 불행한 일이라도 생기면 곧 퇴로마저 끊기게 됩니다."

그러나 원소가 이를 듣지 않았다. 원소가 도하할 때에 임하여 저수가 홀로 이같이 탄식했다.

"주군은 스스로 자만하여 뜻만 가득 차 있고 부하들은 이익에 집착하여 급히 공을 세우려 한다. 유유히 흐르는 황하여, 우리가 능히 너를 다시 건널 수 있을 것인가!"

저수가 이에 병을 핑계로 사직의 뜻을 고했으나 원소는 이를 허락하지 않고 저수의 군사를 줄이면서 남은 군사를 곽도에게 배속시켰다. 결국 원소는 저수의 충언을 듣지 않고 무리한 싸움을 계속하다가 대패하고 말았다. 관도대전은 시기를 놓친 원소와 이를 꽉 움켜잡은 조조의 운명을 가른 분기점에 해당한다. 당시 원소는 관도대전에서 참패한 후 미처 갑옷을 입을 겨를조차 없이 홑옷에 두건을 쓴 채 겨우 기병 800명을 이끌고 황급히 황하를 건너 도주했다. 이후 조조는 후계문제를 둘러싼 원소 자식들 사이의 갈등을 이용해 원소의 자식들을 차례로 각개격파한 뒤 명실상부한 중원의 패자로 우뚝 섰다. 결정적인 시기가 왔을 때 반드시 이를 꽉 움켜잡아야 하는 이유가 여기에 있다.

시기가 올 때까지 참고 또 참아야 한다

학문이든 사업이든 아직 시기가 오지 않았는데도 성급히 움직이면 낭패를 보게 된다. 대표적인 예로 전한 말기 신新나라를 세운 왕망王莽의 개혁을 들 수 있다. 왕망의 신나라는 중국 역사상 무혈혁명으로 백성들의 전폭적인 지지를 받아 건국된 유일무이한 왕조다. 그러나 왕망은 애석하게도 자신을 지지했던 백성들의 반대로 15년 만에 패망하고 말았다. 그는 시기를 참고 기다린 덕분에 새 왕조를 열었지만 이후 시기를 기다리지 않고 성급히 움직였다가 패망한 유일무이한 경우에 속한다.

진시황은 병가의 궤도詭道와 법가의 엄법嚴法, 종횡가의 변설辯舌과 뇌물공세 등 모든 방법을 동원해 사상 처음으로 천하를 통일했다. 패도覇道의 전형에 해당한다. 이에 반해 신나라는 맹자가 그토록 숭상한 왕도王道로 새 왕조를 건립했다. 신나라가 성공했다면 인류 역사에서 영국의 명예혁명은 물론 프랑스 대혁명, 러시아 인민혁명 등 동서고금의 모든 혁명을 압도하는 최고의 혁명 모델이 되었을 것이다. 실제로 당대의 내로라하는 지식인은 물론 모든 서민과 노비가 왕망의 무혈혁명에 환호했다. 이를 반대한 세력은 대토지를 소유한 지방 호족 세력밖에 없었다.

신나라가 붕괴하는 와중에 '반反왕망'을 기치로 내건 군웅들의 각축 과정에서 최후 승자가 된 광무제 유수劉秀가 효렴(孝廉, 효도와 청렴함) 등의 유가덕목을 극도로 강조한 것도 이런 맥락에서 이해할 수 있다. 왕망이 내건 왕도의 이상이 그만큼 강렬했음을 반증한다. 이는 기본적으로 농본주의자인 맹자가 왕도의 전제조건으로 역설한 이른바 정전제井田制를 실시한 결과였다. 정전제는 전 국토의 국유화와 전 백성의 고른 토지소유가 골자다. 신나라는 비록 실패하기는 했으나 인류 역사상 처음으로 정전제를 실시한 경우에 속한다.

신나라 패망 이후 비록 일부 지역에 그치기는 했으나 정전제의 이상을 전면적으로 실시한 정권이 존재한 적이 있기는 하다. 아편전쟁 와중에 등장한 '태평천국'이다. 태평천국 역시 14년밖에 존재하지 못했으나 토지제도 개혁만큼은 신나라보다 훨씬 과격하면서도 전면적이었다. 태평천국이 패망한 뒤 근 100년 만에 이를 예외 없이 적용한 제국이 바로 마오쩌둥이 세운 '중화인민공화국'이다. 중국의 전 역사를 통틀어 전 국토를 국유화하고 모든 땅을 인민들에게 고루 나눠준 것은 사상 처음 있는 일이었다. 많은 사람들이 '대약진운동'과 '문화대혁명'의 실패에 초점을 맞추는 바람에 이를 간과하고 있으나 이는 잘못이다. 실제로 덩샤오핑의 '개혁개방' 이후 중국이 경이적인 발전을 거듭할 수 있었던 것도 바로 이 때문이다. 시장의 교란자를 통제하면서 자원을 효율적으로 배분한 덕분이다.

왕망은 천하를 일사불란한 왕도의 세계로 만들고자 한 점에서 비록 방법론적으로는 정반대이기는 했으나 진시황과 닮았다. 그는 이상주의자였다. 그의 집권과정은 극적이다. 당초 한성제漢成帝 치세 때 태후인 왕정군王政君의 친정인 왕씨 가문은 황실과 비교해도 거의 뒤지지 않을 정도로 부와 권력을 향유했다. 밤마다 가무가 끊이지 않았고 아첨하는 무리들로 인해 집 앞은 항상 문전성시를 이뤘다. 그러나 단 한 사람만이 이 대열에서 빠져 있었다. 바로 초원 4년(기원전 45)에 태어난 왕망이었다.

왕망의 부친 왕만王曼은 왕정군의 이복오빠로 젊은 나이에 죽었다. 왕망의 집안은 왕만의 요절로 인해 오히려 하루끼니를 걱정해야 할 정도로 가세가 기울었다. 왕정군은 이복 오빠인 왕만의 집안을 완전히 잊고 있었다. 왕망은 좌절하지 않고 겸손하고 부지런한 모습을 보이며 이름난 선비를 스승으로 찾아가 경서를 배웠다. 혼자된 형수를 성심으로 대하고, 조카를 가르치는 데도 소홀하지 않았다. 백부와 숙부에게 더욱 공경하는 모습을 보이고 친구를 폭넓게 사귀는 것도 잊지 않았다.

양삭 3년(기원전 22), 왕망은 백부 왕풍이 병으로 눕자 정성껏 시중을 들었다. 몇 달 동안 옷깃도 풀지 않은 채 친자식보다 더 정성으로 모셨다. 크게 감동한 왕풍이 죽기 전에 동복동생인 왕정군과 생질인 한성제에게 왕망의 자리를 부탁했다. 이후 왕망은 처음으로 황문랑黃門郎이 되었다. 이는 황제를 곁에서 시중하는 직책으로 비록 관품은 낮았으나 황제와 가까이 지낼 수 있는 매우 중요한 자리였다.

몇 년 뒤 그의 명성은 더욱 높아져 당대의 명사인 대숭戴崇과 진탕陳湯 등이 모두 그를 칭송했다. 숙부인 성도후 왕상王商도 자신의 봉읍을 왕망에게 분봉하도록 청할 정도였다. 영시 원년(기원전 16),

왕망은 신도후新都侯에 봉해졌고, 시중侍中으로 발탁됐다. 그는 사촌들과 달리 신분이 올랐는데도 전혀 교만한 모습을 보이지 않고 오히려 더욱 겸손하게 사람들을 대했으며, 틈이 나면 자신의 재산을 가난한 빈객에게 나눠주었다. 재야인사들이 그의 아름다운 행적을 널리 알리고 다녀 그의 명성은 숙부와 백부들을 뛰어넘게 됐다. 도중에 왕망은 고종사촌 형제의 비리를 적발하고 친족을 멸하면서까지 '대의멸친大義滅親'을 이뤘다는 칭송을 얻어 순조롭게 대사마 지위에 올랐다. 당시 38세였다.

그럼에도 그는 더욱 겸손했고, 현명하고 덕망이 높은 인재들을 찾아 휘하 관원으로 끌어들였다. 한성제의 하사품은 다른 사람에게서 모두 나눠주고 자신은 여전히 검소한 생활을 이어갔다. 한번은 그의 모친이 병으로 눕자 대신들이 앞다투어 부인들을 시켜 병문안을 가도록 했다. 왕망의 부인이 문 밖에서 그들을 맞이했는데 행색이 남루해 모두 시녀인 줄 알았다. 그러나 그녀가 바로 왕망의 부인이라는 사실을 알고는 모두 대경실색했다. 왕망의 명성이 더욱 높아진 것은 말할 것도 없다.

수화 2년(기원전 7), 한성제가 병사하자 그의 아버지 한원제漢元帝의 측실인 부씨傅氏가 낳은 정도왕 유강劉康의 아들 유흔劉欣이 한애제漢哀帝로 즉위했다. 한애제의 생모 정씨丁氏와 조모 부태후가 새로운 외척세력이 됐다. 1년이 지나자 부태후는 '황태태후皇太太后', 정씨는 '제태후帝太后'로 추존됐다. 정씨와 부씨 일족 모두 높은 관직에 올랐다. 이에 왕씨 가문은 타격을 받았고 왕씨 집안의 천거로 관직에 오른 자들은 모두 고향으로 돌아가야만 했다. 왕망은 자신에게 닥친 위기를 확실히 깨달았다. 그는 봉지封地로 돌아가 문을 걸어 잠그고 밖으로 나오지 않았다. 시기를 엿본 것이다.

이 와중에 차남 왕획王獲이 노비를 죽이는 일이 발생했다. 왕망은 무고한 목숨을 빼앗았다는 이유로 차남에게 자진을 명했다. 당시 주인은 노비의 생살권을 갖고 있었는데도 이런 일을 벌인 것이다. 그러자 성인이란 칭송이 자자했다. 3년 동안 관원들은 왕망의 억울함을 알리는 상서를 수백 통이나 올렸다. 원수 원년(기원전 2), 일식이 발생하자 하늘의 경고로 해석한 대신들은 왕망의 공을 칭찬하며 그의 복직을 강권했다. 한애제는 태황태후인 왕정군을 모신다는 명분으로 다시 왕망을 장안으로 불렀다. 원수 2년(기원전 1), 한애제가 재위 6년 만에 26세의 나이로 후사도 없이 병사했다. 이때는 부태후와 정태후도 이미 죽고 없었다. 왕정군은 그날로 바로 미앙궁에 도착해 황제의 옥새를 거두고 급히 왕망을 불렀다. 어명을 내려 왕망이 조정 대신 및 군사를 소집하고 장수를 움직여 수도를 수호하는 등 모든 사무를 주관했다.

조정회의 끝에 왕망이 대사마에 임명되고, 9세인 중산왕 유간劉衎의 즉위가 결정됐다. 그가 바로 한평제漢平帝다. 왕정군은 조회에 나와 섭정을 하면서 왕망에게 보정대신輔政大臣이 돼 집정토록 했다. 왕망은 정씨와 부씨 외척을 장안에서 모조리 내쫓고 자신을 추종하는 사람들로 요직을 채웠다.

원시 5년(기원후 5), 한평제가 죽자 왕망은 겨우 2세의 젖먹이인 유영劉嬰을 보위에 앉힌 뒤 섭황제攝皇帝를 칭하며 연호를 거섭居攝으로 바꿨다. 보위를 찬탈할 시기가 왔다고 판단한 결과다. 거섭 3년 (기원후 8), 왕망이 마침내 천자의 자리에 올랐다. 하늘에서 천명을 내렸다는 보고가 여기저기서 올라온 결과였다. 이해 12월 1일을 시건국始建國 원년 정월 1일로 하고, 국호를 '신新'으로 정했다. 전한은 여기서 패망하고 말았다.

왕망이 국호를 '신'으로 한 것은 그가 열후가 된 것이 '신도후'였기 때문이다. '신도'의 '신'을 국호로 삼은 것은 모든 것을 일신하겠다는 그의 열망이 반영된 결과였다. 왕망은 《주관周官》을 좇아 관명을 모조리 바꾸고 지명도 자주 고쳐 그로 인한 혼란이 막심했다. '오래도록 평안하다'는 뜻으로는 그 취지가 미흡하다고 생각해 장안長安의 명칭을 '영원히 평안하다'는 뜻의 상안常安으로 바꿨다.

이런 개명 조치가 야기한 가장 큰 문제는 흉노와 고구려 등의 반발이었다. 한나라는 흉노와 관계가 좋았을 때 흉노의 수장 선우單于에게 왕호를 내렸다. 그러나 오랑캐인 흉노가 왕을 칭하는 것은 불손하다고 생각한 왕망은 왕호를 거두고 후侯로 깎아내렸다. 만주 일대의 강국 '고구려'도 '저구려低句麗'로 폄하됐다. 분란을 자초한 셈이다. 시기를 기다렸다가 천하를 거머쥐는 데 성공한 왕망이 15년 만에 패망한 데에는 그의 이런 과도한 호고주의好古主義 행보가 중요한 배경으로 작용했다. 진시황이 영원한 제국을 꿈꾸면서 스스로 '1세 황제'를 칭했으나 불과 15년 만에 '2세 황제'를 끝으로 일거에 무너져 내린 것과 꼭 닮았다.

임기응변술의 관점에서 보면 그의 패망은 시기를 기다리지 않고 성급하게 움직인 데 있다. 가장 대표적인 게 성급한 '왕전제'의 전면 실시다. 취지는 좋았지만 땅을 빼앗기게 된 호족들의 반발이 거셌다. 호족연합을 이끈 광무제 유수가 신나라를 멸하고 후한을 세운 게 이를 반증한다. 일명 '왕망전王莽錢'으로 상징되는 잦은 화폐개혁도 신나라 패망에 결정적인 배경으로 작용했다. 그는 섭황제로 있을 때 대천오십大泉五十, 설도契刀, 착도錯刀, 국보금궤직만포國寶金匱直萬布 등 여러 화폐를 새롭게 만들어 전래의 오수전五銖錢과 함께 유통시켰다. 천봉 원년(기원후 14)에 금, 은 등의 화폐를 부활시키고 명목가치를 개정하면서 대천오십 등을 없앴다. 모두 주나라 때 제도로 복귀하려는 호고주의의 일환으로 나온 것이었다. 혼란스럽기 짝이 없는 왕망전의 시행은 결국 시장 질서를 교란시켜 서민들의 삶을 피폐하게 만들었다. 그의 즉위에 환호했던 백성들이 호족과 합세해 신나라 타도에 나선 이유다. 역대 왕조 가운데 유일무이하게 무혈입성으로 등장한 신나라가 허무하게 무너진 근본배경이 여기 있었다고 해도 과언이 아니다.

왕망이 즉위 이후에 보여준 일련의 행보는 신나라를 세울 때까지만 해도 시기가 오기를 기다리며 시종 겸손한 모습을 보인 것과 너무나 대비된다. 이상주의자들이 흔히 그렇듯이 과도한 자신감과 자부심이 화근이었다. 경제를 파탄으로 이끈 성급한 정전제 실시와 무분별한 왕망전의 발행도 여기서 비롯된 것이다. 고금을 막론하고 민생을 파탄으로 이끌고도 오랫동안 유지된 왕조는 없었다. 임기응변술의 관점에서 보면 왕망의 패망은 시기가 무르익지도 않았는데 성급하게 움직인 결과로 해석할 수밖에 없다.

인내, 달빛 아래에서 은밀히 실력을 기르는 시간

아직 시기가 오지 않았을 때는 은밀히 힘을 기르며 시기가 올 때를 기다리는 게 정답이다. 달빛 아래에서 은밀히 실력을 기르는 도광양회韜光養晦가 이를 상징한다. 도광양회를 소홀히 하면 시기가 왔을 때 곧바로 움직이더라도 소기의 성과를 거두기 힘들다. 역부족의 상황에 몰릴 우려가 크기 때문이다. 도광양회에 성공해 천하를 호령한 대표적인 인물로 춘추시대 말기의 월왕 구천句踐과 책사 범리范蠡를 들 수 있다.

기원전 496년, 초나라의 도성인 영성을 함락시켜 천하를 진동시켰던 오왕 합려闔閭는 월왕 윤상允常이 세상을 떠나고 그의 아들 구천이 즉위했다는 소식을 듣고 크게 기뻐했다. 국상을 맞아 어수선한 틈을 타 월나라를 무너뜨릴 수 있는 절호의 기회라고 판단한 것이다. 이해 여름, 합려가 대군을 이끌고 월나라로 쳐들어갔다. 구천이 곧바로 반격에 나서자 두 나라 군사가 취리欈李에서 대치하게 됐다. 이 전투에서 오나라 군사가 대패했다. 구천을 얕잡아봤기 때문이다. 합려 역시 격전 중에 입은 부상으로 인해 이내 세상을 떠나고 말았다. 이를 계기로 오나라와 월나라의 원한은 더욱 깊어졌으며, 경쟁 또한 치열해졌다. 합려의 아들 부차夫差는 3년 동안 절치부심하며 무력을 강화해 마침내 설욕에 성공했다.

《사기》〈월왕구천세가〉에 따르면 오왕 부차가 설욕을 위해 전쟁 준비에 박차를 가하고 있을 때 첩보를 접한 구천이 선제공격을 가하고자 했다. 이때 범리가 다음과 같이 간했다.

"불가합니다. 신이 듣건대 '군사는 흉기이고, 전쟁은 덕을 해치고, 승부를 다투는 것은 최악의 일이다'라고 했습니다. 흉기를 휘둘러 덕을 해치는 것은 하늘도 금하는 것입니다. 선제공격을 가하는 것은 불리합니다."

하지만 구천은 범리의 말을 무시했다. 결국 구천은 부초산 전투에서 대패한 뒤 패잔병 5000여 명을 이끌고 회계로 황급히 도주했으나 이내 오나라 군사에게 포위되고 말았다. 《국어》〈월어〉에 따르면 당시 구천은 범리의 간언을 듣지 않은 것을 크게 후회하며 이같이 사과했다.

"나는 그대의 의견을 받아들이지 않아 오늘 이 지경에 이르고 말았소. 이제 어찌 대처해야 하오?"

범리가 계책을 냈다.

"군왕은 어찌하여 전에 제가 한 말을 잊은 것입니까? 나라를 흥성케 하려면 천도天道를 따르고, 위기를 극복하기 위해서는 인도人道를 따르고, 정사를 절도 있게 펼치기 위해서는 지도地道를 따라야 합니다."

"인도를 따르고자 하면 어찌해야 하오?"

"겸허한 언사와 공경스런 예절로써 화친을 구하고, 금옥으로 만든 기물과 가무 및 여악 등을 오왕에게 바치고, '천왕天王'으로 그를 높이십시오. 만일 이같이 하여도 오왕이 솔깃해하지 않으면 몸을 팔아 그의 노복이 되는 수밖에 없습니다."

오왕 부차가 구천의 제의를 받아들이자 부차의 노복 신세가 된 구천이 월나라를 떠나기 전에 범리에게 월나라에 남아 자기 대신 나라를 지켜달라고 말하자 범리가 다음과 같이 제안했다.

"월나라 경계 안에서 백성을 다스리는 일은 제가 대부 문종文種만 못합니다. 다만 경계 밖에서 적군을 맞아 싸울 때 기회를 놓치지 않고 결단하여 출격하는 일은 대부 문종이 저만 못합니다."

구천은 범리의 의견을 좇아 대부 문종에게 월나라를 지키게 하고, 자신은 범리와 함께 오나라로 가 신복臣僕이 되었다. 〈월왕구천세가〉와 〈월어〉는 이후 대부 문종에 대해서는 구체적인 언급을 생략한 채 오나라로 들어간 구천과 범리가 사지를 빠져나오기 위해 행한 일련의 계책을 집중적으로 조명해놓았다. 그러나 인구에 회자하는 이른바 '문질상분問疾嘗糞' 일화에 대해서는 아무런 언급도 해놓지 않았다. 이 일화는 오직 《오월춘추》에만 나오는 것으로 보아 후대인이 만들어낸 가공의 일화인 듯하다. 그럼에도 '문질상분' 일화는 '와신상담臥薪嘗膽' 일화와 더불어 오늘날 가장 널리 알려진 '오월시대'의 대표적인 이야기다.

문질상분 일화에 따르면, 시간이 지나자 오나라 내에서는 구천의 처리 문제와 관련해 태재 백비를 중심으로 한 '석방파'와 오자서를 중심으로 한 '처단파'가 격렬히 대립하기 시작했다. 부차는 결단을 내리지 못하고 망설였다. 사태가 긴박하게 돌아가는 이 와중에 부차가 문득 병이 나 자리에 누웠다. 서너 달이 되도록 병이 호전되지 않았다. 범리가 구천에게 한 가지 계책을 제시했다.

"지금 오왕은 우리를 용서해주기로 마음을 먹었다가 오자서의 말을 듣고는 또 마음이 변했습니다. 그런 심약한 사람의 동정을 얻으려면 비상수단을 써야 합니다. 대왕은 문병을 가 배견하게 되면 그 똥과 오줌을 받아 직접 맛보면서 그의 안색을 살펴보고 곧 축하인사를 올리십시오. 이어 병세가 점차 호전될 것이라고 말하고 병석에서 일어날 날짜를 말하십시오. 예언이 적중하기만 하면 무엇을 염려할 필요가 있겠습니까?"

다음 날 구천이 태재 백비에게 청했다.

"오왕의 병환을 문후코자 합니다."

태재 백비가 곧 이를 부차에게 알렸고 부차의 허락이 떨어졌다. 마침 부차가 대소변을 보자 태재 백비가 이를 들고 밖으로 나오다가 방문 밖에서 구천과 만나게 되었다. 구천이 말했다.

"제가 대왕의 변을 보고 대왕 병세의 길흉을 판단해보도록 하겠습니다."

그러고는 손으로 소변과 대변을 각각 떠서는 한 번씩 맛본 뒤 곧 안으로 들어가 이같이 말했다.

"죄인 구천이 대왕에게 축하의 말씀을 올립니다. 대왕의 병은 곧 호전돼 이내 완치될 것입니다."

"그것을 어찌 알 수 있소?"

"제가 일찍이 변을 통해 병세를 알아맞히는 사람으로부터 그 방법을 배운 적이 있습니다. 대소변은 먹는 곡물의 맛을 좇아야 하니 시령時令의 원기元氣를 거스르는 사람은 곧 죽게 됩니다. 대소변이 시령의 원기를 좇게 되면 곧 살아나게 됩니다. 지금 신이 개인적으로 대왕의 대소변을 맛보았습니다. 대변의 맛은 쓰고 맵고 십니다. 이 맛은 봄과 여름 사이의 원기에 응하는 것입니다. 이로써 저는 대왕의 병세가 이내 완치될 것임을 알 수 있었습니다."

부차가 크게 기뻐했다.

"참으로 인인仁人이오."

구천이 예측한 날이 가까워 오자 부차의 병이 거의 낫게 되었다. 부차가 곧 큰 잔치를 벌이고는 이같이 명했다.

"오늘 월왕을 이 자리에 참석케 했으니 군신들은 귀빈의 예로써 그를 대하도록 하라."

화가 난 오자서는 참석치 않았다. 구천과 범리가 함께 일어나 쾌유를 축하하며 만세토록 장수할 것을 기원했다. 다음 날 오자서가 궁으로 들어가 간하자 부차가 이같이 힐난했다.

"내가 병으로 석 달 동안 누워 있을 때 끝내 상국相國으로 있는 그대로부터는 한마디도 듣지 못했소. 이는 상국이 자애롭지 못함을 보여준 것이오. 또한 내가 좋아하는 음식을 진헌하지 않고, 마음속으로 나의 건강을 염려하지 않았으니 이는 상국이 인자하지 못함을 보여준 것이오. 월왕은 한때 잘못을 저질렀으나 스스로 노복이 되어 부인을 시녀로 만들고도 마음속으로 원한을 품지 않고, 내가 병에 걸리자 직접 나의 분변을 받아 입으로 맛보았소. 만일 내가 상국의 말을 듣고 그를 죽였다면 이는 과인이 현명하지 못한 것이 되고 오직 상국 한 사람의 마음만 통쾌하게 만들었을 것이오."

오자서가 반박했다.

"어찌하여 대왕은 반대로 말씀하시는 것입니까? 무릇 호랑이가 몸을 낮추는 것은 장차 먹이를 가격하기 위한 것입니다. 그가 대왕의 소변을 마신 것은 대왕의 심장을 먹은 것이고, 대왕의 대변을 먹은 것은 대왕의 간을 먹은 것입니다. 대왕은 장차 그에게 포로로 잡히고 말 것입니다. 사직이 폐허가 되고, 종묘가 가시밭이 되면 후회한들 무슨 소용이 있겠습니까?"

부차가 화를 냈다.

"상국은 이 일을 다시는 거론하지 마시오. 나는 이런 이야기를 두 번 다시 들을 인내심이 없소."

부차가 마침내 구천을 석방한 뒤 귀국하도록 했다.

여기서 병세를 알아본다는 핑계로 변을 맛보는 '문질상분' 성어가 나왔다. 이는 수단방법을 가리지 않고 아첨하는 것을 뜻한다. 구천이 행한 문질상분 행보는 목적을 이루기 위해 온갖 굴욕을 참아내는 극기에 해당한다. 기원전 490년, 범리는 구천과 함께 월나라로 돌아왔다. 구천은 귀국한 후 오나라에서 겪은 수모를 한시도 잊지 않았다. 자리 옆에 쓸개를 매달아놓은 뒤 앉으나 누우나 이를 쳐다보고 음식을 먹을 때도 이를 핥았다. 늘 '너는 회계산의 치욕을 잊

없는가'라고 자문자답하며 스스로를 채찍질했다. 여기서 와신상담이란 성어가 나왔다.

《오월춘추》에 따르면 당시 구천은 논밭을 개간하는 백성들에게 세금과 부역을 감면해주고 길쌈을 장려하는 등 먼저 부민富民을 이루는 데 만전을 기했다. 인구를 늘리는 데에도 세심한 주의를 기울였다. 17세에 이른 여자는 반드시 시집을 보내고 남자는 20세가 되면 혼인을 시켰다. 이를 어기는 부모는 엄한 벌을 내렸다. 부부가 아들을 낳으면 술 두 동이와 개 한 마리를 상으로 내렸고, 딸을 낳으면 술 한 동이와 돼지 한 마리를 주었다. 둘째와 셋째를 계속해서 낳으면 더 많은 포상을 했다. 월나라의 인구가 급격히 늘어난 배경이다. 외교에도 신경을 썼다. 제나라와 동맹을 맺고, 초나라와 가까이 지내며, 진나라를 상국으로 모시고, 오나라에 시종 충성스런 모습을 보여 방심하게 만들었다. 장기적인 안목의 심모원려深謀遠慮가 돋보이는 대목이다.

기원전 482년 6월 12일, 구천은 부차가 황지黃池 회맹을 성사시키기 위해 오나라의 정예군을 이끌고 출정한 틈을 노려 마침내 군사를 두 길로 나눠 오나라로 진군했다. 이해 6월 21일, 오나라 왕손 미용이 월나라 군사와 일전을 겨뤄 대승을 거두었다. 당시 오나라 도성에는 늙고 병약한 군사들만이 남아 있었다. 그럼에도 첫 전투에서 월나라의 선봉을 무찌르는 승리를 거둔 것이다. 오나라의 무력이 얼마나 막강했는지를 반증한다. 그러나 월왕 구천이 대군을 이끌고 오자 상황이 바뀌었다. 다음 날인 6월 22일, 양군이 다시 교전해 태자 우를 비롯해 왕손 미용 등이 모두 포로로 잡혔다가 이내 목이 달아났다. 오나라의 참패였다. 다음 날 월나라 군사가 오나라 도성으로 입성했다. 《오월춘추》는 이때 월나라 군사들이 지금의 장쑤성江蘇省 쑤저우시蘇州市 서남쪽 고소산에 세워진 거대한 규모의 고소대姑蘇臺를 불태웠다고 기록해놓았다.

이해 7월 7일, 황지의 회맹이 거행됐다. 부차가 진나라에 앞서 삽혈歃血함으로써 형식상 천하의 패자가 되었다. 부차는 비록 회맹을 강행해 중원의 패자가 되었지만 오나라의 중요한 지역들을 이미 월나라에게 빼앗겼다는 급보에 놀라 황급히 회군했다. 오왕 부차의 주력군은 식량과 무기, 전쟁 물자가 턱없이 부족하여 제대로 전투를 치를 수 없었다. 구천도 단숨에 오나라를 무너뜨릴 수 없다고 판단했다. 이해 겨울, 오나라와 월나라는 강화를 맺었고 구천은 곧바로 군사를 이끌고 철군했다. 이때까지도 무력은 오나라가 앞서 있었다. 그런데도 오나라는 3년 뒤 멸망하고 말았다. 명실상부한 천하의 패자로 군림하기 위해 힘을 엉뚱한 데 소진했기 때문이다. 만일 이때라도 정신을 차려 월나라의 재침에 철저히 대비했다면 승패가 달라졌을지도 모른다. 그러나 부차는 허를 찔린 뒤에도 월나라를 계속 얕보다 패배를 자초했다. 월왕 구천의 승리는 '도광양회'를 철저히 행한 결과다. 당초의 목표를 향해 혼신의 노력을 기울이며 시기가 왔을 때 결단하는 게 관건이다.

02: 사기 事機
사안이 무르익었을 때 신속히 움직여라

준비되지 않은 자에게 기회는 없다

:

사기事機는 지기地機에 부응하는 '임기臨機'를 뜻한다. 다시 말해 사안이 무르익어 구체적인 모습을 밖으로 드러내는 계기가 그것이다. '시기'가 시간의 지배를 받는 것과 달리 '사기'는 공간의 지배를 받는다. 예를 들어 어떤 지역에서는 전혀 문제가 되지 않는 사안이 다른 지역에서는 커다란 화를 불러오는 빌미로 작용한다. 정반대의 경우도 가능하다. 요동백시遼東白豕 성어가 그렇다. 《후한서》〈주부전朱浮傳〉에 따르면 옛날 요동 땅에 살던 사람이 우연히 머리가 흰 돼지새끼를 얻게 되자 크게 기이하게 생각해 이를 군왕에게 바치고자 했다. 그는 돼지새끼를 들고 하동 땅까지 갔다가 그곳의 돼지들은 모두 머리뿐만 아니라 몸 전체가 흰 것을 보고는 크게 부끄러워하며 돌아오고 말았다. 요시백遼豕白 내지 요시遼豕 등으로도 사용되는 이 성어느 우물 안 개구리 식의 어리석은 자를 비유할 때 사용되나 실은 '사기'의 중요성을 언급한 것이기도 하다. 하동에서는 너무나 흔해 평범하기 짝이 없는 일이 요동에서는 경사스런 일로 여겨진 게 그렇다. 지금은 너무나 흔해졌지만 지난 1970년대까지만 해도 바나나는 최고의 과일로 여겨졌다. 해방 이후 바나나 수입이 오랫동안 횡재의 수단으로 이용된 이유다. 모든 것이 그렇듯이 희귀하면 비싸기 마련이다. 이 모두 '사기'의 중요성을 일깨워주는 일화에 해당한다.

시기와 사기는 천기와 지기가 그런 것처럼 서로 맞물려 돌아간다. 특정 시기에 특정 지역에서 불거져 나온 사건을 두고 '시사時事'로 부르는 게 그 증거다. 이는 시기와 사기가 서로 얼마나 밀접한 관계를 맺고 있는지를 잘 보여준다.

역대 사서와 병서를 보면 사기에 대한 해석이 다양하다. 제자백가서 가운데 최초로 사기를 언급한《오자병법》제4편〈논장〉은 사기를 다음과 같이 풀이해놓았다.

"첩자를 잘 활용하고 기동부대를 적절히 운용하면 적의 병력을 분산시킬 수도 있고, 군신 사이를 이간시킬 수도 있다. 이를 '사기'라고 한다. 전차의 바퀴 굴대통과 비녀장이 견고하고 배의 후미와 양 옆에 부착한 노가 편리하도록 만들고, 병사들이 진법에 익숙토록 하고, 말이 잘 달릴 수 있도록 조련하는 것을 역기力機라고 한다."

사기를 적에게 손해를 끼치는 계책의 의미로 정의했음을 알 수 있다. 그러나 임기응변술의 관점에서 보면〈논장〉에서 말하는 사기는 군중심리와 직결된 심기心機에 해당한다. 오히려 전차를 잘 정비하고, 병사들을 철저히 훈련시키는 등의 역기가 사기에 가깝다.

《삼국지》〈전주전田疇傳〉의 배송지 주에 인용된 《선현행장先賢行狀》의 '사기를 잃을까 우려된다'라는 뜻의 '구실사기懼失事機' 구절이 이를 뒷받침한다. 사기를 '일을 행하는 시기'라는 의미로 사용한 것이다. 철저히 준비한 뒤 사안이 무르익었을 때 움직여야 성공할 수 있다는 취지를 담고 있다. 《손자병법》도 같은 맥락을 보여주는데, 다음은 〈시계〉의 해당 대목이다.

"군주는 도, 천, 지, 장, 법 등 다섯 가지 사안에서 적과 아군을 비교·분석해 승부의 흐름을 잘 짚어낼 줄 알아야 한다. '법'은 군대의 편제와 운용, 장수와 군관의 관리, 군수물자의 조달과 공급 등을 말한다."

《손자병법》이 사기를 '법'으로 해석해놓았음을 알 수 있다. 이를 두고 조조는 《손자약해》에서 이같이 풀이해놓았다.

"군대의 편제와 운용은 부대편성과 작전명령을 전달하는 깃발 신호 및 북과 징 신호에 관한 규정을 말한다. 장수와 군관의 관리는 정부관원 및 군대 계급체계에 따른 역할분담을 뜻한다. 군수물자의 조달과 공급은 국고 및 조세를 통해 군사비용을 감당하는 것을 말한다."

조조 역시 작전을 펼치기 위한 모든 사전준비 작업을 사기로 파악한 셈이다. 《손자병법》〈시계〉는 필승을 기하기 위해 철저한 사전준비 작업을 역설하고 있다. 다음은 해당 대목이다.

"군주는 적군과 아군이 처한 다음 일곱 가지 상황을 면밀히 검토해 승부의 흐름을 잘 짚어내야 한다. 첫째, 군주는 어느 쪽이 더 정사를 잘 펼치고 있는지 비교해보아야 한다. 둘째, 장수는 어느 쪽이 더 유능한지 면밀히 분석해야 한다. 셋째, 천시와 지리는 어느 쪽이 더 유리하게 작용하는지 헤아려야 한다. 넷째, 법령은 어느 쪽이 더 충실히 집행하고 있는지 검토해야 한다. 다섯째, 무기는 어느 쪽이 더 강한지 살펴보아야 한다. 여섯째, 병사들은 어느 쪽이 더 훈련을 잘하고 있는지 짚어보아야 한다. 일곱째, 상벌은 어느 쪽이 더 공평히 시행하고 있는지 알아봐야 한다. 이들 일곱 가지 상황을 비교하면 승패를 미리 알 수 있다."

미리 철저하게 준비하지 않으면 결코 승리를 거둘 수 없다는 사실을 경고하고 있다. 장량 및 제갈량과 더불어 '역대 3대 지낭智囊'으로 손꼽히는 유기는 《욱리자》에서 이를 경고하는 일화를 소개하고 있다.

"민산岷山의 솔개가 변해 비둘기가 되자 깃털과 발톱과 부리 모두 비둘기의 것처럼 되었다. 그런데도 숲 속 나무 사이로 날아가 뭇 새가 퍼덕거리며 모여 있는 것을 보면 자신이 비둘기로 변한 것을 망각한 채 '휘익' 하며 솔개 소리를 냈다. 그러면 뭇 새들은 순식간에 엎드렸다. 얼마 후 까마귀가 가려진 틈으로 살펴보니 발톱과 부리와 깃털 모두 비둘기였을 뿐 솔개가 아니었다. 까마귀가 나서 떠들어대자 크게 당황해 어찌할 바를 몰라 했다. 싸우자니 발톱과 부리 모두 쓸모가 없었다. 이내 몸을 낮춰 관목 속으로 들어갔으나 까마귀가 자기 무리를 불러 뒤를 쫓아오는 바람에 큰 곤욕을 치러야 했다. 욱리자가 이를 두고 말하기를, '솔개는 천하의 맹금이나 비둘기로 변하자 믿을 만한 것을 잃고 말았다. 게다가 솔개 소리를 내며 짖어대는 바람에 곤경을 자초했다. 명철한 선비가 때를 기다리며 크게 인내해야 하는 이유가 이와 같다'라고 했다."

이는 때가 오지 않았는데 설불리 자신의 모습을 드러낸 경우를 지적한 것이다. 모든 사업이 그렇듯이 철저한 준비도 없이 사업에 뛰어들 경우 십중팔구는 이와 유사한 상황을 맞닥뜨릴 소지가 크다. 때가 무르익지 않았는데 설불리 발톱을 드러낸 탓이다.

대표적인 예로 외식업 창업을 들 수 있다. 지난 2013년 5월에 나온 통계청 발표에 따르면 전체 취업자 가운데 자영업자의 비율은 23퍼센트로 사상 최저로 줄었지만, 자영업자 중 50대 비중은 꾸준히 증가하는 추세로 나타났다. 최근 50대의 베이비 붐 세대가 줄줄이 은퇴하면서 창업시장에 대거 뛰어든 결과다. 문제는 이들의 창업 이후 행보다. 자영업 진출 후 3년 이내에 휴업하거나 폐업하는 비율이 절반가량에 이른다. 실패 요인은 복합적이지만 가장 큰 이유는 철저한 사전준비 없이 뛰어든 데 있다.

외식업 창업에 성공한 경우 대개 몇 가지 특징을 가지고 있다. 첫째, 아이디어가 뛰어나다. 남들과 똑같은 음식을 만들어서는 주목을 받기 힘들다. 예컨대 '일본식 돈가스' 체인점만 난무하는 상황에서 '한국식 돈가스' 전문점을 만드는 식이다. 둘째, 전문성이 있다. 이들은 조리할 때 일정한 맛을 유지하기 위해 애쓴다. 브랜드 가치를 높이려면 반드시 충성고객을 확보해야 한다. 일정한 맛의 유지가 필요한 이유다. 셋째, 부지런하다. 이들은 식부자재의 구입단계부터 가장 신선한 재료를 구하기 위해 동분서주한다. 손님에게 수시로 품평을 구하면서 이를 토대로 새로운 조리법을 개발하기 위해 끊임없이 노력하는 것도 같은 맥락이다.

《손자병법》을 포함한 모든 병서들이 싸움이 본격적으로 시작되기 전에 미리 철저히 준비할 것을 주문한 이유다. 고금을 막론하고 무슨 사업이든 성공을 거두기 위해서는 반드시 철저한 준비가 선행돼야 한다.

멀리 내다보는 지혜
:

봄에 작물을 심으면 여름에 뜨거운 햇살 아래 성숙과정을 거친 뒤 가을에 열매를 맺듯이 모든 사안도 유사한 과정을 밟는다. 역대 왕조의 창업과정을 보면 창업주 모두 은밀히 힘을 기르며 사안이 무르익을 때까지 은인자중한 사실을 확인할 수 있다. 중요한 것은 한번 목표를 세우면 주변의 상황에 흔들리지 않고 초지일관코자 하는 강한 의지와 인내심이다. 《욱리자》에 나오는 일화다.

춘추시대 당시 정나라의 시골 사람이 우산 만드는 기술을 배웠다. 3년이 지나 기술을 완전히 익혔을 때 심한 가뭄이 들어 쓸모가 없게 됐다. 이내 이전의 기술을 버리고 다시 두레박 만드는 기술을 배웠다. 3년이 지나 기술을 완전히 익혔을 때 큰비가 내려 쓸모가 없었다. 이에 다시 우산을 만들었다. 얼마 지나지 않아 도적떼가 사방에서 일어났다. 백성들 모두 군복으로 바꿔 입은 까닭에 우산을 쓸 일이 거의 없었다. 무기를 만드는 기술을 배우려 했으나 이미 너무 늙어버렸다. 이를 두고 욱리자가 이같이 탄식했다.

"늙거나 젊은 것은 사람이 어찌할 수 있는 게 아니다. 하늘에 달려 있다. 기술은 자신이 배워서 할 수 있는 것이니 비록 때를 만나지 못하는 것은 운명이기는 하나 본인의 잘못이 없다고 말할 수는 없다. 옛날 월越 땅에 농사를 잘 짓는 자가 있었다. 그는 밭을 파 논으로 만든 뒤 벼를 심었다. 3년 동안 장마 때문에 손해를 입었다. 사람들은 물을 뺀 뒤 수수를 심는 것이 마땅하다고 했다. 그는 듣지 않고 여전히 이전과 같이 했다. 그해에 큰 가뭄이 들었다. 잇달아 3년 동안의 수확을 계산해보니 그간의 손해를 벌충하고도 남았다. '가물 때 배를 마련하고, 더울 때 털옷을 마련하라'는 말이 있다. 실로 천하의 명언이다!"

멀리 내다볼 줄 알아야 변화하는 상황에 적극 올라탈지라도 실수하는 일이 없게 된다. 이는 멀리 내다볼 줄 아는 안목과 당장의 성과에 연연하지 않는 마음의 여유가 있어야 가능하다. 이를 실행해 새 왕조의 창업주가 된 대표적인 인물로 송태조 조광윤趙匡胤을 들 수 있다. 그의 창업과정을 보자.

당나라가 멸망한 후 송나라에 의해 중원이 통일되기까지의 50여 년을 흔히 5대五代라고 하는데, 보다 정확히 말하면 5대10국五代十國이 맞다. 5개 왕조가 교체된 것은 중원에서만 빚어진 일이다. 강남을 중심으로 한 중원 이외의 지역은 10개 국이 난립했다. 조광윤이 송나라를 건국할 당시 중원의 5대는 종식됐으나 주변의 10국 가운데 6국이 남아 있었다. 조광윤은 나름 적극적으로 천하통일 작업에 나섰으나 죽기 전까지 이를 완수하지 못했다. 그의 뒤를 이은 송태종 조광의趙匡義가 979년 5월에 북한北漢을 병탄함으로써 마침내 천하통일을 완수했다. 송나라가 들어선 지 19년 만의 일이다. 5대10국 시대의 종점을 기존의 학설과 달리 20년 가까이 뒤로 물려야 하는 이유다.

5대의 첫 번째 왕조는 후량後梁이다. '후' 자는 남북조의 양과 혼동하기 쉬워 사가들이 편의상 붙인 것이다. 후량을 세운 주전충은 빈농 집안 출신으로 남의 집 머슴으로 살다 뛰쳐나와 '황소黃巢의 난'에 가담했던 장수였다. 당시 주전충은 평판이 좋지 않았다. '황소의 난'에서 이탈한 데 이어 당나라를 찬탈했기 때문이다. 그러나 부패한 귀족관료와 환관을 철저히 소탕한 점에서 그는 정치개혁의 장본인이기도 했다. 그는 수백 년 동안 지속된 문벌사회의 구습을 타파하는 데 앞장섰다.

후량은 극성했을 때 70여 개 주를 지배했다. 천하의 350여 개 주 가운데 약 5분의 1에 해당한다. 그럼에도 황하의 중류인 중원을 장악한 까닭에 중앙정부처럼 보였다. 당시 후량에 가장 큰 반발을 보인 인물은 투르크 계통의 사타족 출신 군벌 이극용李克用이었다. 그는 주전충과의 힘겨루기에서 패한 뒤 근거지인 지금의 산시성山西省 일대로 물러나 때를 노렸다. 결국 이극용의 뒤를 이은 이존욱李存勖

이 923년 후량을 멸망시키고 당나라의 후신을 자처하며 후당後唐을 세운 뒤 도성을 지금의 뤄양洛陽으로 옮겼다.

후당을 세운 사타족의 이씨는 일찍이 당나라 조정으로부터 성씨를 하사받은 탓에 당나라 문벌귀족의 후손을 수소문해 정권을 맡기는 등 복고적인 성격이 강했다. 그러나 이존욱의 뒤를 이은 명종 이사원李嗣源은 시위친군侍衛親軍이라는 황제의 직할부대를 창설하고, 변경의 지방관을 중앙에서 임명하는 등 황권의 강화에 힘썼다. 이사원 사후 거란과 손을 잡은 같은 사타족 출신 석경당石敬瑭이 후당을 멸망시키고 후진後晉을 세웠다.

당시 석경당은 거란에 군사 지원 대가로 장성 이남의 연운십육주燕雲十六州를 할양하고, 매년 공납할 것을 약속했다. 연운십육주는 지금의 허베이와 산시에 걸쳐 있는 매우 넓은 지역이다. 이후 400년간에 걸쳐 화북의 한족에 대한 북방민족의 지배가 여기서 비롯됐다. 석경당은 이후 약속을 충실히 이행하지 않은 탓에 얼마 지나지 않아 거란에 의해 패망했다. 거란의 태종은 그대로 화북에 머물며 국호를 요遼로 바꾼 뒤 화북 일대를 직접 지배하려 했으나 한족의 저항이 만만치 않아 이내 만주로 물러났다. 그러자 사타족 출신 유지원劉知遠이 그 틈을 노려 후한後漢을 세웠다. 그러나 후한은 4년밖에 존속하지 못했다. 후한은 중국의 역대 왕조 역사에서 최단명에 해당하며, 영역도 5대 가운데 가장 협소했다.

951년 후한의 장수 곽위郭威가 쿠데타를 통해 후주後周를 세웠다. 이에 맞서 유지원의 동생 유숭劉崇은 지금의 산시성 타이위안인 진양晉陽에서 후한의 후계자를 칭하면서 북한北漢을 건립했다. 북한은 이후 요나라의 지원을 배경으로 후주와 그 뒤를 이은 송나라에 저항했다. 979년 패망할 때까지 송나라 최대의 두통거리로 작용했다.

곽위의 뒤를 이은 사람은 그의 양자인 시영柴榮이었다. 시영은 5대 10국의 군주 가운데 최고의 명군으로 손꼽히는 후주의 세종이다. 실제로 그의 치세 때 통일의 기반이 마련됐다. 시영은 통일전쟁을 시작하는 과정에서 중앙의 금군을 정예군으로 재편했다. 그는 남방의 강국 남당南唐에 승리를 거둬 소금 산지인 장강 하류지역을 장악함으로써 탄탄한 재정기반을 마련했으며, 거란에 대한 공격을 개시해 연운십육주 가운데 2개 주를 회복하기도 했다.

959년 시영이 급사한 후 친위대장으로 있던 조광윤에게 기회가 왔다. 그러나 그는 서두르지 않았다. 사안이 무르익기를 기다렸다. 조광윤은 낙양의 협마영夾馬營에서 태어났으며, 그의 부친 조홍은趙弘殷은 후당, 후진, 후한의 군관을 지냈다. 조광윤은 곽위의 휘하에 있을 때 곽위의 눈에 들었으며, 이후 곽위를 후주의 황제로 옹립하는 데 참여하여 전장금군典掌禁軍에 중용됐다. 후주 세종 시영 때는 혁혁한 전공을 세워 황제 친위군의 최고 수장인 전전도점검殿前都點檢으로 승진하여 후주의 병권을 장악하고, 지금의 허난성 상추현商邱縣 남쪽 송주宋州의 귀덕군歸德軍 절도사를 겸임해 수도 방위를 책임졌다.

객관적으로 볼 때 조광윤이 부친도 없는 어린 황제의 권력을 찬탈하면 후대에 오명이 남을 것이 분명했다. 조광윤도 이를 잘 알고 있었다. 그가 보위에 오르기 위해서는 군사정변 외엔 방법이 없었다. 이를 성사시키려면 유리한 여론을 만들어놓아야 했다. 조광윤은 동생 조광의, 핵심막료 조보趙普와 함께 비밀리에 모의해 백성들이 나라의 장래를 의심하도록 만드는 방안을 짜냈다. 이는 당시 상황에 대한 면밀한 검토 끝에 나온 것이었다. 실제로 당시의 어지러운 정국은 어린 황제가 감당할 수 있는 게 아니었다.

후주 현덕 2년(960) 정월 1일 새해 아침, 지금의 허베이성 정쭝현正宗縣인 진주鎭州와 허베이성 딩현定縣인 정주定州에서 북한과 요나라의 연합군이 후주를 향해 남하하고 있다는 급보가 전해졌다. 후주의 부符 태후와 원로대신 범질范質과 왕부王溥 등은 너무 놀라 사실 여부도 확인하지 않은 채 황급히 조광윤에게 대군을 이끌고 가 요나라 군사의 침공을 막도록 했다. 정월 3일, 조광윤은 개봉開封을 빠져나와 하루 거리에 있는 진교陳橋 역참에 도착했다. 그날 밤 조광윤이 술에 취해 잠든 사이 장령將領들이 모여 조광윤 옹립 문제를 논이했다. 다음 날 새벽 진교 역참 사방에서 갑자기 큰 함성소리가 울려 퍼졌다. 술에서 막 깨어난 조광윤이 침실에서 나와 보니 조광의와 조보를 필두로 한 장수들이 한 손에 무기를 들고 대오를 지어 뜰 앞에 서서 일제히 소리치는 것이었다.

"지금 3군에 주인이 없습니다. 원컨대 태위를 추대해 천자로 삼고자 합니다."

조광윤이 대답도 하기 전에 누군가가 뒤에서 조광윤에게 황포黃袍를 걸쳐주었다. 군사들이 늘어서서 '만세'를 외쳤다. 이후의 일은 일사천리로 진행됐다. 사가들은 이를 '진교병변陳橋兵變'으로 기록했다. 명대 말기의 이탁오李卓吾는 《장서藏書》에서 진교병변을 이같이 꼬집었다.

"진교병변 당시 황포는 과연 어디서 구한 것인가?"

장령들은 이미 오래전에 각본을 짜놓고 이런 연극을 연출한 것이다. 조광윤이 이를 모를 리 없다. 모른 체했을 뿐이다. 실제로 당시는 이런 연극이 빈발했다. 조광윤의 등극도 그 중 하나일 뿐이다.

당시 조광윤이 새 왕조를 세우게 된 데에는 운도 크게 작용했다. 후주 세종 시영이 급서했을 때 그의 아들 시종훈은 겨우 7세에 불과했다. 후주의 장령들이 어린 황제에게 불안을 느낀 것은 당연했다. 원래 세종 시영은 태조 곽위의 양자였다. 곽위는 천평절도사에서 보위에 올랐고, 게다가 후주에는 대대로 내려오는 가신도 없었다. 후주를 찬탈하기 위한 모든 조건이 구비돼 있었던 셈이다. 그럼에도 조광윤은 서두르지 않았다. 무리하면 대사를 그르칠 수 있다고 판단했기 때문이다. 조광윤은 배짱도 있고, 장령들의 전폭적인 신임도 얻고 있었다. 군대는 유능한 지휘관이 통솔해야 비로소 제 몫을 해낸다. 전쟁터를 누빈 장병들은 누가 명장인지를 잘 안다. 조광윤은 일찍부터 찬탈의 꿈을 키웠을 공산이 크다.

《송사》〈태조본기〉는 조광윤이 군사를 이끌고 출정하자 도성에는 이미 그를 황제로 올려야 한다는 말이 나돌았다고 기록해놓았다. 사람들이 삼삼오오 모여 '도검점이 천자가 된다!'는 말을 퍼뜨리고 다녔다. 보위에 오르기도 전에 미리 우호적인 여론을 만들어놓음으로써 보위를 찬탈했다는 오명을 빗겨가는 동시에 나라의 장래를 조광윤이 이끌어야 한다는 인식을 사람들에게 심어준 것이다. 후주의 대신 한통韓通은 정변이 일어났다는 소식을 듣고 급히 군대를 조직하여 대항할 준비를 하던 중 조광윤의 부하에 의해 피살됐다. 범질과 왕부는 협박에 못 이겨 굴복했다. 이해 정월 5일 오후 조광윤은 시종훈으로부터 선양을 받아 보위에 올랐다. 국호는 송宋, 연호는 건륭建隆이었다. 지금의 허난성河南省 카이펑開封인 변주汴州를 변경汴京으로 개칭하고 수도로 삼았다. 사가들은 이후 남쪽으로 도읍을 옮긴 남송南宋과 구분하기 위해 이를 북송北宋이라 불렀다.

당나라 후기 이래 군사와 민정을 겸한 절도사는 '소황제' 내지 '토황제'에 해당했다. 중앙조정에서 임명한 절도사들 중에는 장령들에 의해 추방되거나 죽임을 당한 경우가 비일비재했으므로 장령들의 지지가 절대적으로 필요했다. 장령들은 자신들이 추종하는 사람을 절도사로 옹립했다. 이 과정에서 당나라 조정은 아무런 손도 쓸 수 없었다. 그저 사후승인만 할 뿐이었다. 춘추전국시대 당시 명목만 유지했던 주나라 왕실과 하등 다를 게 없었다. 송나라 건국은 바로 이런 과정이 그대로 재현된 경우에 해당한다. 당시 장령들은 스스로 황제를 옹립하는 것을 당연시했다. 조광윤은 이런 시대 상황을 최대한 활용하기 위해 장령들의 마음을 얻는 데 세심한 주의를 기울였다. 후주의 세종 시영이 급서했을 때 서두르지 않은 이유다. 임기응변술의 관점에서 보면 그는 멀리 내다보면서 새 왕조 건립의 여론이 무르익기를 기다린 셈이다. 급히 먹는 밥이 체하는 법이다.

움직일 때는 신속하게

사안이 무르익을 때까지 참고 기다리는 것은 결단을 행동으로 움직이기 위한 것이다. 결단한 후 신속히 움직이지 않으면 대사를 그르칠 수 있다. 《손자병법》을 비롯한 병서가 하나같이 때가 왔을 때 신속히 병력을 이동시켜야 한다고 지적하며 이른바 '병귀신속兵貴神速'을 역설하는 이유다. 다음은 이를 뒷받침하는 《손자병법》〈작전〉의 해당 대목이다.

"군사를 동원해 전쟁을 치를 때는 반드시 신속히 승리를 거둬야 한다. 싸우는 날이 길어지면 군사가 피로에 지쳐 예기銳氣가 꺾이고, 적의 성을 칠 때 병력 소모도 가장 많다. 군대가 나라 밖에서 전쟁을 치르는 시간이 길어지면 재정이 고갈돼 공급이 달리게 된다. 무릇 군사가 피로에 지쳐 예기가 꺾이고, 병력 소모가 많아져 물자가 바닥나면 이웃 나라가 빈틈을 타 침공할 것이다. 그리되면 아무리 뛰어난 지모를 자랑하는 자일지라도 뒷수습을 잘할 수 없게 된다. 병서에 비록 졸속이기는 하나 속전속결로 승리를 거둔 사례만 나오는 이유다. 나는 교묘한 계책을 구사하기 위해 전쟁을 오래 끈 경우를 본 적이 없다."

과실도 익었을 때 따지 않으면 이내 흐물흐물해지고 만다. 병귀신속이 필요한 이유다. 병법에서는 이를 '신속계神速計'라고 한다. 병귀신속의 이치를 가장 잘 보여주는 사례가 바로 칭기즈칸이 이끈 몽골 기마군단이다. 당시 몽골군은 전원 기병으로 구성돼 있었다. 최고의 속도를 자랑하는 군단이었다. 몽골이 인류 역사상 가장 방대한 영역의 제국을 건설한 배경이 여기에 있다.

몽골 기병은 전체 군사의 40퍼센트를 중기병, 나머지 60퍼센트를 경기병으로 구성했다. 당시 몽골 기병의 활은 유럽의 '롱 보우long bow'와 비교해 무게는 가벼우면서도 화력은 훨씬 뛰어났다. 몽골군은 장단거리 활을 이용한 경기병 공격이 끝나면 중기병을 내보냈다. 적의 방어벽이 무너지고 틈이 보이기 시작할 즈음 대략 3.6미터 길이의 창으로 무장한 중기병이 돌격전을 펼쳐 결정타를 날리는 수법을 구사한 것이다. 적을 포위하지 못하는 상황이 발생하면 이들은 특공대를 이용한 이른바 '망구다이 전술'을 썼다. 이는 후퇴하는 척하며 적의 일부를 유인해 본대로부터 멀리 떨어뜨린 후 집중포화를 퍼부어 섬멸하는 전술이다.

몽골 기병은 적의 배후를 공격해 그 힘을 분산시키고, 적들이 힘을 결집할 틈을 주지 않기 위해 연속적인 타격을 가하는 수법을 구사했다. 이를 제도적으로 뒷받침하기 위해 30킬로미터마다 역참을 설치했다. 30킬로미터는 말이 탈진하지 않고 최고의 속도를 낼 수 있는 거리라고 한다. 수천 개에 달하는 역참은 점점이 흩어져 네트워크형 전달방식으로 짜여졌다. 당시 몽골 기병의 진군속도는 시속 70킬로미터에 달했다. 병사 한 사람이 말 5마리를 끌고 가면서 타고 가던 말이 지치면 곧바로 갈아타는 수법을 구사했기 때문이다. 이들은 쾌속을 유지하기 위해 모든 수단을 동원했다. 경무장한 갑옷은 가죽 갑옷 안에 넣은 철편의 무게를 감안해도 7킬로그램을 넘지 않았고, 휴대식량은 말린 고기가루와 이를 개어먹기 위한 물밖에 없었다. 당시 유럽 기사단은 70킬로그램이 넘는 중무장을 하고 있었다. 게다가 말까지 갑주를 씌운 까닭에 기동성에서 몽골 기마군의 상대가 되지 않았다.

병귀신속의 상징인 몽골 기병을 흉내 내 매번 승리를 낚은 사람이 바로 나폴레옹이었다. 당시 그가 이끄는 프랑스군의 진군 속도는 1분에 120보로 적군보다 거의 2배나 빨랐다. 프랑스군이 한 곳에 화력을 집중시킨 비결이 여기에 있다. 당시 막대한 병력을 보유한 오스트리아군은 숫자만 믿고 섣부른 공격을 가하다가 이내 순식간에 불어난 프랑스군에 포위돼 궤멸 당하곤 했다.

《손자병법》을 비롯한 모든 병서가 병귀신속을 역설한 이유는 사안이 무르익는 계기인 사기事機가 시기時機와 불가분의 관계를 맺고 있기 때문이다. 시기가 맞지 않으면 사기가 무르익을 길이 없고, 사기가 무르익지 않으면 시기가 찾아올 리 없다. 다만 인위적으로 일정부분 이를 앞당길 수는 있다. 앞서 살펴본 것처럼 송태조 조광윤이 후주의 백성들로 하여금 나라의 장래를 의심하도록 여론을 조성한 게 대표적인 사례에 속한다. 더 중요한 것은 사기가 무르익고 시기가 왔을 때 신속히 움직이는 병귀신속의 행보다. 조광윤도 진교병변 당시 이를 철저히 이행해 마침내 새 왕조를 세울 수 있었다.

큰 틀에서 보면 조선조의 창업주인 이성계가 쿠데타에 성공한 것도 진교병변을 철저히 답습한 결과로 볼 수 있다. 이성계가 혁혁한 무공으로 승승장구하고 있을 때 고려 안팎의 국제정세는 복잡하게 돌아가고 있었다. 그는 마침내 정도전의 사주를 받고 새 왕조를 세울 결심을 굳혔다. 문제는 시기였다. 그는 조광윤처럼 인위적인 여론조작을 통해 사안을 무르익게 만드는 방법을 택했다. 이른바 '사불가론四不可論'이 그것이다. 이는 비록 앞으로 전개될 '병변'을 합리화하기 위한 사전조치이기는 했으나 나름 현실에 기초한 것이기도 했다. 그는 조정으로부터 요동공벌의 계책을 통보받자 곧 이에 반대하는 상언上言을 올렸다.

"지금 군사를 출동시키는 것은 네 가지의 옳지 못한 점이 있습니다. 소국이 대국에 거역하는 것이 첫째입니다. 여름철에 군사를 동원하는 것이 둘째입니다. 온 나라 군사를 동원하여 멀리 정벌하면 왜적이 그 허술한 틈을 타게 되는 것이 셋째입니다. 지금 한창 장마철이므로 궁노弓弩의 활은 아교가 풀어지고 많은 군사들이 역병을 앓게 될 것이니 이것이 넷째입니다."

이것이 그 유명한 이른바 '사불가론'이다. 이는 크게 이소역대以小逆大, 하월발병夏月發兵, 애승기허왜승기허倭乘其虛, 대군질역大軍疾疫로 요약된다.

'이소역대'의 경우 겉으로 드러난 문맥에 집착해 이성계를 일언지하에 친명사대親明事大로 매도하는 것은 지나치다. 당시의 정황에 비춰 고려가 요동을 칠 경우 명나라가 반격에 나서기가 쉽지 않았다. 그러나 이것이 요동을 고려의 영토로 삼을 수 있다는 뜻은 아니다. 북원과 고려의 연결은 명나라가 가장 두려워한 것인 만큼 어떤 식으로든 요동을 수복하려고 대군을 동원할 공산이 컸다. 이미 새 왕조를 세울 생각을 하고 있던 이성계는 나름대로 앞날을 내다보고 이런 주장을 펼쳤다고 보는 게 타당하다.

'하월발병'의 경우 나름대로 타당한 것이기는 하나 근본적인 이유가 될 수는 없다. 물론 전쟁이 예상외로 장기화될 경우 이는 큰 문제로 부상할 수 있다. 그러나 당시의 발병은 장기전을 염두에 둔 것이 아니었다. 이성계가 회군의 명분으로 내세우기 위한 원론적인 문제제기로 보는 것이 타당하다.

'왜승기허'의 경우는 당시 왜구의 침입이 일상화돼 있었던 점에 비춰 상당히 근거가 있다. 실제로 당시 병사들은 요동 토벌에 소극적이었다. 고려 불화佛畵 중 현존하는 90퍼센트 이상이 지금 일본에 있는 것도 당시의 약탈과 무관하지 않다. 부모와 처자식의 안위가 걱정되는 상황에서 제대로 싸우기가 쉽지 않았을 것이다. 사불가론 중 가장 설득력이 있는 대목이다.

그러나 '대군질역'의 경우는 억지에 가깝다. 대군을 동원할 경우 계절과 상관없이 가장 큰 어려움은 치중輜重에 있다. 장마철의 경우는 물웅덩이가 가장 큰 장애물이다. 요동지역은 예로부터 습지와 늪지가 많은 곳으로 유명하다. '대군역질'보다는 치중의 어려움을 드는 것이 훨씬 논리적이다.

사불가론은 반대를 위한 반대의 성격이 짙다. 이는 출정 당시 이미 군사정변에 관한 기본골격이 마련되어 있었음을 시사한다. 당시 우왕과 최영은 이성계의 속셈을 헤아리지 못했다. 위화도에서 머뭇거리고 있다는 보고를 받자 곧 내관 김완金完을 보내어 전진을 독촉하고 나선 게 그렇다. 화가 난 조민수는 김완을 억류한 뒤 다시 사람을 최영에게 보내 회군을 허가해줄 것을 청했다. 표현은 정중했으나 내용은 완강했다. 유사시 반란이 일어날 것임을 예고한 것이었다. 이때 군중軍中에 '이성계가 휘하의 친병을 거느리고 동북면을 향하고 있다'는 소문이 나돌았다. 이성계 측이 부모와 처자식의 안위문제로 불안해하는 군심을 동요시키기 위해 의도적으로 흘렸을 공산이 크다. 실제로 이 소문이 나자마자 군중이 큰 혼란에 빠졌다. 이때를 기다려 마침내 이성계가 장병들 앞에서 쿠데타의 가능성을 언급하고 나섰다.

"만일 대국의 국경을 범하여 천자에게 죄를 얻으면 재앙이 즉시 이르게 될 것이다. 내가 글을 올려 회군을 청했으나 군왕도 살피지 아니하고, 최영 또한 늙고 어두운 탓에 듣지 않고 있다. 어찌 그대들과 함께 군왕을 만나 화복禍福을 진술하고 주변의 악인들을 제거함으로써 백성들을 편안하게 만드는 길을 가지 않겠는가!"

역사적인 반기 선언이었다. 《태조실록》〈총서〉는 당시 제장들이 흔쾌히 이를 받아들였고, 이성계가 나라를 얻는다는 뜻의 '목자득국木子得國' 동요가 유행해 사람들이 모두 이를 노래했다고 기록해놓았다. 이는 이성계 일파가 고려조를 뒤엎기 위해 전파시킨 것으로 보는 게 옳다. 이렇게 해서 새 왕조 개창의 서막이 올랐다. 그리고 이 모든 전후 과정이 진교병변의 판박이였다.

03: 심기 心機
마음의 자세에 모든 것이 달려 있다

심기가 바로 서야 한다

:

심기心機는 인기人機에 부응하는 '임기'를 말하는데, 천지자연이 끊임없이 순환하며 변화하는 시기 및 사기와 맞물려 개개인의 마음에서 우러나오는 변화의 계기를 뜻한다. 그러므로 늘 시간과 공간의 지배를 받는 '시사'의 영향을 받을 수밖에 없다. 인간이 사회공동체 내지 국가공동체를 영위한 이래 시간과 공간의 소산인 역사문화의 속박으로부터 자유로울 수 없는 것도 이 때문이다. 학자들은 이를 '시공의 존재구속성', '사유와 의식의 존재구속성', '학문의 존재구속성' 등 다양한 용어로 설명하고 있다.

객관적으로 볼 때 이런 다양한 유형의 '존재구속'이 절대적인 것은 아니다. 21세기 현재까지도 신석기시대 이래의 삶을 영위하는 원시부족이 있는가 하면 우리처럼 21세기 스마트혁명시대의 최첨단을 걷는 민족도 존재한다. 임기응변술의 관점에서 보면 '임기'에 대한 상이한 '응변'이 이런 차이를 불러왔다고 할 수 있다. 의식주 해결이 시급한 지역에서 인류문명이 흥기하고, 높은 수준의 문화가 유지된 사실이 이를 방증한다. 토인비가 말했듯이 '도전과 응전'이 이를 가능케 했다고 볼 수 있다.

요체는 '심기'다. 발해와 후기신라가 대치한 남북조시대 당시 고승 원효가 화엄사상을 깊숙이 연구한 뒤 모든 것은 오로지 '마음'이 지어낸 것이라는 취지의 '일체유심조一切唯心造'를 역설한 것도 이런 맥락에서 이해할 수 있다. 이는 《화엄경》〈보살설계품菩薩設偈品〉의 다음 게송에서 따온 것이다.

"과거와 현재 및 미래의 삼세에 걸친 모든 부처를 속속들이 알고자 하면 응당 우주만물의 본성을 바로 볼 수 있어야 한다. 모든 것은 오로지 마음이 지어내는 것이기에 그렇다."

임기응변술에서 말하는 '심기'는 바로 일체유심조에서 말하는 '마음'과 같은 맥락에서 나온 것이다. 따라서 심기心機는 마음으로 느끼는 기분을 뜻하는 심기心氣와 엄히 구별해야 한다. 단순히 마음으로 느끼는 기분은 우주만물의 본성을 통찰할 수 있는 계기가 생략돼 있다. 이에 반해 심기는 시기와 사기를 통찰한 가운데 자신의 마음을 관조하며 제어하므로 당사자를 시공의 존재구속에서 벗어날 수 있게 만든다. 선인들이 경서와 사서를 열심히 읽은 이유다.

이와 관련해 매우 유명한 일화가 있다. 1973년 11월 중순 박정희 대통령은 외환보유고가 바닥나고 있다는 보고를 접하자 곧 경제기획원 장관 태완선에게 종합 대책을 마련하여 보고하도록 지시했다. 12월 중순 대책보고 회의가 열렸으나 박 대통령은 탐탁지 않아 김용환 경제1수석 비서관을 불렀다.

"경제기획원에 한 달의 시간을 주어서 대책을 마련하라고 했는데 도대체 무슨 소리인지 모르겠소. 그렇게 미지근하게 대응해서는 난국을 극복하기가 어려울 것 같소. 임자가 한번 다시 만들어보도록 하시오."

김용환은 새해 1월 10일을 목표로 정하고 비밀리에 작업에 들어갔다. 이듬해인 1974년 1월 초 마침내 계획서를 작성한 뒤 재가를 받았다. 문서 제목은 〈대통령 긴급조치 제3호와 관련 사항에 관한 보고〉였다. 1월 14일 청와대에서 열린 국무회의에서 이른바 '1·14조치안'이 의결됐다. 긴급조치 선포에 따른 대통령 담화문을 김용환이 낭독을 마치고 통과시키려는 순간 문교장관으로 있던 민관식이 소리를 질렀다.

"각하, 틀린 글자가 하나 있습니다. 심기일전心氣一轉이 아니라 심기일전心機一轉입니다."

오탈자가 있을까 우려해 수십 번이나 원고를 확인했던 김용환은 가슴이 철렁할 수밖에 없었다. 하지만 박정희는 껄껄 웃으며 이같이 말했다.

"통상 우리가 쓰는 한자는 민 장관 말이 맞소. 그러나 기機를 기氣로 쓴 '심기일전心氣一轉'도 좋지 않소? 마음과 기분을 한번 가다듬자는 뜻인데 오히려 이게 더 좋은 것 같소."

결국 원안대로 통과되었다. 관보에도 그대로 나갔다. 김용환은 지난 2002년에 펴낸 회고록《임자, 자네가 사령관 아닌가》에서 당시 상황을 이같이 술회했다.

"당시의 '심기일전' 일화는 경제 관료들을 휘어잡는 박 대통령 특유의 용인술을 읽을 수 있는 대목이다. 경제 관료들의 노고를 치하하고, 사기를 꺾지 않으면서 맡은 바 임무에 충실하도록 격려코자 그리한 것이다."

김용환이 술회했듯이 당시 박정희가 '심기일전心氣一轉'에 손을 들어준 것은 집에도 들어가지 못한 채 '1·14조치안'을 마련하기 위해 노심초사한 김용환을 격려하고자 한 것이다. 결코 심기일전心機一轉의 중요성을 무시한 게 아니다. 무릇 지도자는 휘하의 장점을 최대한 드높여주면서 단점을 감싸주는 모습을 보여줄 필요가 있다. 심기心機의 요체가 여기에 있다.

《공자가어孔子家語》〈관사觀思〉에 공자가 제자 자하子夏의 단점을 감싼 일화가 나온다. 하루는 공자가 모처럼 외출하려는데 갑자기 소나기가 내렸다. 마침 준비해놓은 수레에 덮개가 없었다. 공자가 곤혹스러워하자 제자들이 건의했다.

"자하에게 수레덮개가 있습니다. 그것을 빌려서 가시지요."

공자가 대답했다.

"자하는 인색해서 재물에 약점이 있다. 사람과 사귈 때는 장점은 높여주고 단점은 피해야 한다고 했다. 그래야만 오래도록 사귐을 유지할 수 있다."

여기서 타인의 단점을 감춰준다는 뜻의 '호단護短'이란 성어가 나왔다. 통상 사람들은 남의 장점보다 단점을 더 잘 본다. 심지어 단점을 들춰내 문제 삼기도 한다. 호단이 필요한 이유다.

호단에서 한발 더 나아간 것이 상대의 장점을 높여주는 '추장推長'이다. 추장호단推長護短을 행한 대표적인 인물로 삼국시대 동오의 손권을 들 수 있다. 그는 휘하 장상들을 모아놓고 이같이 말한 바 있다.

"상대의 장점을 높여주고 상대의 단점을 곧 잊어버린다."

상대의 단점에 눈을 감아버리고 장점을 발휘할 수 있도록 높이 띄워준다는 뜻의 원문은 '망단귀장忘短貴長'이다. 추장호단의 취지와 같다.

예로부터 득인 및 용인의 요체를 흔히 '지용임신知用任信'으로 요약해왔다. 인재가 있는 것을 알면 불러들여 임무를 맡기고, 임무를 맡긴 이상 믿으라는 이야기다. 위기 때는 여기서 한발 더 나아갈 필요가 있다. 그것이 바로 적재적소에 배치한 인재가 어려움에 처했을 때 적극 칭찬하며 격려하는 '귀장'과 '추장'이다.

삼국시대 당시 '지용임신' 가운데 득인의 핵심인 '지용'을 철저히 수행한 대표적인 인물로 조조를 들 수 있다. 그러나 용인의 핵심인 '임신'에서는 손권이 조조보다 더 나은 면모를 보였다. 실제로 손권은 상황에 따라 그에 맞는 인재를 발탁하면 대임을 맡긴 뒤 전폭적인 신임을 보냈다. 적벽대전에서 주유에게 모든 것을 맡기고, 이릉대전에서 육손陸遜을 탁용한 게 그렇다. 이것이 바로 손권이 수성에 성공하여 229년에 독자적으로 황제를 칭한 후 20여 년 동안 재위할 수 있었던 비결이다.

사람은 누구나 단점과 동시에 한 가지 이상의 장점을 갖고 있기 마련이다. 단점의 크기가 크면 클수록 오히려 장점도 클 수 있다는 점에 주목할 필요가 있다. 산이 높으면 골짜기가 깊은 이치와 같다. 장점을 북돋워주면 더욱 잘하게 된다. 호단 내지 망단은 소극적인 데 반해 추장 내지 귀장은 적극적이다. 상대의 마음을 얻는 비결이 여기에 있다. 추장과 귀장을 잘해야 많은 사람의 지혜와 힘을 모아 큰일을 능히 할 수 있다. 추장호단 내지 망단귀장은 위정자와 기업 CEO들이 반드시 터득해야 할 기본덕목 가운데 하나다. '심기'의 성패가 여기에 달려 있기 때문이다.

상대의 심기를 흩뜨리는 법

《오자병법》〈논장〉은 다음과 같이 언급했다.

"첩자를 잘 활용하고 기동부대를 적절히 운용하면 적의 병력을 분산시킬 수도 있고, 군신 사이를 이간시킬 수도 있다. 이를 사기事機라고 한다"

그러나 이는 임기응변술의 관점에서 볼 때 '심기'를 '사기'로 오해한 것이다. 첩자를 활용하고 적진의 군신 사이를 이간하는 등의 용간술用間術은 《손자병법》이 가장 중시한 용병술이다. 원래 이는 상대의 '심기'를 철저히 공략하는 공심술攻心術의 일환이기도 하다.《손자병법》〈군쟁〉은 '공심술'의 중요성을 이같이 역설하고 있다.

"적과 싸울 때는 적병의 사기士氣를 꺾고, 적장의 심지心志를 뒤흔들 수 있어야 한다. 용병하면서 적의 마음을 빼앗는 게 관건이다. 원래 군사의 사기는 아침에 왕성하고, 낮에 해이하고, 저녁에 쉬기 마련이다. 용병에 능한 장수가 통상 다음의 네 가지 심리전을 펴는 이유다. 첫째, 적병의 사기가 왕성한 때를 피하는 피기예기避其銳氣와 적병의 사기가 해이하거나 쉬고 있을 때 공격하는 격기타귀擊其惰歸의 계책을 구사한다. 이것이 적병의 사기를 꺾는 방법이다. 둘째, 엄히 질서를 유지하며 혼란스런 적을 상대하는 이치대란以治待亂과 정숙을 유지하며 소란스런 적을 상대하는 이정대화以靜待譁의 계책을 구사한다. 이것이 적장의 심지를 뒤흔드는 방법이다. 셋째, 가까운 곳에 전장을 만들어 원정해오는 적을 상대하는 이근대원以近待遠, 휴식을 취한 뒤 정비된 군사로 피로에 지친 적을 상대하는 이일대로以佚待勞, 배불리 먹인 군사로 굶주린 적을 상대하는 이포대기以飽待飢의 계책을 구사한다. 이것이 아군의 전투력을 유지하며 적을 상대하는 방법이다. 넷째, 깃발이 정연하고 질서 있는 적을 요격하지 않고, 진용이 당당한 적을 공격하지 않는다. 이것이 적의 내부사정 변화에 따라 대응하는 방법이다."

이처럼 〈군쟁〉은 적병의 사기와 적장의 심지를 구분해 설명해놓았다. 임기응변술의 관점에서 보면 같은 곡을 달리 연주한 것에 지나지 않는다. 모두 적의 심기를 공략하는 공심술의 일환으로 나온 것이다. 조조는 이를 두고 《손자약해》에서 이같이 풀이해놓았다.

"《춘추좌전》에서 말하기를, '한 번 북을 쳤을 때 아군이 움직이지 않으면 적군은 사기가 왕성한데도 불구하고 어찌할 도리가 없다. 두 번 북을 쳤을 때도 움직이지 않으면 적군의 투지가 크게 떨어진다. 세 번 북을 쳤을 때도 움직이지 않으면 적군의 투지가 완전히 고갈된다'라고 했다."

전쟁사를 연구하는 학자들은 중국의 전 역사를 통틀어 공심술의 가장 대표적인 예로 남북조 때 빚어진 '비수지전淝水之戰'을 든다. 서기 383년 회수 지류인 비수에서 빚어진 동진東晉과 전진前秦 사이의 결전이 그것이다. 사서는 동진의 장수 사현謝玄이 8만 명의 군사를 이끌고 전진의 부견苻堅이 이끄는 100만 명의 대군을 격파한 것으로 기록했다.

원래 부견은 뛰어난 군주다. 명재상 왕맹王猛 등의 보필에 힘입어 20여 년 동안 정성을 다해 나라를 잘 다스렸다. 그의 궁극적인 목표는 천하통일이었다. 동진을 정복해야만 했다. 때가 무르익었다고 판단한 그는 군신들을 모아놓고 자신의 구상을 밝힌 뒤 신하들에게 각자 자신의 의견을 발표하도록 했다. 비서감 주동朱彤을 제외하고는 대다수 대신이 동진의 군신이 화목하고, 장강을 건너기가 쉽지 않다는 점 등을 들어 반대했다. 이에 부견이 말했다.

"춘추시대 말기 오나라 부차도 강남의 월나라 구천을 포로로 잡았고, 삼국시대 말기 사마씨의 군사는 3대에 걸친 동오의 마지막 황제 손호孫皓를 포로로 잡았다. 진나라가 장강의 험고함에 기대고 있으나 이는 큰 문제가 안 된다. 수많은 우리 군사의 말채찍으로 장강을 치면 가히 그 흐름도 끊을 수 있다."

여기서 그 유명한 '투편단류投鞭斷流' 성어가 나왔다. 채찍을 던져 강의 흐름을 막는다는 뜻으로, 병력이 많고 강대함을 비유할 때 사용한다. 그러나 전진 군신들의 의견은 분분했다. 부견은 군신들을 밖으로 내보낸 뒤 친동생 부융苻融과 단둘이 이 문제를 상의했으나 부융도 반대했다. 그는 왕맹의 유언을 상기시킨 뒤 울면서 다음과 같이 호소했다.

"정벌에 나섰다가 아무 공도 세우지 못하고 귀환할 경우 어찌할 것입니까? 폐하가 믿고 있는 선비족과 강족 및 갈족 등은 지금 장안 부근에 두루 산재해 병권을 지니고 있는데 우리 황족과 귀족들은 먼 변방의 수령으로 있습니다. 일단 출병하면 후회한들 소용없게 됩니다."

이후에도 대신 권익權翼을 포함해 여러 사람이 상서해 간했으나 부견은 듣지 않았다. 당시 투항한 연나라 왕족 모용수慕容垂만이 부견을 지지했다. 그는 이미 자식과 조카 등을 각지에 배치해 연나라를 다시 세울 복안을 갖고 있었다.

비수지전 당시 전진의 국력은 막강했다. 그러나 겉으로만 강력했을 뿐 그 내면을 보면 매우 취약한 모습을 하고 있었다. 싸움에서 패할 경우 전진은 이내 스스로 무너질 공산이 컸다. 이런 상황에서 부견은 성급히 천하통일을 서둘렀다. 곧 각 주에 명해 10명의 장정 중 1명의 병사를 내도록 한 뒤 말까지 징발해 보기步騎 25만 명을 구성했다. 모용수에게 이들을 지휘하며 선봉에 서게 한 뒤 자신은 60만 명의 보병과 27만 명의 기병을 친히 이끌고 그 뒤를 따랐다. 행진하는 군대의 길이가 앞뒤로 1000리에 달했다. 당시 동진 조정은 부견이 국력을 모두 기울여 친정親征에 나섰다는 소식을 접하고 대경실색했다. 급히 재상 사안謝安의 동생 사석謝石을 정토대도독, 사현을 선봉도독으로 삼은 뒤 사안의 아들 사염謝琰과 환이桓伊 등과 함께 휘하의 병사 8만여 명을 이끌고 가 이들을 막게 했다.

전쟁 초기 싸움은 전진에 유리하게 진행됐다. 부융 등은 일거에 동진의 북방 요새인 수춘성壽春城을 함몰시켰다. 동진의 평로장군 서원희와 안풍태수 왕선 등이 포로로 잡혔다. 모용수는 동진의 장수 왕태병의 목을 베었다. 동진의 조정이 크게 놀라 곧 사석과 사현, 사담, 환이 등에게 명해 속히 병사를 이끌고 가 전진의 진공을 저지하게 했다. 그러나 동진의 병사들은 멀리 떨어진 곳에 영채를 세운 뒤 사태를 관망하며 감히 앞으로 나아가지 못했다. 이 와중에 동진의 장수 호빈胡彬이 사자를 시켜 속히 구원에 나설 것을 청하는 서신을 사석에게 보냈는데, 사자는 도중에 부융에게 잡히고 말았다. 크게 기뻐한 부융은 부견에게 이 사실을 알렸다.

"적들의 숫자가 얼마 안 돼 이내 포로로 잡을 듯싶습니다. 다만 저들이 도주하는 것이 우려되니 속히 진군해 단 한 번의 싸움으로 승리를 거두기 바랍니다."

부견이 크게 기뻐하며 곧바로 대군을 항성項城에 주둔시킨 뒤 직접 8000명의 기병을 이끌고 수춘성 쪽으로 달려갔다. 이때 갑자기

동진의 용양장군 유뢰劉牢가 5000명의 병사를 이끌고 밤에 전진의 영채를 급습했다. 사석 등이 여세를 몰아 수륙으로 병진하며 반격에 나섰다. 부견과 부융이 성루에 올라 적진을 바라보니 동진의 부대가 정연하고 병사들의 사기가 높았다. 북쪽으로 눈을 돌리자 팔공산八公山 위에 있는 초목이 모두 동진의 군사처럼 보였다. 이는 동진의 회계왕 사마도자司馬道子가 풀과 종이 등을 이용해 만들어놓은 인형이었다. 부견이 놀라 부융에게 말했다.

"이는 모두 적들이 아닌가? 어찌하여 적들의 숫자가 얼마 안 된다고 말한 것인가?"

부견은 전에 포로로 잡혔던 동진의 장수 주서를 사석에게 보내 투항을 권유케 했다. 그러나 주서는 오히려 사석에게 전진의 허실을 낱낱이 일러주었다.

"속히 적들의 선봉과 결전을 치르시오. 선봉을 꺾으면 승리할 가능성이 높소. 저들의 백만 대군이 몰려오면 감당키 어렵소."

당시 전진의 장수 장자張蚝는 비수 남쪽에서 사석의 군사를 대파하고 있었다. 사현과 사염이 병사 수만 명을 이끌고 비수의 한쪽 수변에서 접응하자 장자는 감히 추격하지 못하고 비수의 다른 쪽 수변에 군진을 펼쳤다. 이에 궁지에 몰린 사석이 사자를 부융에게 보내 이같이 전했다.

"당신의 대군은 깊이 들어와 수변에 군진을 펼쳤으니 이는 지구전의 계책이 아니오. 당신이 약간 뒤로 후퇴한 뒤 빈 곳에서 쌍방의 전사가 서로 겨루도록 하고 당신과 나는 말을 타고 이를 관전하는 게 어떻겠소?"

 당초 부융은 동진의 군사가 절반쯤 강을 건넜을 때 곧바로 공격을 가할 심산이었다. 이 와중에 사석의 제안을 듣고는 동진의 항복을 자연스레 받아낼 심산으로 이를 받아들이고자 했다. 다만 부견의 승인을 받은 후 군사를 이동시키는 게 낫다고 판단해 부견에게 보고하자 부견 역시 우쭐한 마음에 별다른 의심도 하지 않은 채 이를 받아들였다. 전진의 군사들이 약간씩 뒤로 물리자 동진의 군사가 도하를 시작했다. 부견은 공터에서 무위를 뽐내며 동진의 군사를 일거에 제압할 심산으로 군중에 큰 소리로 하령했다.

 "잠시 뒤로 물러나라!"

 전진의 군사가 서둘러 뒤로 물러났다. 모르는 사람이 보면 마치 도하하는 동진의 군사에게 쫓겨 전진의 군사가 퇴각하는 듯한 모습이 연출됐다. 이때 문득 전진에 투항한 동진의 장수 주서가 큰 소리로 외쳤다.

 "진나라 군사가 패했다!"

 이 소리를 듣고는 전진의 군사로 편입돼 있던 전방의 선비족과 강족, 갈족의 병사들이 크게 놀라 사방으로 달아나기 시작했다. 후방에 있던 군사들도 앞에서 무슨 일이 일어났는지 알 길이 없어 곧바로 무기를 버리고 함께 도주했다. 승기를 잡은 동진의 군사들이 이 틈을 놓치지 않고 곧바로 급박하게 그 뒤를 추격했다. 이 와중에 부융은 화살을 맞은 채 홀로 회북淮北까지 도주했다.

 막강한 무력을 자랑했던 전진의 군사가 일거에 무너진 데에는 동진의 군사가 도하를 개시해 전진의 군진이 움칠해 뒤로 물러나는 순간 부견이 '잠시 후퇴하라'고 명한 게 빌미로 작용했다. 전진에 투항했던 동진의 장수 주서는 이를 틈타 '진나라 군사가 패했다!'는 거짓 구호로 전진의 장수와 군사들의 사기를 꺾었다. 이것이 부견에게 비수지전의 참패를 안겨주는 결정적인 배경으로 작용했다.

임기응변술에서 말하는 시기時機와 사기事機 및 심기心機의 세 가지 '임기' 가운데 '심기'를 가장 중시하는 이유가 바로 여기에 있다. '비수지전'의 사례가 보여주듯이 '시기'와 '사기'도 중요하지만 결국은 '심기'에 의해 승패가 좌우되기 때문이다. 비수지전은 단지 무력이 막강하다고 반드시 승리를 담보하는 게 아니라는 사실을 뚜렷이 증명해줬다. 당시 혼란에 빠진 전진의 군사는 아군이 적군으로 보이는 혼란 속에 서로 짓밟으며 달아났다. 물에 빠져 죽는 자가 부지기수였다. 얼마나 겁에 질렸던지 바람소리와 학의 울음소리만 들려도 동진의 군사가 뒤쫓아온 줄 알고 도망가기 바빴다. 여기서 '풍성학려風聲鶴唳' 성어가 나왔다. 겁을 먹은 사람이 하찮은 일이나 작은 소리에도 몹시 놀라는 것을 비유할 때 사용한다. 적을 두려워한 나머지 온 산의 초목까지도 모두 적군으로 보인다는 뜻의 '초목개병草木皆兵' 성어도 여기서 나왔다.

당시 부견이 백성을 다독이며 '시기'와 '사기'가 무르익기를 기다렸다면 동진의 내란을 틈타 능히 천하를 통일할 수도 있었다. 그리했다면 수문제보다 몇백 년 앞서 통일시대를 열 수 있었을 것이다. 칭화대 교수를 지낸 바 있는 사학자 레이하이쭝雷海宗은 《중국문화와 중국의 군사》에서 비수지전을 중국의 전 역사를 양분하는 대사건으로 분석했다. 그의 주장에 따르면 비수지전 이전의 제1분기는 북방 이민족인 소위 호인胡人이 큰 역할을 하지 못하고 주로 남쪽의 한인漢人이 문화를 만들고 발전시킨 시기로, 이를 '고전중국'이라 한다. 제2분기는 비수지전 이후 21세기에 이르는 시기로, '신중국'이라 한다. 호인이 북중국을 중심으로 천하를 호령하고, 이들이 숭배한 불교가 유교를 비롯한 중국 전래 문화에 심대한 영향을 끼친 시기다. 중국문화를 특징짓는 이른바 호한융합胡漢融合이 이때 이뤄져 고전중국과 다른 신중국이 형성되는 배경이 됐다는 게 그의 분석이다.

만약 부견이 비수지전에서 이겨 그가 이끄는 군사가 장강을 건넜으면 남방의 취약한 한족세력은 완전히 소멸될 공산이 컸다. 설령 완전히 사라지지 않았을지라도 고전중국과 완전히 단절돼 지금과 같은 문화유산을 갖기는 어려웠을 것이다. 전진이 패한 후 전진을 대신해 북중국을 통일한 선비족의 북위와 그 후신인 수나라와 당나라 모두 호인이 주류가 되고 한족이 비주류가 되는 호주한종胡主漢從의 역사로 점철됐다. 이후 청나라 말기까지 이런 기조가 그대로 유지됐다. 무려 1700년이나 된다. 선비족의 당나라, 몽골족의 원나라, 만주족의 청나라는 장성 안팎을 아우른 명실상부한 대제국이었다.

한족이 세운 송나라와 명나라는 말만 통일제국이었지 장성의 이남 내지 황하 이남에 국한돼 있었다. 한족이 중원에 통일왕조를 세웠을 때조차 실제로 천하를 호령한 것은 막강한 무력을 배경으로 늘 송나라와 명나라를 압도한 거란족의 요나라, 여진족의 금나라, 몽골족의 북원 및 만주족의 후금 등 북방민족의 나라였다. 한족이 우위에 선 것은 청조 패망 이후 100년 사이에 빚어진 극히 최근의 일에 불과하다. 한족 위주의 중국 수뇌부가 획책하고 있는 역사공정이 얼마나 황당한 허구 위에 서 있는 것인지를 알 수 있다.

예로부터 '비수지전'은 한족의 사가들이 집중 부각시킨 까닭에 비록 과장된 면이 있기는 하나 '심기'의 중요성을 뒷받침하는 매우 중요한 사례다. 《손자병법》 등의 병서가 '공심술'을 역설한 것도 이런 맥락에서 이해할 수 있다. 이는 21세기 기업경영에도 그대로 적용된다.

한국은 현재 대기업의 문턱이 한없이 높아 취업재수생이 날로 늘고 있고, 중소기업은 지원하는 사람이 없어 인력난에 허덕이는 모순에 처해 있다. 기반이 탄탄한 중견기업도 예외가 아니다. '88만원 세대'의 자조는 이런 괴리가 만들어낸 부산물로 볼 수 있다. 국가 차원에서 볼지라도 막대한 교육비를 투입해 양성한 고학력층이 생산 활동에 참여하지 못하는 것은 커다란 손실이다. 대기업이나 정부 및 공기업 등에 대한 과도한 선호현상과 '어렵고 힘들고 더럽다'는 이른바 3D업종에 대한 거부감, 졸업생과 기업이 필요로 하는 인재 간의 수급 불균형 등이 근본 배경이다. 여기에는 중소기업은 언제 망할지 모른다는 잘못된 인식이 자리 잡고 있다.

현재 대다수 취업준비생들은 급여수준과 휴무일 등의 복지제도에 가장 큰 관심을 두는 것으로 알려져 있다. 이같이 해서는 1등 국가가 될 수 없다. 산업의 기반이 되는 모든 부품산업은 중소기업이 튼튼해야만 가능하기 때문이다. 독일과 일본이 그렇다. 취업준비생의 마음을 공략하는 게 관건이다.

최근 좋은 조짐이 일고 있다. 2013년 8월 취업포털 사이트인 '인크루트'가 4년제 대학생을 대상으로 한 설문조사 결과가 그렇다. 이에 따르면 대학생들이 일하고 싶은 직장 선택의 기준 1순위는 '업계와 지역사회에 대한 선도先導 기업 이미지', 2위는 '즐겁게 일하는 기업문화'다. '만족스러운 급여'는 5위에 불과했다. 중소기업 CEO들은 '연봉을 많이 주지 못해 인재들이 몰려들지 않는다'는 자조적인 선입견부터 깨버릴 필요가 있다. 대기업이 지니지 못한 자기 회사만의 독특한 기업이미지를 최대한 내세우며 젊은 인재들에게 '꿈'과 '일하는 즐거움'을 제시하는 게 핵심이다.

대표적인 사례가 있다. 중소기업에서 출발했지만 일약 글로벌 회사로 도약한 사우스웨스트항공이 그렇다. 이 회사는 지난 1971년 직원 195명에 비행기 3대의 단출한 규모에서 출발했다. 다른 항공사와는 비교할 수 없을 정도로 왜소했지만 직원에게 '꿈'과 '일하는 즐거움'을 주는 이른바 '펀fun 경영'으로 젊은 인재를 대거 확보할 수 있었다. 그 결과는 놀라웠다. 2012년 말 항공기 694대, 직원 4만 5000여 명에 미국 내 41개 주 97개 도시를 운항하는 회사로 우뚝 선 게 그렇다. 미국 내 항공사 가운데 최대 규모로 성장한 것이다. 2013년 현재 이 회사는 업계 평균에 비해 높지 않은 연봉에도 불구하고 미국 젊은이들이 가장 일하고 싶어 하는 회사 가운데 하나로 꼽히고 있다.

이는 밝은 미래를 담은 청사진 등을 제시하며 젊은 인재들의 마음을 움직여야만 가능한 일이다. 정부가 적극 나서 중소기업과 '2인 3각'의 자세로 대대적인 산학연관 멘토링 작업을 전개할 필요가 있다. 그래야만 젊은 인재들이 자신의 꿈과 중소기업의 비전을 일치시키는 '심기일전心機一轉'의 열린 마음을 갖게 된다. 임기응변술에서 말하는 '심기'의 방략을 적극 탐구해야 하는 이유다.

심기일전, 승기를 잡는 내면의 힘

《오자병법》이 〈논장〉에서 적의 병력을 분산시키고, 군신 사이를 이간시킬 것을 주문한 것은 '공심술'의 중요성을 역설하기 위한 것이다. 앞에서 비수지전의 사례를 통해 살펴보았듯이 심기는 싸움의 성패를 좌우하는 결정적인 요소로 작용한다. 심기는 적을 궤멸시키는 공심술의 중요한 표적이기도 하지만 정작 주목해야 할 점은 부단히 스스로를 채찍질하며 앞으로 나아가는 자강불식의 대상이라는 점이다. 스스로 심기를 조절하지 못하면 자강불식은 한낱 구호에 그치고 만다.

스스로 심기를 통제하지 못하면 위기상황 때 살아남을 생기生機를 포착하기는커녕 자포자기의 수렁에 빠질 수도 있다. 《맹자》〈이루상〉은 '자포자기'를 이같이 설명해놓았다.

"스스로를 해치는 자포자自暴者는 더불어 말할 수 없고, 스스로를 버리는 자기자自棄者는 더불어 일할 수 없다. 말할 때 예禮와 의義를 비방하는 것을 '자포', 스스로 인仁에 머물 수 없고 의義를 행할 수 없다고 생각하는 것을 '자기'라고 이른다."

여기서 '자포자기' 성어가 나왔다. '자포'의 '포暴'는 '해害'와 같은 뜻이다. 자포자기는 지레 절망하여 스스로를 해치고 함부로 구는 것을 말한다. 자포자기의 상황에 빠지면 심기일전의 가능성은 절로 사라지고 만다. 심기일전은 느슨해진 거문고 줄을 다시 조여 새롭게 다진다는 의미의 '해현경장解弦更張'과 취지를 같이한다. 임기응변술의 관점에서 볼 때 심기일전과 해현경장 모두 화를 복으로 바꾸는 전화위복의 전제조건에 해당한다. 마음의 준비가 돼 있지 않은 마당에 복이 절로 굴러들어올 리 없다. 설령 절로 굴러올지라도 제 발로 차버리기 십상이다. 늘 심기일전의 자세를 가다듬어야 하는 이유다.

예로부터 심기일전의 대표적인 사례로 전국시대 초기 위魏나라의 맹장 악양樂羊의 일화를 꼽는다. 위나라 동쪽에 중산국中山國이라는 작은 나라가 있었다. 중산국은 백적白狄의 일족이 세운 나라였다. 춘추시대에는 흔히 '선우鮮虞'라 불렀다. 그러다가 전국시대에 들어와 힘을 키우면서 제후국의 일환으로 등장했다. 당초 중산국은 중원을 호령하던 진晉나라가 위, 한, 조 등 이른바 삼진三晉으로 해체되자 어느 나라를 섬겨야 좋을지 몰라 아무 곳에도 조공을 바치지 않았다.

위문후魏文侯가 중산국을 칠 생각을 품고 군신들과 함께 이를 상의하자 대부 위성자魏成子가 말했다.

"중산국은 서쪽 조나라와 가깝고 남쪽에 있는 우리 위나라와는 거리가 멉니다. 만일 우리가 중산국을 쳐 얻는다 할지라도 그곳을 지키기는 어렵습니다."

"그러나 만일 조나라가 중산국을 지지하는 날에는 우리는 북쪽을 견제할 도리가 없게 되오."

재상으로 있던 척황翟璜이 말했다.

"신이 한 사람을 천거하겠습니다. 그 사람의 이름은 악양입니다. 악양은 우리 위나라 출신으로 문무를 겸비한 사람입니다. 그를 대장으로 보내면 가히 중산국을 도모할 수 있을 것입니다."

"어째서 그를 대장으로 삼으라고 하는 것이오."

척황이 대답했다.

"언젠가 악양이 길을 가다가 길바닥에 떨어져 있는 황금을 주워 가지고 돌아간 적이 있었습니다. 그날 악양의 아내가 그 황금에다 침을 뱉으며 말하기를, '지사志士는 남몰래 샘물도 마시지 않고 염치 있는 사람은 아니꼬운 음식이면 받지를 않는다고 했는데 누구의 것인지 내력도 알 수 없는 이런 황금을 주워가지고 와 그대의 고결한 인품을 더럽히려는 것입니까?'라고 했습니다. 악양은 아내의 말에 크게 감동해 이내 그 황금을 가지고 나가 들에다 버렸습니다. 이후 그는 아내와 이별하고 노나라와 위나라에 가서 학문을 배웠습니다.

그러나 1년 만에 집으로 돌아오자 베틀에서 비단을 짜던 아내가 묻기를, '그대는 배움의 길을 성취했습니까?'라고 했습니다. 악양이 대답하기를, '아직 성취하지 못했소'라고 하자 아내가 즉석에서 칼을 뽑아 베틀의 실을 모두 끊어버렸습니다. 이에 악양이 크게 놀라 그 까닭을 물었습니다. 그러자 아내가 대답하기를, '사내대장부는 학문을 성취한 연후에야 가히 행동할 수 있습니다. 그것은 마치 비단을 다 짠 연후에 옷을 만들어 입을 수 있는 것과 같습니다. 그런데 그대가 중도에서 학문을 폐하고 돌아왔으니 첩이 칼로 끊어버린 이 베틀의 비단과 비교해 무엇이 다르겠습니까?'라고 했습니다. 악양은 아내의 말에 크게 감복한 나머지 다시 집을 떠났습니다. 그는 이후 7년 동안 집에 돌아가지 않았습니다. 지금 악양은 뜻이 높아 작은 벼슬을 마다하고 우리 위나라에서 외로이 세월을 보내고 있습니다."

결국 척황의 천거를 받은 악양은 위나라 장수가 되어 중산국 정벌의 대공을 세우게 됐다. 이 일화는 아내의 훈계를 거울로 삼은 악양이 심기일전의 자세로 부단히 연마해 당대 최고의 장수가 된 배경을 잘 설명해주고 있다. 이 일화는 너무나 유명해 《후한서》〈열녀전列女傳〉에 '악양자처樂羊子妻'라는 제목으로 실려 있다. 인구에 회자하는 맹모삼천지교孟母三遷之敎 일화도 심기일전의 맥락에서 나온 것이다.

심기일전은 대개 외부의 거센 충격이 중요한 계기로 작용하는 경우가 많다. 이를 문명발전의 계기로 파악한 대표적인 인물이 하버

드 대학교 역사학과 교수 니얼 퍼거슨Niall Ferguson이다. 그는 지난 2011년에 펴낸 《시빌라이제이션Civilization》에서 동서 문명의 역전을 '도전과 응전' 차원에서 분석해 눈길을 끈 바 있다. 이 책은 과거 가난하고 분열돼 있던 유럽이 어떻게 해서 중국과 인도 등 거대한 아시아 문명을 넘어설 수 있었는가에 초점이 맞춰져 있다. 16세기 장강 위로 연간 1만 2000척의 화물 운반선이 통과하고 세계 최대 백과사전인 《영락대전》이 간행될 당시, 런던은 거주자의 평균수명이 30세에도 미치지 못했으며 하수도 시설이 없어 악취가 진동하는 극히 야만적인 상태에 놓여 있었다. 인도와 근동 일대도 중국 못지않게 번영을 구가하고 있었다.

그러던 것이 갑자기 일대 역전극이 벌어졌다. 퍼거슨의 분석에 따르면 서구에는 있었지만 동양에는 없었던 치열한 경쟁과 과학기술, 재산권, 의학, 소비사회, 직업윤리 등 여섯 가지 요소가 역전극을 가능케 한 근본요소였다. 오스만제국, 명청제국, 무굴제국 등 거대한 제국을 형성하고 있던 동양과 달리 당시 유럽은 500개 안팎의 크고 작은 나라로 나뉘어 후추 등의 향신료 무역권 등을 놓고 존망을 건 사투를 벌였다. 전쟁이 일상화된 이유다. 놀랍게도 '전쟁의 일상화'가 서구에 번영을 가져오는 자극제로 작용했다. 과학기술의 발전과 교역촉진, 조세제도의 정비 등이 뒷받침된 결과다. 힘의 불균형이 경쟁을 낳고, 경쟁이 진보의 동력으로 작용했다는 게 그의 분석이다.

그렇다면 이들 여섯 가지 요소로 천하를 호령하게 된 서구는 왜

21세기에 들어와 문명사적 몰락을 맞이하고 있는 것일까? 그가 제시한 해답은 의외로 간단하다. 중국이 자본주의를 채택하고, 이란이 핵물리학을 습득하고, 러시아가 민주주의를 시행하고, 터키가 소비사회로 진입했기 때문이라는 것이다. 서구를 우월하게 만들었던 요소를 서구만 향유할 수 없게 되면서 서양은 이제 내리막길로 달려가게 됐다는 게 그의 지적이다.

임기응변술의 관점에서 보면 퍼거슨의 접근방식은 심기일전의 계기를 개인이 아닌 국가 차원으로 확대해석한 결과로 볼 수 있다. 퍼거슨의 논리에 따르면 심기일전의 계기를 자극하는 시련은 많으면 많을수록 좋다는 역설이 가능하다. 《채근담》에 이와 관련한 유명한 이야기가 나온다.

"부귀와 명예는 도와 덕을 통해 얻는 게 옳다. 이는 숲속의 꽃과 같다. 절로 자라나 크게 번성할 것이다. 공을 세워 얻는 것은 화분이나 화단 속의 꽃과 같다. 이리저리 옮겨지는 까닭에 흥폐興廢가 있을 것이다. 치악의 경우는 권력을 배경으로 얻은 경우다. 이는 화병이나 꽃 접시 속의 꽃과 같다. 뿌리를 내리지 못한 까닭에 시드는 것이 가히 서서 기다릴 수 있을 정도로 빠를 것이다."

똑같은 부귀공명일지라도 얻게 된 연유에 따라 커다란 차이가 있다. 꽃에 비유하면 도와 덕으로 얻은 것이 가장 오래간다. 자연에 뿌리박은 덕분이다. 그게 바로 '산림중화山林中花'다. 공을 세워 얻은 것은 그다음이다. 이는 인위적인 노력으로 가꾼 것이다. 그게 바로 '분함중화盆檻中花'다. 마지막으로 권력으로 얻은 것은 가장 일찍 시든다. 관상을 위해 잠시 꺾어다가 꽂은 결과다. 그게 바로 '병발중화瓶鉢中花'다.

도는 모든 사람을 두루 감싸는 어머니 같은 존재고, 덕은 그 어머니의 품안에 해당한다. 도와 덕으로 얻은 부귀공명은 마치 숲 속의 꽃처럼 생명력이 길다. 공적을 통해 얻은 부귀영화는 당대에만 효력이 있다. 마치 정원에 피는 꽃이 이리저리 옮겨 다니는 것처럼 흥망의 굴곡이 있기 마련이다. 최악의 상황은 권력을 배경으로 얻은 경우다. 권력의 부침이 무상하듯 얼마 못 가 시들고 만다. 화병의 꽃에 비유된 이유다. 풍상을 많이 겪은 나무일수록 목심이 튼튼하다. 사람도 시련을 많이 겪을수록 더욱 크게 성장할 소지가 크다. 국가와 기업이라고 다를 리 없다. 관건은 온갖 시련에도 불구하고 좌절하지 않고 더욱 정진하는 불요불굴不撓不屈의 의지다.

삼국시대 당시 좌절을 겪을 때마다 오히려 자신의 의지를 더욱 굳히는 전화위복의 계기로 삼은 유비가 대표적인 인물이다. 유비의 가장 뛰어난 점이 여기에 있다. 그는 어떤 시련에도 좌절하지 않는 불요불굴의 화신이었다. 이종오는 《후흑학》에서 유비가 얼굴이 두꺼운 당대 최고의 '면후술面厚術'을 구사한 배경을 여기서 찾았다. 부친이 덩샤오핑과 함께 시골로 쫓겨나면서 불우한 어린 시절을 보내야 했던 시진핑習近平이 유비를 좋아하게 된 것도 유비의 삶을 자신의 생장과정과 동일시한 사실과 무관하지 않다. '신중화제국'의 보위에 오르기 전까지 자신의 목소리를 내지 않아 '무능하다'는 소리까지 들었던 시진핑은 장차 유비처럼 현란한 면후술을 구사할 공산이 크다. 면후술은 원래 유방이나 유비처럼 우여곡절을 겪은 사람만이 구사할 수 있는 것이다.

유비는 그야말로 빈털터리에서 출발했다. 입만 열면 중산정왕中山靖王의 후예라고 떠벌렸으나 당시 이를 그대로 믿은 사람은 거의 없었다. 설령 이를 믿었다 할지라도 난세 상황에서 이를 믿고 유비를 좇으려고 했던 사람은 전무했다고 보는 게 옳다. 객관적으로 볼 때 군웅들이 황제조차 인정하지 않는 상황에서 근거도 확실하지 않은 '한실 후예' 운운은 설득력이 없었다. 게다가 그는 손권처럼 밑천도 없었고, 조조처럼 뛰어난 지략도 없었다. 그에게는 오직 불굴의 의지만 있었을 뿐이다.

밑천도 없고 재주도 없는 사람이 흔히 뜻만 높을 경우 잇달아 좌절을 겪는 것은 당연한 일이다. 그러나 이게 그에게는 오히려 약이 됐다. 그의 주변 사람들은 빈털터리인 그를 보고 오히려 사심이 없는 것으로 간주했고, 별다른 책략이 없는 것을 오히려 관인한 풍모 탓으로 여겼다. 관우와 장비를 비롯해 미축과 간옹 등이 초기부터 그를 따라다니며 생사고락을 같이하게 된 배경이 여기에 있다. 이는 의도된 연출을 통한 노력의 산물이었다. 불요불굴의 면후술이 있기에 가능했다. 유비의 성공사례는 '시기'와 '사기' 및 '심기'를 관통하는 키워드가 곧 불요불굴에 있다는 사실을 암시한다. 불요불굴은 《주역》이 역설하는 자강불식을 달리 표현한 것이다.

난세의 시기에는 온갖 종류의 어려움이 닥치기 마련이다. 중간에 꺾이면 안 된다. 그것은 곧 《맹자》가 경계한 자포자기나 다름없다.

불요불굴의 자세로 임하는 것은 스스로를 단련하는 과정이기도 하다. 대업의 성취는 온갖 우여곡절 속에서도 초지를 잃지 않는 불요불굴의 자세로 임해야 가능한 일이다. 이는 '천기'와 '지기'가 '인기'의 연장선상에 있듯이 '시기'와 '사기'도 결국은 '심기'의 연장선상에 있음을 시사한다.

3부
:
응변應變, 승부수를 던져야 할 때

01: 세기 勢機
염량세태 속에서
세를 확장하라

안목이 힘이다

'임기응변'의 응변은 말 그대로 '임기'에 따른 '대응'을 뜻한다. 요체는 임기가 아닌 응변에 있다. 응변에 뛰어났던 인물로 서진 때 활약한 문인 손초孫楚가 꼽힌다. 다음은 이를 뒷받침하는《진서晉書》〈손초전〉의 사평史評이다.

"손초는 나라와 백성을 다스리는 방책이 뛰어났고, 임기응변 또한 무궁했다."

손초는 자가 자형子荊으로 지금의 산시성 타이위안인 중도中都 출신이다. 학식도 높고 시와 문장을 잘 지어 〈설부雪賦〉 등 많은 작품을 남겼다. 그러나 그는 자신의 재주만 믿고 다른 사람을 배려하거나 존중할 줄 몰랐다. 그가 유일하게 존경한 사람은 왕제王濟였다. 한번은 인재의 천거를 책임진 대중정大中正이 손초에 대한 소문을 듣기 위해 왕제를 찾아와 그의 됨됨이를 물었다. 왕제가 대답했다.

"그는 그대가 직접 찾아본다고 알 수 있는 인물이 아니오. 그는 놀라운 사람이니 보통 사람처럼 다뤄서는 안 되오."

그런데 불행히도 왕제가 세상을 떠나고 말았다. 왕제의 집에 수많은 명사들의 조문 행렬이 줄을 이었다. 손초는 왕제의 집에 도착해 그의 시신을 보자마자 한바탕 통곡을 하기 시작했다. 조문객들 모두 마음 아파했다. 손초가 한바탕 통곡을 한 뒤 왕제의 위패를 보며 이같이 말했다.

"자네는 평소 내가 나귀 울음소리 흉내 내는 것을 좋아했지. 내가 지금 자네를 위해 마지막으로 흉내 내어 보겠네."

그러고는 정말 나귀 울음소리를 흉내 냈다. 그 소리가 진짜 같아 모두 박장대소했다. 조문객들의 웃음소리에 기분이 상한 손초가 고개를 돌리며 이같이 내뱉었다.

"세상이 참으로 불공평하다. 저런 사람들은 살아 있고 왕제 같은 인재가 먼저 죽다니!"

손초는 진혜제晋惠帝 때 풍익태수馮翊太守를 지냈고 70여 세에 죽었다. 유의경劉義慶의 《세설신어世說新語》에 그에 관한 일화가 몇 건 실려 있다. 손초가 명성을 떨치게 된 것은 세속적인 명리를 멀리했기 때문이다. 이는 죽림칠현竹林七賢의 영향을 크게 받은 덕분이다. 일찍이 그는 죽림칠현을 존경한 나머지 이내 속세를 떠나 청담淸談을 주고받으며 일생을 지내고자 했다. 길을 떠나기 전날 왕제를 찾아가 자신의 의중을 밝혔다. 이때 그는 돌을 베개 삼고 시냇물로 양치질한다는 뜻의 침석수류枕石漱流를 침류수석枕流漱石이라고 잘못 말했다.

"나는 산속으로 들어가 침류수석을 하고 싶네!"

'침류수석'은 시냇물을 베개 삼고 돌로 양치질한다는 뜻이다. 왕제가 어리둥절해하며 물었다.

"어떻게 시냇물을 베개로 삼고 돌로 씻어낸다는 말인가?"

손초가 둘러댔다.

"시냇물을 베개 삼는다는 말은 옛날 은사 허유許由처럼 쓸데없는 말을 들었을 때에 귀를 씻으려 한다는 취지고, 돌로 씻는다는 것은 곧 양치질을 한다는 뜻일세!"

이로 인해 '침류수석'이라는 새로운 성어가 만들어졌다. 욕심을 비우고 깨끗한 마음과 자유로운 성품이 최고의 경지에 이르렀음을 뜻한다. 도중에 지지 않으려고 억지를 부린다는 뜻으로도 전용됐으나, 원래는 《진서》〈손초전〉의 기록처럼 뛰어난 임기응변을 일컫는 말이다.

이와 유사한 일화가 《안자춘추》에도 나온다. 춘추시대 말기 제나라 재상 안영은 임기응변에 뛰어났다. 안영이 초나라에 사신으로 갔을 때, 초나라 왕이 왜소한 안영을 골탕 먹이려고 성의 대문을 닫고 작은 문으로 들어오게 했다. 안영은 개의 나라에 들어갈 때나 개구멍으로 들어가는 것이라며 초나라 왕으로 하여금 대문을 열게 했다. 이에 초나라 왕은 안영같이 왜소한 사람을 사신으로 보낼 만큼 제나라에는 인물이 없냐고 비꼬았다. 그러자 안영이 다음과 같이 대꾸했다.

"제나라에서는 어진 왕에게는 어진 사람을 사신으로 보내고, 어질지 못한 왕에게는 어질지 못한 사람을 사신으로 보내는데, 제나라 사람 중에서 내가 가장 어질지 못한 사람이라서 초나라에 사신으로 오게 됐습니다."

이 말에 초나라 왕이 입을 다물었다. 안영의 뛰어난 임기응변을 보여주는 대표적인 사례다. 그러나 손초와 안영이 보여준 모습은 응변의 진면목이 아니다. 임기응변술에서 말하고자 하는 것은 도광양회와 자강불식 등을 배경으로 한 지략의 총체다. 난세의 시기에 도광양회와 자강불식을 통해 승리의 계기인 승기勝機를 거머쥐는 게 그것이다.

응변은 말 그대로 임기에 따른 대응방략을 뜻한다. '천기'와 '지기'의 임기 유형인 시기時機와 사기事機의 흐름 속에서 각 개인이 지략의 총체로 대응하는 방략이 그것이다. 속성상 '인기'의 임기 유형인 심기心機의 구체적인 표현으로 나타날 수밖에 없다. 응변이 심기의 대응방향 및 과정 등에 따라 다양한 모습을 띠는 이유다. 대략 승리를 거머쥐는 계기만 추릴 경우 크게 두 가지로 요약할 수 있다. 세기勢機와 승기勝機가 그것이다. 양자를 합쳐 흔히 '승세勝勢'라로 표현한다.

'세기'는 '시기' 및 '사기'에 따라 세가 크게 확장되거나 위축되는 계기를 말한다. 이는 다시 시세時勢와 사세事勢로 나뉜다. 시세는 시기와 맞물린 세기로, 흔히 말하는 세상의 형편이나 인심의 흐름 등을 뜻한다. 고금을 막론하고 시세에 부응하지 못하면 이내 패퇴하고 만다. 공룡이 급격한 기후변화의 시기에 적응하지 못해 일거에 절멸한 게 그렇다. 인간사도 다를 게 없다. 시세를 타지 못하면 낡은 퇴물 취급을 받게 된다. 큰 힘을 발휘할 도리가 없다. 시세와 짝을 이루는 사세는 사기와 맞물린 세기를 뜻한다. 잘 맞아떨어지면 시너지 효과를 내지만 그렇지 못하면 그와 정반대되는 '링겔만 효과(Ringelmann Effect, 성과에 대한 1인당 공헌도가 오히려 떨어지는 현상)'를 낸다. 천지만물이 늘 돌고 돌듯이 양측의 전력이 비슷할 경우 전세 역시 오르막길의 승세와 내리막길의 패세敗勢를 오락가락하기 마련이다. 중요한 것은 설령 패세에 처해 있을지라도 좌절하지 않고 밑바닥이라고 생각되는 시점에 은밀히 축적한 힘을 폭발적으로 분출시켜 승기를 잡는 것이다. 전세가 일시에 뒤집히는 일이 빚어지는 이유다. 그런 점에서 승세는 오히려 패세보다 위험할 수 있다.

2013년 6월 KBS가 영국 BBC 방송이 촬영한 〈아프리카〉 6부작을 절찬리에 방영한 적이 있다. 여기에 승세의 위험을 뒷받침하는 장면이 있었다. 6미터에 달하는 큰 키의 수컷 기린 두 마리가 암컷을 놓고 한 마리가 주저앉을 때까지 계속 싸웠다. 두 기린의 싸움은 시종 목을 이용한 공격으로 점철됐다. 주목할 것은 젊은 수컷이 원심력을 이용해 긴 목으로 늙은 수컷의 엉덩이를 가격해 주저앉힌 다음에 벌어진 광경이다. 젊은 수컷은 곧바로 쓰러진 늙은 수컷의 목을 잇달아 가격해 숨통을 끊어놓고자 했다. 이때 놀라운 일이 벌어졌다. 젊은 수컷의 목이 늙은 수컷의 목을 향해 날아오는 순간

늙은 수컷이 재빨리 목을 숙여 피한 뒤 무방비 상태로 노출된 젊은 수컷의 복부를 가격했다. 싸움은 그것으로 끝났다. 권투로 치면 그로기 상태에 몰린 상대에게 결정타를 날리는 순간 상대가 이를 순간적으로 피하면서 되받아치기 펀치를 작렬시켜 역전승을 거둔 것에 비유할 만했다. 동물들의 싸움도 사람들의 싸움과 하등 다를 게 없다는 것을 목도하면서 전율할 수밖에 없었다.

승세와 패세가 뒤엉켜 나타나는 전세의 변주가 꼭 이와 같다. 작은 승리에 환호해서는 안 되는 이유다. 치열한 공방전이 오갈 경우 시너지 효과를 극대화하는 쪽이 승리를 거둘 확률이 높아질 수밖에 없다. 사세를 적극 활용해야 하는 이유다. 그러나 사세는 마치 지기地機가 천기天機와 맞물려 있듯이 시세의 영향을 받을 수밖에 없다. 늘 시세와 사세를 종합적으로 검토해 진퇴를 결단해야 하는 이유다.

명리에 초연하기

사서를 보면 통상 시세는 세정世情, 물정物情, 세심世心, 세태世態 등으로 표현돼 있다. 대표적인 세태로 세력이 있을 때는 아첨하여 따르고 세력이 없어지면 푸대접하는 인심을 지적한 염량세태炎凉世態를 들 수 있다. 날씨가 계절에 따라 뜨거웠다가 차가워지는 것처럼 명리를 좇아 오락가락하는 인심을 꼬집은 것이다. 속세인 홍진紅塵

에 함몰돼 명리를 부나방처럼 좇는 인심을 진심塵心으로 표현하는 것과 같은 취지다. 염량세태에 대한 《채근담》의 조언을 귀담아들을 필요가 있다.

"인정은 늘 자주 바뀌고, 인생길은 험난하기 마련이다. 가려고 해도 갈 수 없을 때는 모름지기 뒤로 일보 물러설 줄 알아야 한다."

인정은 자주 바뀐다는 뜻의 '인정반복人情反覆'은 변덕이 죽 끓듯 하는 '염량세태'를 달리 표현한 것이다. '반복'은 언행이나 일 따위를 이랬다저랬다 하며 자꾸 고치는 것을 뜻한다. 인정반복이 나타나는 것은 세속적인 가치를 상징하는 '명리' 때문이다.

경서와 사서를 보면 명리에 초연한 모습을 보이며 도인의 삶을 산 사람이 꽤 많다. 대표적인 인물이 공자의 수제자 안연이다. 공자는 《논어》〈옹야雍也〉에서 안회(안회의 자字가 '연'이다)를 이같이 칭송했다.

"현명하구나, 회回여! 한 그릇의 밥을 먹고, 한 바가지의 물을 마시고, 누추한 거리에 살면 사람들은 그 근심을 견디지 못하는데 회는 그 즐거움을 그치지 않는구나. 현명하구나, 회여!"

한 그릇의 밥을 먹고, 한 바가지의 물을 먹는다는 구절의 원문은 '일단식一簞食, 일표음一瓢飮'이다. 이는 안빈낙도安貧樂道하는 사람을 표현할 때 자주 인용된다. 주의할 것은 겉으로만 '일단식, 일표음'을 행하는 경우다. 한 그릇의 밥과 한 바가지의 물로 족한 표정을 짓지만 속으로는 명리를 탐하는 경우가 그렇다. 거짓군자인 위군자僞君子가 대표적이다. 역사적으로 볼 때 위군자의 전형은 성리학을 집대성한 주희다. 그는 후대 성리학자들로부터 공자에 준하는 성인이라는 취지에서 주자朱子라는 칭호를 얻었으나 사서에 기록된 그의 삶을 보면 위군자의 전형에 해당한다.

《송사》에 따르면 경원 2년(1196) 12월 감찰어사 심계조沈繼祖가 주희의 10대 죄상을 열거했다. 군주에게 불경스런 행동을 보인 불경어군不敬於君, 나라에 충성을 다하지 않은 불충어국不忠於國, 조정을 농락하고 모욕한 완모조정玩侮朝廷, 선량한 풍속과 가르침을 해친 위해풍교爲害風敎 등등이 그것이다. 위해풍교의 목록에는 사적으로 재산을 그러모으고, 며느리가 남편이 없는데도 임신을 하고, 비구니 두 명을 유인하여 첩으로 삼은 납니위첩納尼爲妾 등이 나열돼 있다. 심계조는 이를 근거로 주희를 참수해야 한다고 주장했다. 사가들이 말하는 이른바 '경원慶元의 당금黨禁' 사건이 바로 이것이다.

영종이 즉위할 당시 최고의 실세는 외척세력인 한탁주韓侂冑였다. 당시 주희의 가까운 친구이자 재상으로 있던 조여우趙汝愚는 한탁주의 정적이었다. 한탁주는 조여우를 치고 싶었으나 그의 제자들이 대거 조정에 진출해 있었던 까닭에 쉽사리 손을 쓰지 못했다. 마침내 그는 변죽을 쳐 중심을 흔드는 수법을 구사했다. 대상으로 선정된 인물이 바로 주희였다. 도학道學으로 불리는 거짓학문인 이른바 위학僞學을 만들어 세상을 어지럽게 만들고 있다는 게 심계조가 올린 탄핵 상소문의 요지였다. 심계조의 상소문을 받아본 영종이 이를 받아들여 조여우를 영주로 귀양 보내고, 주희의 모든 관직을 삭탈하는 조서를 내렸다. 이로써 도학은 '위학'으로 선포되고, 전파가 금지됐다. 도학을 배우는 자들이 모두 역당逆黨으로 몰리게 되자 주희의 문하생들은 일시에 사방으로 뿔뿔이 흩어져 몸을 숨기거나 다른 문하로 들어갔다.

얼핏 보면 주희는 한탁주와 조여우의 권력투쟁에서 희생양이 된 것처럼 보인다. 그런데 영종이 무슨 이유로 자신의 스승인 주희에게 이토록 심한 조치를 내린 것일까? 우선 주희의 편협한 행보에서 그 원인을 찾을 수 있다. 남송 효종 순희 8년(1181) 12월, 주희는 잇달아 여섯 번이나 상소를 올린 적이 있다. 조정의 실력자인 재상 왕회王淮의 인척인 대주지부臺州知府 당중우唐仲友를 탄핵하기 위한 것이었다. 그러나 실은 당중우가 주희의 학설과 정면으로 맞선 게 가장 큰 이유였다. 당시 주희는 관기로 있던 엄예嚴蕊에게 혹형을 가하며 당중우와 남녀관계가 있었다는 이야기를 실토하도록 강요했다. 당시만 해도 관기는 기예만 팔고 몸을 팔지 않는 게 원칙이었다. 엄예는 혹형을 당하면서도 이같이 항변했다.

"저는 천한 관기입니다. 설령 태수와 관계를 가졌다 할지라도 이것이 죽을죄는 아닐 것입니다. 더구나 그런 일도 없는데 어찌 함부로 망언을 하여 사대부의 명예를 더럽힐 수 있겠습니까? 설령 죽을지라도 그리할 수는 없습니다!"

이 사건은 결국 엄예가 거짓 자백을 거부하는 바람에 흐지부지되고 말았다. 사가들은 연약한 여인에게 두 달 넘게 채찍을 내리치며 정적을 옭아매고자 한 이 사건을 '엄예사건'이라 부르는데, 주희가 정적을 제거하기 위해 수단방법을 가리지 않았음을 보여준다. 엄예사건은 조정의 관원과 학자들이 주희를 크게 경계하기 시작한 결정적인 배경으로 작용했다.

영종이 즉위한 후 조여우의 천거로 주희는 환장각煥章閣 시제侍制 겸 시강侍講이 됐다. 황제의 고문 겸 스승이 된 셈이다. 당시 65세였던 그는 제자인 영종을 앞세워 천하를 요리하고 싶어 했다. 영종에게《대학》을 강의하는 자리에서 '극기자신克己自新'을 요구한 게 그렇다. 극기를 통해 날로 새로워질 것을 주문한 것이다. 나름 그럴듯하나 그가 상소를 올려 한탁주를 비롯한 황제의 측근을 가차 없이 제거할 것을 요구한 것은 과했다. 기분이 언짢아진 영종이 궁관宮觀官의 자리로 옮길 것을 권하자 주희는 계속 시강의 자리를 고집하면서 관직 사퇴라는 배수진을 쳤다. 영종은 현자를 내친 못난 군주의 오명을 뒤집어쓸까 두려워 황급히 만류하고 나섰다.

이 모습을 보고 탐문을 통해 주희의 위군자 행보를 익히 알고 있던 한탁주가 마침내 칼을 빼들었다. 호굉 및 심계조 등과 결탁해 주희의 위군자 행보를 폭로하는 상소를 올리게 한 근본배경이다. 영종은 이들의 탄핵 상소가 올라오자 곧바로 주희의 관직을 모두 박탈했다. 주목할 것은 당시 주희가 스스로 글을 올려 납니위첩 등의 죄목을 모두 인정한 점이다.《송사》〈주희전〉의 기록이다.

"지난날의 잘못을 깊이 반성하고, 이제부터 옳은 일을 세심히 찾아서 일하도록 하겠습니다."

이 일로 인해 주희의 명성이 일거에 바닥에 떨어졌다. 주희는 '경원의 당금' 사건이 빚어진 지 4년 뒤인 경원 6년(1200)에 세상을 떠났다. 한때 커다란 명성을 날렸던 점을 감안할 때 그의 죽음은 비참했다고 평할 수밖에 없다. 후대의 성리학자들은 주희가 납니위첩 등의 비리를 스스로 인정한 것을 두고 한탁주 등의 무함誣陷에 의한 것이라며 주희를 적극 옹호하고 나섰다. 그러나 이는 《송사》의 기록을 무시한 억지 추론에 지나지 않는다. 객관적으로 볼 때 주희가 납니위첩 등의 비리를 스스로 인정한 것은 명백한 증거가 드러난 까닭에 부득불 인정할 수밖에 없었다고 보는 게 합리적이다.

주희가 말년에 위군자의 표상으로 낙인찍힌 것은 '염량세태'에 대한 이해 부족에서 기인한다. 인간의 본성은 맹자가 주장한 것처럼 인의예지의 덕성에 기초한 게 아니다. '인간은 정치적 동물'이라고 지적한 아리스토텔레스의 언급처럼 인의예지는 사회공동체 내지 국가공동체를 유지하기 위한 덕목으로 제시된 것이다. 인간의 본성은 조그마한 이익이 있으면 마구 내달리는 호리지성에 뿌리를 내리고 있다. 생존본능 때문이다. 인간은 동시에 태어날 때부터 사회공동체 내지 국가공동체 내에서 삶을 영위하는 까닭에 호리지성 못지않게 명예를 숭상하는 호명지심을 지니고 있다. 염량세태는 바로 명리를 향한 이런 원초적인 본능 때문에 자연스럽게 촉발되는 것이다.

호리지성과 호명지심에 뿌리를 둔 인간의 염량세태 행보를 놓고 유가의 관점에 입각해 '의리가 없다'는 식으로 탓해서는 안 된다. 절묘한 임기응변술은 법가 내지 병가사상가들처럼 인간의 호리지성과 호명지심에 대한 깊은 통찰이 전제돼야만 능히 구사할 수 있다.

스스로에게는 엄격하고 남에게는 너그럽게

진화생물학의 관점에서 보면 염량세태는 그리하는 것이 종족을 많이 남길 수 있는 길이라는 사실을 터득한 결과로 해석할 수 있다. 사람들의 변덕이 죽 끓듯 하는 것을 자연스럽게 받아들여야 하는 이유다. 그렇다고 염량세태의 덫에 걸려 있는 세인들을 교화하는 방법이 전혀 없는 게 아니다. 상대에게 도움을 바라기 전에 자신이 먼저 돕겠다고 나서면 된다. 관중은《관자》〈목민〉에서 이같이 갈파했다.

"주는 것이 곧 얻는 것임을 아는 것이 다스림의 요체다!"

이는 비단 국가경영에만 해당하는 게 아니다. 개인과 기업 차원에서도 예외 없이 적용된다. 스스로에게는 엄격하고 남에게는 너그러운 엄기관인嚴己寬人의 자세가 정답이다. 스스로 청고淸高한 삶을 살지라도 다른 사람에게 이를 강요해서는 안 된다. 역사상 안연처럼 '일단식, 일표음'의 청고한 삶을 살면서도 대공을 세운 위인이 많다.

'엄기관인'의 사례를 크게 엄기와 관인으로 나눠 살펴보기로 하자. '엄기'를 행한 대표적인 인물로 북송의 명장 적청狄靑을 들 수 있다. 그는 원래 병사 출신으로 말을 잘 타고 활도 잘 쏘았다. 적진으로 돌진할 때는 머리를 풀어 헤치고 얼굴에 구리로 만든 탈을 쓰곤 했는데 아무도 그를 막지 못했다. 그가 이런 모습으로 돌진한 데는 나름 이유가 있었다. 그는 이름이 알려지기 전에, 법을 어겨 이마에 글자를 새기는 묵형墨刑을 당했다. 후에 추밀부사가 되었으나 얼굴에는 묵형의 흔적이 선명히 남아 있었다. 송나라 인종이 약을 써 묵형의 흔적을 지우라고 여러 차례 권했으나 그는 오히려 자신의 얼굴을 가리키며 이같이 말했다.

"신은 모든 장수와 병사들을 격려하기 위해 이 흔적을 지우지 않을 것입니다. 그들은 이를 통해 폐하가 과거의 내력이나 집안 배경 등을 따지지 않고 공이 있는 신하를 중용한다는 사실을 분명히 알게 될 것입니다. 오늘날의 신이 있을 수 있었던 것도 바로 이 묵형의 흔적이 있었기 때문입니다."

이 이야기를 들은 재상 범중엄范仲淹은 찬탄을 금치 못했다. 그는 적청이야말로 명장의 재목이라고 생각해 《춘추좌전》을 선물로 건네주면서 이같이 말했다.

"대군을 이끄는 장군이 옛것을 알지 못한다면 평범한 남자와 다를 바 없소!"

이후 적청은 범중엄의 권고를 가슴 깊이 새기고 학문에 매진했다. 그 결과 진한 이래의 병법을 모두 숙독해 서하와의 전쟁에서 계속 승리를 거둠으로써 마침내 대장의 자리에 오르게 되었다. 황우 4년(1052) 남방 소수민족의 우두머리인 농지고儂知高가 군사를 이끌고 반란을 일으켜 남녕南寧을 점령했다. 이어 장강 연안 9개 주를 차지하고 광주를 포위했다. 이에 적청이 토벌군 지휘를 자청했다. 농지고는 곤륜관이 난공불락의 천험天險이라 여기고 송나라 군사를 우습게 여겼다. 적청의 군사가 오기 전에 광서의 장수 진서陳曙가 공을 먼저 세울 요량으로 8000명의 보병을 이끌고 기습공격을 가했으나 오히려 패하고 말았다. 곤륜관에서 약 50리가량 떨어진 빈주寶州에 대군을 주둔시킨 적청은 군령이 엄하지 못한 것이 패인이라며 진서와 부관 등 32명을 군문 앞에 끌어내 목을 벤 뒤 장기전을 위한 군량미 비축에 들어갔다. 농지고도 병력을 증강하면서 적청의 진영에 첩자를 보내 동태를 세밀히 파악하며 대비했다.

때는 마침 음력 12월 중순을 넘어가고 있었다. 농지고는 명절인 설이 지나야 적청의 군사가 쳐들어올 것으로 판단했다. 그러나 뜻밖에도 적청은 12월에 부대를 출정시키고 곤륜관 코앞까지 진격해 영채를 세웠다. 농지고가 크게 놀라 병력을 더욱 증강하면서 곤륜관 사수를 위한 전투태세에 들어갔다. 그러나 적청은 정월 대보름까지 전혀 움직이지 않았다. 중국은 예로부터 정월 대보름을 '원소절原宵節'이라 부르며 커다란 명절로 여긴다. 적청은 원소절을 맞아 사흘 동안 축제를 선포했다. 농지고의 첩자가 이를 알리자 농지고를 포함해 곤륜관을 지키는 군사들이 경계를 늦췄다.

원소절 첫날 적청이 주연을 베풀고 밤새도록 장병들과 함께 명절을 즐겼다. 다음 날도 밤이 되자 자신이 직접 나서 큰 연회를 베풀었다. 술자리가 한창일 때 적청이 문득 자리에서 일어난 뒤 머리가 어지러워 내실에서 잠깐 쉬고 나오겠다며 밖으로 빠져나왔다. 그러고는 몰래 준비한 정예병을 이끌고 소리 없이 곤륜관으로 향했다. 당시 농지고는 첩자의 보고만 믿고 경계를 푼 뒤 같이 사흘 동안 명절을 즐기도록 명해놓고 있었다. 적청이 기습공격을 가하리라고는 생각지도 못한 것이다. 결국 무방비 상태의 곤륜관은 순식간에 함락되고 말았다.

'엄기'는 '관인'과 동전의 양면 같은 관계를 맺고 있다. 자신에게 엄격한 잣대를 적용할 경우 반드시 남에게는 관대한 모습을 보여야 한다. 그래야 '엄기'가 빛을 발한다. 자신에게 적용한 엄격한 잣대를 남에게도 들이댈 경우 사람이 좇지 않게 된다. 마치 맑은 물에 사는 물고기가 다른 물고기에게도 맑은 물에 살라고 강요하는 것과 같다. 맑은 물에는 물고기가 많이 살지 않는 법이다. 난세에 이런 행보를 보일 경우 이는 패망을 자초하는 것이다. 명심해야 할 대목이다.

남에게 너그러운 '관인'의 대표적인 인물로는 삼국시대 당시 주유와 더불어 동오의 기둥 역할을 한 노숙魯叔을 들 수 있다. 진수의 정사 《삼국지》에 따르면 노숙은 자가 자경子敬으로 지금의 안후이성安徽省 린화이臨淮인 동성현東城縣 출신이다. 노숙은 어려서 부친을 잃고 조모와 함께 살았다. 집안에는 재산이 제법 많았는데 남에게 베푸는 것을 좋아했다.

당시는 천하에 대란이 일어나 소란스러운 때였는데 노숙은 집안일을 돌보지 않은 채 재산을 모두 기울이고 논밭을 팔아 가난한 사람을 구제하고 선비들을 모으는 것을 업으로 삼았다. 마을 사람들이 모두 그를 크게 칭송했다. 노숙은 몸집이 크고 훤칠하게 생겼는데 대망을 품고 남이 상상도 못할 일을 자주 저질렀다. 세상이 어지러워지자 검술과 기마술, 궁술을 익히고는 젊은이들을 그러모아 수렵을 하면서 은밀히 병법 훈련도 시켰다. 향리 사람들은 그 꼴을 보고는 욕을 하며 손가락질을 했다. 그러나 노숙은 나름대로 생각이 있었다. 하루는 자신을 따르는 300여 명의 젊은이를 모아놓고 이같이 말했다.

"나라에서 기강을 바로잡지 못하고 도적의 무리들이 발호해도 속수무책이다. 이제 이 고장도 곧 마음놓고 살 수 없게 될 것이다. 듣자하니 강동江東은 비옥한 땅이 많고 백성들도 부유하고 군대도 강하다고 한다. 내가 그곳에 가서 난리를 피할까 하는데 나를 따를 사람은 없는가?"

노숙을 흠모한 무리들은 한 사람도 빠짐없이 흔쾌히 찬성했다. 노숙이 주유와 함께 손권을 찾아간 이유다. 그가 주유와 교유하게 된 장면이 매우 인상적이다. 주유가 지방 현령으로 있을 때 휘하 장령 수백 명과 함께 노숙의 집 앞을 지나면서 노숙에게 식량지원을 요청한 적이 있다. 당시 노숙의 집에는 쌀이 2균囷가량 있었다. 1균은 창고 하나에 가득 찬 양으로 약 3000곡斛에 해당했다. 1곡은 대략 1섬과 같다. 노숙은 아무 조건도 없이 곧 1균을 헐어 주유에게 주었다. 주유는 노숙이 천하의 기재奇才인 것을 알고 곧 그와 친교를 맺었다. 노숙이 후대인에게 덕망이 있는 부자를 뜻하는 장자長者로 각인된 이유다. 《삼국연의》에 적벽대전 당시 주유가 두 번이나 제갈량을 죽이려고 했을 때 그때마다 노숙이 나서 이를 저지하는 것으로 나오는 것도 이런 맥락에서 이해할 수 있다.

'엄기관인'은 잠시도 손에서 책을 놓지 않는 이른바 수불석권手不釋卷이 전제돼야 가능하다. 대표적인 인물로 삼국시대 동오의 명장 여몽呂蒙을 들 수 있다. 《삼국지》〈여몽전〉의 배송지 주에 인용된 《강표전》에 따르면 여몽은 어려서 매우 가난했던 까닭에 제대로 먹거나 입지 못했고, 글을 읽는 것은 상상도 못했다. 가슴에 큰 뜻을 지닌 그는 이후 많은 전공을 쌓은 덕분에 장군의 자리까지 올랐으나 늘 학식이 부족한 게 흠이었다. 하루는 손권이 여몽과 장흠蔣欽을 불러 말했다.

"지금 경들은 이 나라의 대관이 되었으니 앞으로는 학문을 익혀 스스로 식견을 넓히는 게 좋겠소."

여몽이 대꾸했다.

"지금 군무에 눈코 뜰 새 없이 바빠 글 읽을 겨를이 없습니다."

손권이 말했다.

"내가 어찌 경들에게 경서 등을 읽어 박사가 되라고 한 것이겠소? 그저 옛 사람들이 남긴 책을 많이 읽어두라고 한 것일 뿐이오. 경들이 군무에 바쁘다고 하나 어디 나만큼이야 바쁠 리 있겠소? 나도 젊었을 때 《시경》, 《서경》, 《예기》, 《좌전》, 《국어》 등을 두루 읽었소. 단지 《역경》만 읽지 못했소. 내가 보위에 오른 후 여러 사서와 병서를 두루 읽은 게 커다란 도움이 되었소. 경들처럼 뛰어난 인물들이 글을 읽으면 당연히 도움이 되지 않겠소? 속히 《손자병법》과 《육도》 등의 병서와 《좌전》과 《국어》를 비롯해 《사기》와 《한서》 등의 사서를 읽도록 하시오. 공자가 말하기를, '종일토록 식음을 폐하며 생각해도 유익함이 없으니 배우는 것만 못하다'고 했소. 광무제도 매일 군무를 처리하느라 바빴지만 책을 손에서 놓은 적이 없었소. 맹덕孟

德 역시 스스로 '늙어갈수록 더욱 학문을 좋아하게 됐다'고 했소. 경들은 어찌하여 스스로 노력할 생각을 하지 않는 것이오?"

여기서 '수불석권' 일화가 나왔다. 손권이 조조를 '맹덕'으로 높여 부른 것은 조조의 수불석권을 높이 평가했기 때문이다. 일각에서는 손권이 여몽에게 속히 사서와 병서를 두루 읽을 것을 권한 점에 주목해 손권도 조조의《손자약해》를 읽었을 가능성이 높은 것으로 보고 있다.

당시 여몽은 손권의 훈계를 듣고는 깨닫는 바가 있어 마음과 힘을 다해 열심히 글을 읽었다. 하루는 주유를 대신해 군사업무를 책임지게 된 노숙이 여몽을 찾아가 국사를 논의했는데, 여몽의 이론이 고매하고 정연해 크게 놀란 노숙이 여몽의 어깨를 쓰다듬으며 찬탄했다.

"나는 대제大弟가 오직 무략武略밖에 없는 줄 알았소. 지금 보니 학문이 넓고 고매하니 이제는 과거 오군에 있을 때와는 완전 딴판이오!"

여몽이 말했다.

"선비는 사흘만 헤어져 있다 만나도 눈을 비비며 서로 대해야 하는 괄목상대刮目相待의 대상이오. 대형大兄이 지금 이같이 말하니 어떻게 하여 전국시대를 풍미한 양후穰侯 위염魏冉과 같다는 칭송을 듣는 것이오? 대형은 지금 주유의 업적을 제대로 잇지 못하고 있소. 더구나 지금 천하의 관우를 곁에 두고 있는 상황이오. 관우는 덕망이 높은 데다 학문을 좋아해《좌전》을 입에 달고 산다고 하오.

단지 웅기雄氣와 자부심이 지나친 나머지 사람을 얕잡아보는 게 흠이오. 지금 그와 대치하고 있는 중이니 응당 책략을 써 상대해야 할 것이오."

그러고는 곧 노숙을 위해 세 가지 계책을 일러주었다. 노숙이 이를 공손한 자세로 받아들인 후 일절 발설하지 않았다. 후에 이 사실을 안 손권이 찬탄했다.

"사람은 성장하면서 날마다 진보한다고 말하나 그 누구도 여몽과 장흠에 비할 바가 아니다. 이미 부귀영달했는데도 호학하는 모습을 버리지 않고, 여러 고전을 두루 읽는 것을 좋아하고, 재물을 가벼이 여기며 의를 높이고, 행하는 일은 모두 좇을 만하니 두 사람 모두 가히 국사國士로 부를 만하다. 이 어찌 아름다운 일이 아니겠는가!"

여기서 짧은 시간에 학문이나 재주가 현저하게 진보했음을 뜻하는 '괄목상대' 성어가 나왔다. 조조의 '수불석권'에 자극을 받은 결과로 볼 수 있다.

부하를 자식처럼 아껴라

예나 지금이나 염량세태는 좋지 않은 뜻으로 사용되고 있다. 염량세태를 비판한 대표적인 인물로 사마천을 들 수 있다. 한무제 때 재상을 지낸 급암汲黯과 정당시鄭當時는 평생 청렴하게 살았지만, 권세를 좇아 부나방처럼 몰려드는 빈객과 벗들로 인해 집 앞이 늘 문전성시를 이뤘다. 사마천은 두 사람의 전기를 하나로 묶은 《사기》〈급정열전汲鄭列傳〉에서 염량세태를 이같이 개탄한 바 있다.

"평생을 청렴하게 산 급암과 정당시조차 그러했는데 그렇지 못한 경우는 더 말할 게 있겠는가!"

그러나 앞서 나온 안회와 적청 등의 사례를 통해 알 수 있듯이 남에게 도움을 바라기 전에 스스로 먼저 돕겠다고 나서면 세인들의 가벼운 처신을 두고 염량세태 운운할 일이 없다. 《채근담》은 이같이 충고하고 있다.

"사람은 으레 굶주리면 찰싹 달라붙고, 배부르면 훌쩍 떠나간다. 또한 사람 주변이 따뜻하면 마구 몰려들고, 썰렁해지면 매몰차게 차버린다. 인정의 한결같은 병폐가 이와 같다."

세인들의 염량세태에 눈살을 찌푸릴 이유가 없다는 지적이다. 염량세태는 인간의 호리지성과 호명지심에서 기인하는 것이다. 이를 탓해서는 안 된다. 임기응변술에서 말하는 '세기'는 바로 이를 전제로 한 것이다. 위정자와 기업 CEO가 명심해야 할 대목이다. 염량세태를 너그럽게 받아들일 수 있는 자신의 그릇부터 키울 필요가 있다. 국가존망이 걸린 전쟁과 같이 큰 사건이 터졌을 때는 더욱 그렇다. 당나라 때 조송曹松은 〈기해세己亥歲〉에서 이같이 읊은 바 있다.

장강 일대 강산에 큰 전쟁이 벌어지니
백성은 어떻게 초근목피로 살아갈거나

부탁컨대 그대 제후 된다고 자랑 말게
한 장수의 공에 1만 병사 해골 넘친다
澤國江山入戰圖, 生民何計樂樵蘇
憑君莫話封侯事, 一將功成萬骨枯

마지막 구절인 '일장공성만골고一將功成萬骨枯'는 한 장수가 공을 세울 때 병사 1만 명의 희생이 뒤따른다는 의미다. 다시 말해 장수가 병사들의 희생을 디딤돌로 삼아 부귀영화를 누리는 것을 신랄하게 꼬집은 것이다. 오기 역시 《오자병법》〈치병〉에서 이를 크게 경계했다. 그는 승패의 관건을 병력의 우열에서 찾아야 하는 게 아니냐는 위무후의 질문에 이같이 대답했다.

"법령이 명확하지 않고 상벌이 불공정하면 병사들은 징을 쳐도 멈추지 않고 북을 울려도 나아가지 않습니다. 그러니 백만 대군이 있은들 무슨 소용이 있겠습니까? 이른바 '잘 육성된 군대'는 가만히 있을 때는 예가 바르고, 일단 움직이면 위풍이 당당합니다. 진격하면 막을 자가 없고, 후퇴하면 쫓아올 자가 없고, 진퇴에 절도가 있고, 좌우이동이 명에 따라 일사분란하게 이뤄집니다. 설령 도중에 부대가 단절될지라도 군진을 유지하고, 분산될지라도 대오를 갖춥니다. 이는 상하가 고락과 생사를 함께한 덕분입니다. 이런 군대는 한 덩어리가 되어 움직이는 까닭에 흩어지는 일이 없고, 합세해 적과 싸우는 까닭에 지치는 일이 없습니다. 어느 곳에 투입할지라도 천하에 당할 자가 없는 이유입니다. 이를 일컬어 부자지병父子之兵

이라고 합니다."

장수와 사병이 '인화'를 이뤘을 때 최고의 전투력을 발휘한다는 취지를 부자지병에서 찾은 것이다. 《손자병법》도 장수의 덕목과 관련해 《오자병법》과 유사한 입장에 서 있다. 다음은 〈시계〉의 해당 대목이다.

"군주는 도, 천, 지, 장, 법 등 다섯 가지 사안에서 적과 아군을 비교·분석해 승부의 흐름을 잘 짚어낼 줄 알아야 한다. '장'은 지혜智慧와 신의信義, 인애仁愛, 용기勇氣, 엄정嚴正을 갖춘 사령관을 말한다."

장수 리더십의 덕목으로 지혜와 신의, 인애, 용기, 엄정을 든 셈이다. 이에 대해 가장 널리 통용되는 해석은 《손자병법》의 10대 주석가 중 한 사람인 북송 때 문인 왕석王晳의 주석이다. 그는 이를 유가의 5덕五德으로 풀이했다.

"지智는 미리 예측해 미혹되지 않고 깊이 생각해 상황에 따라 알맞게 변화하는 능력을 말한다. 신信은 행동과 명령에 일관성을 지니고 부하들이 언제나 믿고 따르게 하는 것이다. 인仁은 따뜻한 마음을 가지고 부하들을 측은히 여겨 부드럽게 어루만져주는 것이다. 용勇은 의를 좇아 행하면서 두려움을 느끼지 않고 어떤 상황에서도 의연함을 잃지 않는 것을 의미한다. 엄嚴은 위엄과 공평무사한 태도를 견지해 부하들에게 권위를 잃지 않는 것을 뜻한다. 이 다섯 가지 덕목은 서로 꼬리를 물고 연결된 것이어서 어느 하나 빠뜨릴 수 없다."

지, 신, 인은 유가에서 말하는 5덕과 완전히 일치한다. 용과 엄은

의義와 예禮를 달리 표현한 것이다. '의'는 거꾸로 해석하면 불의不義의 상황을 참지 못하는 강고한 의지를 지칭하며, 현실에서는 용勇으로 표출될 수밖에 없다. 그래서 의와 용은 늘 의용義勇으로 묶여 사용된다. 또한 '엄'은 '법'을 달리 표현한 것이다. 원래 '예'와 '법'은 동전의 양면과 같다. '예'를 강제하면 '법'이 되고, '법'의 자율성을 강조하면 '예'가 된다. 왕석이 말한 지, 신, 인, 용, 엄은 유가의 5덕을 약간 돌려 표현한 것이나 다름없다.

왕석의 주석은 나름 일리가 있으나《손자병법》의 근본취지를 제대로 파악한 것은 아니다. 〈시계〉에서 말하는 '장'은 공자가 말한 군자와 같은 취지에서 나온 것이다. 군자는 백성을 사랑하는 애인愛人에 헌신하는 자를 뜻한다. '장'은 병사들을 사랑하는 애사愛士를 실천하는 자다.《오자병법》이 역설한 것처럼 병사를 자식처럼 생각하는 게 그것이다.

'부자지병'의 책략은 그 효과가 매우 크다. 대표적인 사례로《사기》〈자객열전〉에 등장하는 예양豫讓을 들 수 있다. 춘추시대 말기 예양은 진晉나라 대부 범길석范吉射과 중항인中行寅을 섬겼다. 그러나 그들로부터 제대로 인정을 받지 못했다. 이에 곧 지백智伯에게 몸을 의탁했다. 지백은 예양을 총애했다. 그러나 지백은 조씨와 위씨, 한씨 등 이후 진나라를 삼분한 세 가문의 협공으로 횡사하고 말았다. 예양은 주군인 지백이 죽은 뒤 산속에 숨어 지냈다. 하루는 지백에게 극도의 원한을 품은 조양자趙襄子가 지백의 두개골로 술잔을 만들었다는 소문을 듣게 되자 예양이 통곡하며 다짐했다.

"내가 듣건대 '선비는 자신을 알아주는 사람을 위해 목숨을 바치고, 여인은 사랑해주는 사람을 위해 화장을 한다'라고 했다. 선비를 자처하는 내가 어찌 지백의 은혜에 보답치 않을 수 있겠는가!"

예양이 협객의 대명사로 불린 단초가 이 구절에 있다. 선비란 자신을 알아주는 '지기자知己者'를 위해 목숨을 바친다는 게 골자다. 당시 예양은 이름을 바꾼 뒤 노역하는 사람으로 가장해 조양자의 저택으로 숨어들었다. 그는 변소를 수리하면서 기회를 보아 조양자를 척살하고자 했다. 하루는 조양자가 변소에 가려고 하다가 이상한 예감이 들어 변소를 수리하고 있는 자를 붙잡아 심문했다. 예양은 나무흙손에 예리한 쇠 날을 단 뒤 이것으로 조양자를 찌르려다 발각된 것이다. 조양자가 언성을 높였다.

"너는 왜 나를 죽이려 한 것이냐?"

"나는 지난날 지백의 신하였다. 주인을 위해 원수를 갚으려는 것뿐이다."

좌우에서 그를 죽이려고 하자 조양자가 만류했다.

"지백은 이미 죽어 후계자도 없는데 그 신하가 죽은 주인을 위해 복수하고자 한 것이다. 그는 참으로 천하의 의사義士다. 의사를 죽이는 것은 상서롭지 못하다. 그를 집으로 돌려보내도록 하라."

조양자가 예양을 석방하면서 물었다.

"내가 이제 그대를 살려 보낼 터이니 앞으로는 나에 대한 원한을 풀겠는가?"

"석방은 그대가 개인적으로 나에게 베푼 은혜이고, 내가 원수를 갚고자 하는 것은 신하의 도리를 지키기 위한 것이다."

좌우가 다시 강력히 권했다.

"이렇듯 무례한 자를 살려 보냈다가는 다음날 반드시 큰 우환이 될 것입니다. 차라리 없애버리느니만 못합니다."

"내가 이미 살려주기로 허락했는데 어찌 신의를 잃을 수 있겠는가? 내가 앞으로 삼가 조심하면 된다."

석방된 예양은 다시 몸에 옻칠을 하고 문둥병자처럼 가장했다. 수염과 눈썹을 뽑아내고 스스로 몸에 상처를 낸 뒤 걸인 행색으로 집으로 갔다. 아내가 고개를 갸웃하며 중얼거렸다.

"모습은 판연히 다른데도 어찌 목소리가 똑같을 수 있을까?"

예양이 이내 숯을 삼켜 말소리까지 완전히 바꿔버렸다. 이제는 아무도 그를 알아보는 사람이 없었다. 그러나 전부터 그의 굳은 결심을 눈치챈 친구가 있었다. 그는 예양을 곧바로 알아보고 조용히 충고했다.

"자네의 방법은 힘만 들 뿐 성공하기 어렵네. 의지가 강한 사람이라고 할 수는 있으나 지혜로운 사람이라고 할 수는 없네. 자네의 재능으로 조씨를 섬기면 조씨는 틀림없이 자네를 가까이 두고 총애할 걸세. 그때 기회를 보아 그를 죽이는 게 훨씬 쉽고도 확실하지 않겠나?"

예양이 말했다.

"그것은 앞서 알아준 사람을 위해 나중에 알아준 사람에게 복수하고, 옛 주군을 위해 새 주군을 살해하는 셈이 되네. 이는 군신

간의 도리를 크게 어지럽히는 것이네. 내가 어찌 그런 짓을 할 수 있겠는가? 또한 나는 군신 간의 도리를 밝게 드러내고자 할 뿐이지 쉬운 길을 택해 일을 성사시키고자 하는 것이 아닐세. 조씨를 새로 섬기면서 해치고자 하는 것은 두 마음을 품고 주군을 섬기는 것이 되네. 어렵다는 것을 알면서도 내가 굳이 이런 방법을 택한 것은 장차 신하로서 두 마음을 품은 자들을 부끄럽게 하려는 것일세."

예양은 조양자가 늘 지나다니는 다리 밑에 몸을 숨겼다. 조양자가 다리에 이르렀을 때 조양자의 말이 갑자기 크게 놀라 앞으로 나아가지 않으려고 하자 조양자가 좌우에 명했다.

"예양이 이 근방에 있는 것이 틀림없으니 주변을 수색해보도록 하라."

예양이 끌려 나오자 조양자가 책망했다.

"그대는 당초 범씨와 중항씨를 섬기지 않았는가? 지백이 범씨와 중항씨를 멸망시켰을 때 그대는 지백에게 복수하지 않고 오히려 지백을 섬겼다. 그런데 지백이 죽자 이번에는 무슨 이유로 지백을 위해 복수하려는 것인가?"

예양이 대답했다.

"군주가 신하를 수족처럼 대하면 신하는 자기 몸처럼 군주를 아끼고, 군주가 신하를 개나 돼지처럼 취급하면 신하도 군주를 길가는 사람처럼 대하게 되오. 내가 범씨와 중항씨를 섬길 때 두 사람은 나를 일반 사람으로 대접했소. 그래서 나도 일반 사람으로서 보답했을 뿐이오. 그러나 지백은 나를 국사로 대우했소. 그래서 나 또한

국사로서 그에게 보답하고자 하는 것이오!"

조양자가 탄식했다.

"아, 그대는 지백을 향한 뜨거운 충성으로 이미 충분히 명성을 이뤘다. 내가 그대를 용서한 것은 지난번의 일로 족하다. 나는 더 이상 그대를 용서해줄 수 없다."

예양이 말했다.

"내가 듣건대 '명군은 사람의 의를 감추지 않고, 충신은 목숨을 아끼지 않고 그 이름을 이룬다'라고 했소. 그대는 이미 나를 관대히 용서해줘 그대의 덕성을 칭송치 않는 자가 없소. 오늘 일로 나 또한 죽을 각오가 되어 있소. 다만 그대가 입고 있는 도포를 벗어주면 그 도포에라도 일격을 가하고 싶소. 그리되면 죽어도 유한이 없겠소."

조양자가 허락하자 예양이 칼을 빼어들고 도포를 내리치며 큰소리로 부르짖었다.

"이제야 지백의 지은至恩에 보답하게 됐구나."

예양이 칼 위에 엎어져 자결하자 조양자는 눈물을 흘리며 좌우에 분부했다.

"시체를 염해 양지 바른 곳에 묻어주도록 하라."

〈자객열전〉에 따르면 이날 진양성의 선비들이 이 이야기를 듣고는 예양을 위해 눈물을 흘렸다고 한다. 사마천은 기본적으로 춘추전국시대에 활약한 자객을 높이 평가하는 입장에 서 있었다. 그가 〈자객열전〉을 따로 편제한 이유다. 예양이 지백을 위해 목숨을 바친 것은 지백이 예양을 '국사'로 대우했기 때문이다. 《오자병법》이 부자지병을 역설한 것과 취지를 같이한다.

임기응변술의 관점에서 볼 때 예양의 행보는 '시세'와 '사세'로 구성된 '세기'를 거스른 것이다. 비록 의리를 지킨 자객으로 이름을 남기기는 했으나 비참한 최후를 맞이한 이유다. 다만 예양이 언급한 것처럼 염량세태에 좌우되지 않는 그의 의리만큼은 만세의 모법이 될 만하다. 사마천이 〈자객열전〉에 나오는 다섯 명의 인물 가운데 한 사람으로 그의 사적을 상세히 기록해놓은 사실이 이를 뒷받침한다.

02: 전기 轉機
이기는 계기는
스스로 만들 수 있다

대천명은 진인사의 결과일 뿐

:

응변은 임기에 따른 대응방략을 뜻하는 만큼, 시기와 사기에 기초한 '세기'보다 심기의 구체적인 표현으로 나타나는 '승기'에 방점이 찍혀 있다. 결국 지략을 써 승기를 잡아야 한다는 뜻이 된다. 아무리 시세와 사세가 유리하게 작용할지라도 지략이 없으면 결코 온전한 승기를 잡을 수 없다. 이를 통상 일이 이뤄지는 과정에 대입해보면 크게 기승전결起承轉結의 네 가지 유형으로 나눌 수 있다. 첫째는 전기轉機다. 이는 전환점이 되는 계기를 뜻한다. 임기응변술에서는 지략을 써서 승리의 계기를 적극 조성하는 것으로, 중과부적의 상황에서 계책을 써 반전의 계기를 마련하는 게 대표적이다. 둘째는 승기乘機다. 바뀌는 흐름에 곧장 올라타는 것을 뜻하는데, 여세를 몰아 승승장구乘勝長驅하는 게 대표적인 경우다. 셋째는 결기決機다. 필사의 각오로 때가 왔을 때 머뭇거리지 않고 신속히 결단하는 계기를 말한다. 결단할 때 결단하지 못하면 다잡은 승기를 놓치게 될 뿐만 아니라 패배의 빌미가 된다. 넷째는 투기投機다. 힘을 한곳에 집중시켜 필승을 거두는 계기를 뜻한다. 힘을 한곳에 집중시키지 못하면 설령 승기를 잡았을지라도 필승을 기약하기 어렵다. 제갈량이 제1차 북벌 당시 힘을 분산시킨 탓에 가정전투에서 패함으로써 다잡은 승리를 놓친 게 대표적인 사례다.

'전기'는 기起, '승기'는 승承, '결기'는 전轉, '투기'는 결結에 해당한다. 기승전결의 단계에 나타나는 네 가지 계기가 유기적으로 연결돼야 마침내 승리를 거머쥘 수 있다. 이들 네 가지 계기를 하나로 통칭한 것이 바로 승기勝機다. 화를 복으로 바꾸는 전화위복轉禍爲福과 죽을 고비를 넘겨 살아남는 기사회생起死回生의 비결이 여기에 있다. 전쟁이든 비즈니스든 모든 사업은 결국 사람의 의지와 지략 등에 따라 결판날 수밖에 없다. 임기응변술의 관점에서 보면 승기를 잡는 자가 최후의 승자가 된다.

인구에 회자하는 진인사대천명盡人事待天命도 이런 관점에서 접근해야 제대로 된 해석이 가능하다. 여기의 '진인사'는 '시세'와 '사세'의 흐름을 종합적으로 검토한 뒤 네 가지 계기를 유기적으로 결합한 것을 말한다. '대천명'은 그 결과물에 지나지 않는다. 천명은 따로 존재하지 않기 때문이다. 모든 것은 '진인사'에서 끝난다. 이기면 그것이 바로 천명이 되고, 지면 천명을 거스른 반역이 된다.《장자》〈거협〉에 이를 뒷받침하는 유명한 말이 나온다.

"혁대 고리를 훔친 자는 죽임을 당하나 나라를 훔친 자는 제후가 된다. 일단 제후가 되면 사람들은 그의 가문을 온통 인의로 포장한다. 이게 곧 도적놈이 인의와 성인의 지혜를 훔친 게 아니고 무엇이겠는가?"

역사를 두고 '승자의 기록'이라고 말하는 이유가 여기에 있다. 대표적인 예로 초한전을 들 수 있다. 당시 항우는 초기만 해도 모든 면에서 유방을 압도했다. 그러나 결국 그는 진인사에 실패해 유방에게 패한 뒤 오강烏江에 이르러 하늘을 원망하다 자진하고 말았다. 당시 그는 어부의 권토중래捲土重來 권유를 거부하며 이같이 탄식했다.

"나는 강동江東의 자제 8000명과 함께 강을 건너 서쪽으로 왔으나 지금 한 사람도 돌아오지 못했으니 설사 강동의 부형들이 나를 가련히 여겨 용서해준다 한들 무슨 면목으로 그들을 보겠는가? 그들이 비록 말을 안 한다 할지라도 내 어찌 이를 부끄럽게 여기지 않겠는가?"

개인 차원의 수치를 이유로 대업을 포기하고 만 것이다. 한때 '역발산기개세力拔山氣蓋世'의 기개로 천하를 호령했던 영웅의 모습은 전혀 찾을 길이 없다. 이는 그가 남긴 마지막 유언에 더욱 극명하게 드러난다.

"이는 하늘이 나를 멸망시키려는 것이지 내가 결코 싸움에 약했기 때문이 아니다!"

권토중래는커녕 자진을 택한 마당에 마지막까지도 개인 차원의 소심하기 짝이 없는 자존심을 지키고자 한 것이다. 이를 두고 한신은 유방 앞에서 이같이 비판했다.

"항우의 인용仁勇은 한낱 부인지인婦人之仁과 필부지용匹夫之勇에 지나지 않았습니다."

부인지인은 개인 차원에서 발휘되는 부인의 어짊, 필부지용은 완력을 자랑하는 필부의 용맹을 뜻한다. 사마천도 《사기》〈항우본기〉 말미의 사평에서 이같이 질타했다.

"한낱 자신의 지혜만 믿고 힘으로써 천하를 경영하려다가 겨우 5년 만에 나라를 망치고 죽게 된 마당에 스스로의 잘못을 깨닫지 못하고 하늘이 자신을 버렸다고 원망한 것은 큰 잘못이다."

항우는 자만에 빠져 진인사를 행하지 못한 자신의 잘못을 조금도 반성하지 않았다. 응변의 중요성을 전혀 간파하지 못한 탓이다.

유기도 《욱리자》에서 항우의 패망과 관련해 응변의 중요성을 언급한 일화를 소개하고 있다. 이에 따르면 항우가 스스로 서초패왕西楚霸王이 되어 팽성彭城에 도읍을 두었을 때, 저구狙邱 선생이라는 사람이 항우를 만나 인의에 입각한 정사를 권하기 위해 길을 떠났다. 제나라에서 초나라로 가는 도중 저구 선생이 어떤 돼지치기를 만났다. 다음은 두 사람이 나눈 대화 내용이다.

"선생은 어디로 가는 중입니까?"

"초패왕을 알현하러 가는 중이오."

"선생은 평민에 지나지 않는데 초패왕에게 유세할 수 있습니까?"

"초패왕은 향촌에서 떨쳐 일어나 천하를 위해 사나운 진나라를 제거한 뒤 제후를 봉하고 맹주가 되었소. 나는 장차 그에게 인의를 비롯해 제왕이 해야 할 일 등을 권할 생각이오."

"선생이 마음 쓰는 것이 훌륭합니다. 그런데 서초의 대신들은 어찌 대할 생각입니까?"

"하찮은 일을 하는 자가 무엇을 안다고 그러는 것인가? 이는 그대가 알 바가 아니다!"

"저는 돼지나 치는 사람입니다. 집안이 가난한 탓에 남의 돼지를 키우고 있습니다. 돼지가 늘어나면 주인은 좋아하며 품삯을 더 주고, 그렇지 않으면 줄입니다. 그래서 저는 돼지를 기를 때 느긋하게 아침에 방목하면서 숲 덤불에서 노닐도록 배려합니다. 그러면 돼지는 분뇨가 있는 땅 냄새를 맡고, 비리거나 썩은 것을 먹고, 오물범벅이 된 채 잡초 속에 몸을 숨기고, 진흙투성이가 되어 어슬렁거리기도 합니다. 제가 힘들이지 않고 돼지를 키우며 주인의 환심을 사고 품삯을 제때 받는 이유입니다. 저와 함께 돼지를 치는 친구가 이를 부러워하며 그 비법을 물었지만 저는 인색한 마음에 이를 가르쳐주지 않았습니다. 그는 돼지를 늘리지 못한 탓에 늘 품삯을 적게 받았습니다. 생각다 못한 그는 마침내 돼지에게 잠자는 곳을 따로 마련해주고, 담장을 높이고, 우리 안을 청결히 하여 아침이면 밖으로 내보냈다가 해가 지기 전에 거둬들였습니다. 또 풀을 골라 먹이고, 더럽고 냄새나는 것은 못하게 했습니다. 그러나 돼지들은 마음대로 노닐 수 없게 되자 모두 들로 달아나버리고 말았습니다. 주인이 크게 노해 그를 쫓아냈습니다.

지금 초패왕에게 총애를 받는 자들은 모두 돼지나 다름없습니다. 돼지가 신나면 초패왕은 좋아하고, 돼지가 실의하면 초패왕도 싫어합니다. 그러니 인의를 생각할 겨를이 있겠습니까? 그런데도 선생은 그의 마음을 바꿔 선생의 도를 실행하고자 합니다. 다행히 초패왕이 듣지 않는다면 선생의 복이지만, 듣기는 하되 끝까지 기다리지 않는다면 선생의 정책이 효력을 나타내기도 전에 먼저 왕의 돼지만 잃는 셈이 되니 초패왕은 반드시 노할 것입니다.

옛날 전국시대 중엽 상앙이 진효공에게 유세할 때 왕도를 말하자 종일토록 그의 귀에 들어가지 않았습니다. 그러나 패도를 말하자 이내 자신도 모르게 무릎을 끌어 다가앉았습니다. 이는 무엇 때문입니까? 공리功利를 좋아하는 군주는 공리와 가까운 것에만 힘쓰고, 먼 것에는 소홀하기 때문입니다. 그렇지 않은 이는 매우 드뭅니다. 그래서 요순과 우임금이 아니면 함께 도덕을 말할 수 없고, 탕왕과 무왕이 아니면 함께 인의를 논할 수 없는 것입니다.

지금 초패왕은 어떤 사람입니까? 그와 함께 공을 세우고 정사를 펼치는 자들은 변방으로 귀양을 갔던 죄수이거나 살인하고 달아났던 자들입니다. 어지러운 마음에 욕심도 사납습니다. 그런데도 그들과 함께 도덕을 이야기하고 인의를 행하려고 합니다. 이 어찌 사슴과 고라니에게 관을 씌우고 옷을 입힌 뒤 사람과 음식을 함께하도록 하는 게 아니겠습니까? 또 초패왕은 그들이 아니면 안 되니 선생의 정신에도 맞지 않고, 도에도 도움이 되지 않는 것이 아니겠습니까? 나아가 선생의 덕 또한 공자만 못하니 그 차이가 천양지차입니다. 공자는 여러 차례 제후에게 초빙을 받았으나 끝내 이것저것 맞지 않아 고생을 했습니다. 지금 초패왕의 위세는 그야말로 공자가 활약하던 때의 제후나 대부에 비할 바가 아닙니다. 그런데도 선생이 굳이 가고자 하니 저는 내심 의구심이 들 수밖에 없습니다."

이를 두고 유기의 심경을 대신한 '욱리자'가 이같이 말했다.

"저구 선생은 당시 세상을 구하고자 하는 마음을 갖고 있었다. 그러나 천하대세의 도도한 흐름을 인식하는 안목에서는 돼지치기만 못했다."

이 일화는 인의를 내세운 정책이 수용되지 않고 비루한 자들만이 득세하는 난세의 현실에 대한 풍자다. 주목할 것은 돼지치기가 천하대세를 보다 정확히 읽고 있었던 점이다. 유기도 항우의 패망 원인을 천하대세에 대한 낮은 인식에서 찾았다. '난세에는 난세의 논리가 있다'라는 평범하고도 중요한 이치를 언급한 셈이다. 고금을 막론하고 천명은 난세의 사세를 적극 활용한 승자의 몫이라는 사실을 통찰할 필요가 있다. 항우의 패망이 이를 웅변한다.

식견을 키워야 안목이 생긴다

'진인사'를 다하지 않고 '대천명'을 바라는 것은 이른바 수주대토守株待兎의 우를 범하는 짓이다. 이를 최초로 언급한 《한비자》〈오두〉의 해당 구절이다.

"전에 송나라의 어떤 농부가 밭을 갈다가 잠시 밭 가운데 있는 나무 그루터기 위에서 쉬고 있을 때였다. 마침 토끼 한 마리가 달아나다가 그루터기에 부딪쳐 목이 부러져 죽었다. 이를 본 농부는 이후 쟁기를 놓고 그루터기를 지키며 토끼가 재차 오기를 기다렸다. 그러나 더 이상 토끼를 얻을 수 없었다. 결국 그는 송나라의 웃음거리가 되고 말았다. 지금 옛 성왕의 정치를 좇아 현재의 백성을 다스리고자 하는 것은 모두 송나라 농부처럼 '수주대토'의 어리석음을 범하는 것과 같다."

끊임없이 스스로를 단련하는 자강불식을 행하지 않을 경우 이는 곧 수주대토의 어리석음을 범하는 것과 같다. 진인사는 곧 자강불식을 뜻하고, 자강불식은 곧 임기응변의 대전제에 해당한다. 급변하는 시세와 사세의 흐름을 읽지 못한 채 임기응변의 운신을 하지 못하는 나라는 이내 패망하고 만다. 인민을 기아상태로 몰아넣어 패망 일보 직전에 놓인 북한이 바로 그 경우다. 비즈니스와 개인 차원의 성패도 하등 다를 게 없다. 《주역》이 시종 자강불식을 역설한 이유다.

'승기'의 네 가지 단계 가운데 가장 먼저 맞닥뜨리는 '전기'는 온갖 지략을 총동원해 열세의 상황을 유리한 상황으로 전환시키는 결정적인 계기를 뜻한다. 철저한 사전준비와 자강불식 등의 자세가 전제돼야 한다는 점은 앞서 말한 바와 같다. 문제는 아무리 철저히 준비해 모처럼 찾아온 기회에 적극 올라탈지라도 이것이 궁극적인 승리를 기약하는 것은 아니라는 데 있다. 궁극적인 승리를 기약하고자 한다면 반드시 시세와 사세를 정확히 읽고 이를 적극 활용할 줄 알아야 한다. 천하대세의 흐름과 현재 진행 중인 사업의 흐름을 종합적으로 읽을 줄 아는 안목이 필요한 이유다. 그러기 위해서는 평소 책을 손에서 놓지 않는 수불석권의 자세가 필요하다. 수불석권을 행해야만 식견을 키울 수 있고, 식견을 키워야만 난세의 시기에 임기응변을 자유자재로 행할 수 있다.

《채근담》의 다음 구절은 식견과 도량의 상호관계를 잘 설명해주고 있다.

"덕은 도량에 따라 발전하고, 도량은 식견을 통해 성장한다. 덕을 두터이 하려면 도량을 넓히지 않을 수 없고, 도량을 넓히려면 식견을 키우지 않을 수 없다."

식견을 키우는 요체가 바로 수불석권에 있다고 해도 과언이 아니다. 당태종은 이를 통찰했다. 이를 뒷받침하는 대목이 《정관정요》〈임현〉에 나온다.

"구리로 거울을 만들면 가히 의관을 단정하게 할 수 있고, 역사를 거울로 삼으면 천하의 흥망성쇠와 왕조교체의 원인을 알 수 있고, 사람을 거울로 삼으면 자신의 득실을 분명히 알 수 있다. 짐은 일찍이 이들 세 가지 거울을 구비한 덕에 허물을 범하는 것을 막을 수 있었다. 지금 위징이 세상을 떠나는 바람에 마침내 거울 하나를 잃고 말았다!"

여기에 언급된 동감銅鑑과 사감史鑑, 인감人鑑을 흔히 '3감三鑑'이라고 한다. 군주가 3감을 통해 스스로 경계하며 제왕의 덕을 쌓는 것이 바로 3감지계三鑑之戒이다. 줄여서 '감계鑑戒'라고 한다. 주목할 것은 당태종이 경서經書가 아닌 사서史書에 방점을 찍고 있는 점이다. '역사를 거울로 삼으면' 운운한 게 그렇다. 당태종의 지적처럼 사서를 열심히 읽지 않으면 천하의 흥망성쇠와 왕조 교체의 원인을 알 수 없다. '신중화제국'의 창업주가 된 마오쩌둥이 최고의 사서로 손꼽히는《자치통감》을 생전에 모두 열일곱 번이나 읽은 게 결코 우연이 아니었음을 알 수 있다.

과오를 적게 하는 것이 승리의 관건

적과 나의 실력을 냉철히 파악하는 지피지기知彼知己는 승기의 장악에 결정적인 배경이 되는 '전기'의 요체다. 이는《손자병법》을 관통하는 키워드이기도 하다. 《손자병법》〈모공〉은 지피지기의 효용을 이같이 풀이해놓았다.

"적을 알고 나를 알면 매번 싸워도 위태롭지 않다. 적을 알지 못하고 나를 알면 승부를 예측할 수 없다. 적도 모르고 나도 모르면 매번 싸울 때마다 위험에 처하게 된다."

많은 사람들이 지피지기를 구두선(口頭禪, 행동이 따르지 않는 실속 없는 말)처럼 외고 있으나 그 의미를 정확히 파악하고 있는 사람은 그리 많지 않은 듯하다. 이는 가장 높은 수준의 정치책략인 벌모에서 시작해 차선의 외교책략인 벌교와 차차선의 군사책략인 벌병에 이어 최하의 계책으로 꼽히는 공성의 단계를 차례로 언급한 것이다.

원문의 '지피지기知彼知己, 백전불태百戰不殆'는 벌모와 벌교 단계를 언급한 것이다. 상대방의 내부 사정은 물론 그 속셈까지 훤히 아는 까닭에 상대를 설복시키거나, 위세로 제압하거나, 커다란 미끼를 던져 회유하거나 하는 식의 계책을 자유자재로 구사할 수 있다. 이들 세 가지 종류의 벌모 계책이 통하지 않을 경우 유세가를 동원해 상대방을 고립시키는 벌교 계책을 구사할 수밖에 없다.

원문의 '부지피이지기不知彼而知己, 일승일부一勝一負'는 무력을 동원한 군사책략인 '벌병'을 언급한 것이다. 많은 사람이 '일승일부'를 한 번 이기고 한 번 진다고 해석하고 있으나 이는 원문 취지와 완전히 동떨어져 있다. 동전을 던지면 앞 또는 뒤가 나올 확률은 각각 2분의 1이다. 그러나 막상 실험을 하면 내리 10회 계속 앞면만 나올 수도 있다. 확률이론의 핵심은 단순한 사실을 그러모은 데 있다. 동전이 땅에 떨어졌을 때 어떤 면이 위로 향할지는 아무도 확언할 수 없다. 극단적인 경우로 앞면만 연달아 100회가 나올지라도 그다음을 예측하는 능력은 조금도 향상되지 않는다. 그러나 확실히 말할 수 있는 게 하나 있다. 동전을 1000만 번 던지면 거의 절반은 앞면이 나오고 거의 절반은 뒷면이 나온다는 사실이다. 횟수를 많이 하면 할수록 그 확률은 더욱 정밀해진다.

문제는 무력을 동원하는 전쟁을 동전을 던지듯이 할 수 없다는 데 있다. 적을 모를 경우 승패 확률은 통계학적으로 2분의 1인 것이 분명하지만 현실에서는 10회를 넘어 극단적인 경우 100회까지도 연이어 패할 수 있다. 이는 비슷한 실력의 경우에 한한 것도 아니다. 압도적인 무력 차이를 보일지라도 마찬가지다. 객관적으로 모든 면에서 우세했던 원소가 조조에게 패하고, 당대 최고의 용력을 자랑했던 항우가 유방에게 패한 것도 바로 이 때문이다. 초한전 당시 항우는 싸울 때마다 사실 백전백승의 승리를 거두었다. 그러나 그는 진평 등이 구사한 반간계에 넘어가 최고의 책사인 범증을 내치는 등의 실수를 범한 데 이어 마침내 최후 결전에서 패해 스스로 삶을 마감하고 말았다.

이 대목을 깊이 연구한 마오쩌둥도 〈지구전론持久戰論〉에서 이와 유사한 경계를 한 바 있다.

"우리는 전쟁현상이 다른 어떤 사회현상보다 더 파악하기 힘들고 승률의 개연성이 적다는 것을 인정해야만 한다. 전쟁은 신이 하는 게 아니다. 《손자병법》이 '지피지기' 운운한 것은 여전히 과학적 진리다. 그러나 전쟁은 속성상 여러 상황 등으로 인해 상대방을 완전히 아는 게 불가능하고, 단지 대체적인 것만을 알 뿐이다. 여러 정찰을 통해, 그리고 지휘관의 총명한 추론과 판단에 따라 과오를 적게 하는 게 승리의 관건이다."

마오쩌둥의 이런 지적은 현실에서 동전을 10회 던질지라도 매번 앞면 또는 뒷면만 나올 수 있는 가능성을 지적한 것이다. 늘 세심한 정찰을 통해 적정敵情의 상황변화를 면밀히 파악하고, 여러 정황을 종합해 적장의 의도를 판단해야 한다. '과오를 적게 하는 것이 승리의 관건'이라는 지적은 탁견이다.

비상한 시기에는 비상한 계책이 필요하다

《손자병법》 원문의 '부지피부지기不知彼不知己, 매전필태每戰必殆'는 치고받는 최하 수준의 용병인 '공성'을 언급한 것이다. 막무가내식의 드잡이 싸움은 승패의 의미가 없다. 설령 상대방을 제압했을지라도 본인 역시 피투성이의 만신창이가 될 공산이 크다.

많은 사람들이 원문의 '매전필태'를 '백전백패'의 뜻으로 새기고 있으나 이는 원문의 기본취지와 완전히 동떨어진 것이다. 백전불태를 백전백승으로 곡해한 것과 마찬가지다. 백전불태의 백百은 산술적인 숫자 '100'을 뜻하는 게 아니라 '대개'라는 의미다. 다시 말해 단 한 번의 예외도 없이 안전할 수 있다는 취지가 아니다. 매전필태의 상황 역시 백전불태의 경우가 그렇듯이 상황에 따라서는 예상치 못한 승리로 이어질 수도 있다. 무지막지한 저돌적인 공격이 때로 성공하는 경우가 그렇다. 그러나 이는 속언에 나오듯 소가 뒷걸음치다 쥐를 잡는 격이다. 두 번 다시 그런 일이 반복되리라고 기대해서는 안 된다. 《욱리자》에 이를 뒷받침하는 일화가 나온다.

하루는 하구자瑕丘子라는 자가 진왕秦王에게 유세하고 돌아와 의기양양한 모습을 보이며 법가사상가인 신도愼到에게 이렇게 말했다.

"사람들 모두 진왕은 호랑이 같아 접촉할 수 없다고 하오. 그러나 지금 나는 그의 수염을 쓰다듬고 어깨를 두드렸소."

그러자 신도가 말했다.

"훌륭하오! 선생이 천하를 홀로 앞서나가는 것이. 내가 일찍이 들은 바에 따르면 적성산赤城山에 돌다리가 있는데 높이는 다섯 길, 폭은 한 자밖에 안 되고 거북이 등처럼 매우 미끄럽소. 그 아래는 천 길이나 되는 계곡으로 절벽에 걸려 있는 샘이 물을 뿌려대 늘 축축한 이끼로 덮여 있고, 붙잡을 등나무나 담쟁이조차 없소. 그런 데 어떤 시골 사람이 나뭇짐을 지고 멈추지 않고 단번에 넘었소. 보 던 사람 모두 감탄했소. 누군가 그에게 묻기를, '이 돌다리는 사람 이 건널 수 있는 게 아니오. 그런데 그대는 이를 능히 건넜으니 실 로 신선의 풍골風骨을 지닌 게 아니오?'라고 했소. 그러고는 그에게 다시 건너보도록 했소. 그러자 그 시골 사람은 서서 돌다리를 노려 보다가 다리를 후들후들 떨며 위로 들지도 못한 채 아예 눈을 돌려 바라보지도 못했소. 그대가 진왕에게 유세한 것은 돌다리의 험난 한 모습을 보지 않았기 때문이오. 삼협三峽의 하나인 구당협瞿塘峽을 지나면서도 겁을 먹지 않은 것은 일찍이 물에 놀란 적이 없었기 때 문이고, 감옥을 보고서도 떨지 않는 것은 법망에 걸려든 적이 없기 때문이오. 선생에게 재삼 그리하라고 하면 나에게 가르쳐주고자 할 말이 없을 것이오."

이 일화를 통해 알 수 있듯이 막상 접전이 이뤄질 때는 설령 지 피지기로 백전불태를 꾀할지라도 이것이 반드시 승리를 보장하는 것은 아니다.

더구나 비상한 시기에는 더욱 그렇다. 비상한 시기에는 비상한 계책이 필요하다. 그게 바로 기상천외한 모략이라는 뜻을 지닌 기 모기략奇謀機略이다. 기모기략은 기기모략奇機謀略과 같은 말인데, 일을 꾀하는 모謀와 결정적인 계기를 뜻하는 기機가 같은 뜻으로 사용되고 있는 점에 주목해야 한다. 이는 계략이 없으면 기회가 왔을지라도 아무 소용이 없다는 취지에서 나온 것이다. 위기상황은 생사의 갈림길에 해당한다. 필사의 각오로 나서지 않을 경우 앉은 채 죽음을 맞이할 수도 있다. 기책奇策과 기모奇謀, 기략奇略, 기기奇機가 필요한 이유다.

대표적인 사례로 초한전 당시 유방의 군사軍師 한신이 관중關中을 손에 넣은 이른바 암도진창暗渡陳倉 계책을 들 수 있다. 유방은 암도진창 덕분에 궁벽한 변경에서 빠져나온 것은 물론 관중을 배경으로 천하통일의 터전을 마련할 수 있었다. 한신의 공이 그만큼 컸다.

《손자병법》〈시계〉는 '적을 착각에 빠뜨리는 궤도詭道'가 병법의 요체라고 단언했다. 관중을 점거할 때 사용한 암도진창 계책이 바로 그 전형이다. 이 일화는 너무나도 유명한 까닭에 《삼십육계》에서 이를 제8계로 채택했다. 다음은 《삼십육계》의 해당 대목이다.

"암도진창은 몰래 진창을 건넌다는 뜻으로 정면에서 공격하는 척하며 우회한 뒤 적의 배후를 치는 계책이다. 짐짓 아군의 의도를 모르는 척 내보이며 적으로 하여금 엉뚱한 곳을 지키게 만든 뒤 그 틈을 노려 은밀히 적의 배후로 다가가 습격한다."

이는 한신이 구사한 용병술의 진수를 요약해놓은 것이나 다름없다. 원래 암도진창의 출전은 《사기》〈고조본기〉다. 여기서는 유방을 미화하기 위해 암도진창의 주인공을 유방으로 둔갑시켜 놓았다.

"기원전 206년 4월, 한중왕 유방이 한중을 향해 떠나자 항우가 병사 3만 명을 풀어 그 뒤를 따르게 했다. 유방이 관중을 떠나 한중으로 들어갈 때 장량의 권고를 따라 잔도(棧道, 가파른 절벽에 선반처럼 걸쳐 있는 길)를 불태웠다. 제후들이 은밀히 군사를 움직여 습격하는 것에 대비하고, 또 항우로 하여금 유방이 동쪽으로 돌아갈 뜻이 없음을 가장하기 위한 것이었다. 이해 8월, 유방이 한신의 계책을 좇아 옛날 초나라로 가는 길을 통해 옹왕 장함章邯을 급습했다. 장함은 진창에서 한나라 군사를 맞이해 공격했으나 패주했다. 호치好畤에서 재차 싸웠지만 다시 패해 도주했다."

〈회음후열전〉은 '한신의 계책을 좇아'라는 표현도 없다. 아예 유방이 처음부터 군사를 이끌고 진창으로 들어가 관중을 일거에 점거한 것으로 되어 있다. 애초에 사마천이 이같이 기록했는지, 아니면 후대의 누군가 손을 댔는지 여부는 자세히 알 길이 없다. 한신의 암도진창 용병술을 전면에 부각시킨 것은 원나라 때의 무명씨다. 그는 잡극〈암도진창〉에서 한신의 대사를 이같이 묘사해놓았다.

"빈괘로 하여금 대낮에 진도를 수리히도록 한 뒤 나는 몰래 옛 길을 따라 건너갈 것이다. 초나라 병사들은 이런 지략을 알지 못한 채 분명 잔도를 통해 건너올 것으로 알고 그곳에 수비를 집중할 것이다. 내가 진창의 옛 길을 통해 공략하면 그들은 손 한 번 쓰지 못하고 당할 것이다."

당시 표면상 한중에서 관중으로 직행하는 길은 없었다. 항우를 안심시키기 위해 한중으로 들어올 때 함양에 가장 빨리 도달할 수 있는 길인 자오도子午道의 잔도를 불태웠기 때문이다. 자오도의 잔도를 복구하려면 시간이 많이 걸린다. 수비 책임을 맡고 있는 장함이 이를 방치할 리 없다. 그렇다면 한신은 어떻게 관중으로 진출한 것일까?

비록 우회로이기는 하나 한중에서 관중으로 들어가는 루트로 자오도 이외에 포사도褒斜道가 있었다. 이는 진령의 남쪽 경사면을 흐르는 포수褒水의 원류까지 더듬어 올라간 뒤 진령 북쪽 경사면을 흐르는 사수斜水를 따라 관중 분지로 내려가는 루트다. 포사도를 이용해 진령을 넘어갈 경우 곧바로 옹왕 장함의 도읍인 폐구廢丘 근처로 나오게 된다. 폐구에서 함양까지는 마주보며 손짓해 부를 만한 거리였다. 포사도를 이용할 경우 이웃한 사마흔司馬欣과 동예董翳가 곧바로 장함과 합세할 우려가 컸다. 한신이 이들 세 사람과 전면전을 벌일 경우 승산이 희박했다.

마지막으로 하나 더 생각할 수 있는 길이 있었다. 일단 한중의 도읍인 남정에서 포사도로 들어간 뒤 서쪽으로 방향을 틀어 지금의 산시성陝西省 펑현鳳縣 주변으로 들어갔다가 옛 길을 통해 대산관大散關에서 지금의 산시성 바오지시寶鷄市인 진창으로 빠져나오는 길이다. 이 노선은 이리저리 우회하기는 하나 대산관까지 한중과 촉 땅의 북부를 거치는 까닭에 군사이동의 정보가 새나갈 우려가 없었다. 더 중요한 것은 파촉 일대에서 조달되는 군수물자를 넉넉히 활용할 수 있다는 점이었다. 이에 앞서 이미 소하蕭何는 남정에 들어오자마자 곧바로 파촉과 한중을 하나로 묶는 명령체계를 정비하면서 파촉과 한중을 잇는 잔도를 보수한 바 있다. 덕분에 파촉의 풍부한 물자가 잔도를 통해 남정으로 속속 옮겨졌다. 장함의 입장에서 보면 진창은 자신이 다스리는 영역의 서쪽 가장자리에 있다. 지금의 산시성을 중심으로 한 관중 분지 전체의 관점에서 볼 때 가장 서쪽에 위치한 협소한 지형에 해당한다. 유방의 군사가 이 루트를 타고 침공하면 사마흔과 동예의 응원을 받기가 어렵게 된다. 실제로 한신의 군사가 이 길을 통해 관중으로 진격했을 때 방어에 나선 것은 오직 장함의 군사밖에 없었다.

〈회음후열전〉에 따르면 당시 유방은 한신을 위해 특별히 궁전에 전각 하나를 따로 마련해주었다. 유방은 옥으로 된 검을 차고, 옥으로 된 식탁에서 식사를 했는데, 한신도 똑같은 대우를 받았다. 전각을 비롯해 복장과 의복, 수레, 음식 등 모든 것이 같았다. 유방의 휘하 장수들 모두 크게 놀라 입을 다물지 못했다. 한신 자신도 마찬가지였다. 훗날 그가 결단하지 못하고 우물쭈물하다가 토사구팽을 당한 것도 이때 입은 은덕에 너무 감격했기 때문이라는 분석이 그럴듯하다. 당시 한신은 무략武略에는 타의 추종을 불허했지만 정략政略에는 별다른 재주가 없었으므로 내심 유방을 위해 일생을 바치겠다고 결심했을지도 모를 일이다.

이해 8월 중추, 한신의 군사가 마침내 관중을 향해 출진했다. 급속한 야간행군을 위해 달이 가장 밝은 때를 택한 듯하다. 이에 앞서 한신은 먼저 군사들을 시켜 자오도의 불타버린 잔도를 수리하는 척했다. 유방군의 움직임을 수시로 점검하며 나름 경계를 늦추지 않았던 장함이 이 계책에 그대로 말려들고 말았다. 유방이 조만간 관중 진출을 시도할 것을 예상했음에도 번지수를 잘못 짚은 것이다. 많은 사람들이 당대의 명장 장함과 최고의 전략가인 한신을 비교하며 한신이 장함보다 한 수 위였다고 평하는 이유다. 장함은 왜 한신이 진창으로 빠져나올 것을 예상치 못했던 것일까? 한신의 역발상 때문이었다. 한신이 진창으로 들어간 루트는 그 누구도 상상하기 어려운 진군 루트였다. 장함은 잔도의 수리 기간이 제법 오래 걸릴 것으로 착각해 군사들을 자오도의 잔도 주변으로 집결시켰다. 당대의 병법가인 장함이 라이벌 격인 한신에게 감쪽같이 속아 넘어간 셈이다. 덕분에 한신은 대군을 이끌고 별다른 저항 없이 진창으로 들어갈 수 있었다.

척후로부터 이 사실을 보고 받은 장함이 '아뿔싸!'를 외쳤으나 이미 늦었다. 황급히 군사를 돌려 진창 경계에서 영격(迎擊, 적군을 맞받아침)했으나 별다른 준비 없이 대처한 까닭에 크게 패하고 말았다. 장함이 퇴각하는 도중에 전열을 정비하여 다시 맞서 싸웠으나 또 패하고 말았다. 장함은 부득불 자신의 근거지인 폐구로 달아나 성문을 굳게 닫은 후 방어에 주력할 수밖에 없었다. 이 사이 선봉대인 한신의 군사 뒤를 좇아온 유방의 본대가 옹 땅을 평정한 뒤 동진하여 함양에 이르렀다. 당시 함양은 항우의 분탕焚蕩으로 인해 폐허나 다름없었다. 유방은 군사를 이끌고 폐구를 포위한 뒤 제장들을 각지로 파견해 여타 지역을 경략케 했다. 새왕 사마흔과 적왕 동예는 적수가 되지 못했다. 이들 모두 항복했다. 유방이 그곳에 위남渭南과 하상河上, 상군上郡 등을 두었다. 마침내 실력으로 관중을 탈환해 명실상부한 '관중왕關中王'에 오른 것이다. 모두 한신 덕분이었다.

　암도진창 계책은 여러 면에서 동쪽으로 갈 듯이 움직이다가 서쪽을 치는 성동격서聲東擊西와 닮았다. 성동격서 계책 역시 《삼십육계》에서 제6계로 나오는 유명한 계책이다. 양자 모두 적을 미혹시켜 은밀히 기습한다는 점에서 서로 통한다. 다만 성동격서는 적으로 하여금 아군이 공격하고자 하는 지점을 헷갈리게 만드는 데 주안점을 두고 있는 데 반해, 암도진창은 아군의 공격 루트를 헷갈리게 만든다는 점에서 약간의 차이가 있다.

마지막까지 마음을 놓아서는 안 된다

난세는 기존의 관행과 가치가 일거에 뒤집히는 시기인 만큼 기회가 많다. 건달 출신 유방이 초한지제楚漢之際의 난세에 올라타 사상 최초로 농민황제의 자리에 오른 게 그렇다. 사가들은 초한전이 전개된 시기를 '초한지제'로 표현한다. 《주역》이 역설한 변역의 계기를 적극 활용한 덕분이다. 정반대로 모든 면에서 압도적으로 우위에 있던 항우는 최후의 결전에서 패해 후대의 웃음거리가 되고 말았다. 임기응변술의 관점에서 보면 유방을 제압할 수 있는 절호의 계기가 여러 번 찾아왔음에도 이를 만연히 흘려보낸 후과로 볼 수 있다. 삼국시대 초기 모든 면에서 압도적으로 우월했던 원소가 관도대전에서 조조에게 참패한 뒤 이내 몰락한 것도 같은 맥락이다.

난세는 열세에 처해 있는 쪽이 일거에 역전승을 거둬 천하를 호령할 수 있는 매우 창조적인 시기다. 모처럼 찾아온 기회를 꽉 움켜쥐는 게 관건이다. 주의할 점은 이런 기회가 절로 찾아오는 것도 아니고, 사방으로 뛰어다니며 찾는다고 해서 찾을 수 있는 것도 아니라는 점이다. 미리 철저히 준비한 사람만이 기회가 왔을 때 이를 꽉 움켜쥐고 최후의 승리를 거둘 수 있다. 그러기 위해서는 무엇보다 먼저 초지를 일관하고자 하는 당사자의 단단한 마음가짐이 필요하다. 그게 바로 불요불굴의 심기心機다. 이어 일을 성사시키기 위한 사전준비에 만전을 기해야 한다. 그게 바로 사기事機다. 이어 절호의 기회가 왔을 때 이를 꽉 움켜쥐고 곧바로 행동에 나서야 한다. 그게 바로 시기時機다. 이들 세 가지 요소가 절묘하게 맞아떨어질 때 그것이 바로 승기勝機로 작용한다.

승기는 이처럼 눈에 보이지 않는 노력이 뒷받침돼야만 얻을 수 있다. 마치 빙산이 물 위로 드러난 부분보다 몇 배나 큰 부분을 물 밑에 잠그고 있는 것과 같다. 사전준비가 제대로 돼 있지 않으면 절호의 기회가 찾아왔을 때도 이를 제대로 파악하지 못해 그대로 흘려보내거나, 설령 알아챌지라도 이를 움켜쥐지 못한다. 역량이 달리기 때문이다.

천지는 공평한 까닭에 누구를 특별히 사랑해 승리를 내려주고, 누구를 특별히 미워해 패망으로 몰아넣는 일이 없다. 노자는《도덕경》제79장에서 이를 사사로움이 전혀 없다는 뜻으로 천도무친天道

無親이라 표현했다. 유가도 마찬가지다. 《서경書經》〈채중지명蔡仲之命〉에 나오는 황천무친皇天無親이란 표현이 그렇다. 천도무친과 똑같은 뜻이다.

기회는 오직 본인이 만드는 것이다. 본인이 하기에 따라 작은 기회가 여러 번 올 수도 있고, 여러 차례 좌절을 겪다가 큰 기회를 맞이할 수도 있고, 절호의 기회가 눈 녹듯이 스르르 사라질 수도 있고, 작은 기회가 오히려 스스로의 발목을 잡는 족쇄가 되어 패망의 계기로 작용할 수도 있다. 《주역》이 끊임없이 스스로를 채찍질하며 정진하는 자강불식을 역설한 이유가 여기에 있다. 원하던 바를 이뤘을 때의 위험을 《주역》의 〈기제괘旣濟卦〉 괘사는 이같이 경고하고 있다.

"기제는 부드럽고 작은 것도 형통한 상황을 말한다. 바른 것을 지키는 것이 이로울 것이다. 성공한 초기의 길함을 지켜나가지 않으면 마지막에는 어지럽게 된다."

이는 창업과 수성의 상호관계를 지적한 것으로 초기의 성공이 오히려 패망의 단초로 작용할 수 있다는 점을 경고하고 있다. 이를 두고 당나라 때 공영달은 《주역정의》에서 이같이 풀이했다.

"사람은 모두 편히 처할 때 위험을 생각하지 못한다. 처음 할 때처럼 마무리를 신중히 하지 않으면 안 되는 까닭에 이를 경계한 것이다. 모든 것이 이뤄진 '기제'의 시작에 처하여 비록 모두 길함을 얻었으나 덕을 쌓지 않으면 끝에 이르러 위란이 닥치게 된다. 그래서 '초기의 길함을 지키지 못하면 마지막에는 어지럽게 된다'고 말한 것이다."

정반대로 아직 뜻을 이루지 못한 상황을 풀이한 〈미제괘未濟卦〉의 괘사는 다음과 같이 충고하고 있다.

"미제는 형통하다. 작은 여우가 거의 강을 다 건너려는 순간 꼬리를 물에 젖게 하면 이로운 바가 없다."

여우가 꼬리를 물에 젖게 만드는 것은 일을 완성시키지 못한 것을 의미한다. 이를 두고 《주역정의》는 다음과 같이 풀이해놓았다.

"미제의 시기에는 소인이 높은 지위에 앉아 있어 공덕을 세우거나 난을 평정해 백성을 위험에서 구하는 일이 불가능하다. 그러나 능히 현철한 자에게 일을 맡기면 이는 곧 능히 일을 완성시킬 가능성을 담고 있는 까닭에 이내 형통할 수 있게 된다. 그래서 '미제는 형통하다'라고 말한 것이다."

'미제는 형통하다'라는 표현은 '시작이 반이다'라는 우리말 속담과 취지를 같이한다. 자강불식의 자세만 견지하면 능히 일을 성사시킬 수 있음을 암시한 것이다. 〈기제괘〉와 〈미제괘〉의 괘사를 임기응변술의 관점에서 풀이하면 우선 철저히 준비해 승기를 낚고, 쉼 없이 정진해 최후의 승리를 거두고, 이후에도 멈추지 말고 더 큰 목표를 설정해 거듭 자강불식의 자세를 견지하라고 충고한 것이다.

결과론적인 이야기지만 최후의 승리를 거머쥔 자에게는 모든 기회가 결국 승기로 해석되고, 패한 자에게는 모든 기회가 커다란 아쉬움이 남는 패망의 계기로 작용한 게 된다. 한고조 유방의 승리와 초패왕 항우의 패망이 대표적인 사례다. 고금을 막론하고 '역사는 승자의 기록이다'라는 금언을 새삼 연상시켜주는 대목이다.

난세에는 작은 승리가 오히려 패망을 불러오는 계기로 작용하고, 기왕의 장점이 오히려 본인의 발목을 잡는 족쇄로 작용할 수 있다는 엄중한 사실을 보여준다. 16세기 일본의 전국시대 때 《손자병법》의 대가로서 당대 최고의 병법가로 명성을 떨친 다케다 신겐武田玄信의 조언이 그렇다.

"가장 좋은 승리는 5할의 승리, 즉 신승辛勝이고, 그다음은 7할의 승리 즉 낙승樂勝이다. 10할의 승리, 즉 완승完勝은 패배보다 못한 결과를 낳는다. 신승은 용기를 낳고 낙승은 게으름을 낳지만, 완승은 교만을 낳기 때문이다. 10할의 승리에는 이후 10할의 패배가 반드시 뒤따르게 되지만, 5할의 승리에는 패배할지라도 이후 5할 선에서 능히 수습할 수 있다."

조조의 주석을 방불케 하는 탁월한 해석이다. 다케다 신겐의 이런 해석은 노자가 《도덕경》에서 역설한 겸하謙下와 공자가 《논어》에서 강조한 예양禮讓을 병법의 관점에서 풀이한 것으로 볼 수 있다. 사전준비도 철저해야 하지만 마지막 순간까지 결코 방심해서는 안 된다. 《서경》〈주서周書, 여오旅獒〉에 '위산구인爲山九仞, 공휴일궤功虧一簣'라는 구절이 나온다. 높이가 아홉 길이 되는 산을 쌓는 데에 최후의 한 삼태기의 흙을 얹지 못해 완성시키지 못한다는 뜻이다. 오래오래 쌓은 공로가 마지막 한 번의 실수나 부족으로 실패하게 되는 것을 이를 때 사용한다.

공자도 《논어》〈자한子罕〉에서 동일한 취지의 언급을 한 바 있다.

"학문의 연마를 산을 쌓는 것에 비유하면 마지막 남은 한 삼태기를 더하지 못하고 그만두는 것도 내가 그만두는 것이다. 이를 땅을 고르는 것에 비유하면 비록 한 삼태기의 흙을 날라다 붓기 위해 나아가는 것 또한 내가 나아가는 것이다."

중도포기의 위험을 지적하며 각고면려刻苦勉勵를 당부한 것이다. 《서경》의 '위산구인, 공휴일궤' 구절과 취지를 같이한다. 창업의 과정도 하등 다를 게 없다. 마지막 대미大尾를 제대로 장식하지 못할 경우 자칫 '위산구인, 공휴일궤'의 우를 범할 소지가 크다.

국공내전 당시 소련의 스탈린은 강력하고 에너지가 충만한 마오쩌둥보다 오히려 허약해진 장제스를 유지하는 쪽을 선호했다. 중국이 통일되는 것을 결코 원하지 않았던 것이다. 마오쩌둥은 초기만 하더라도 스탈린의 이런 속셈을 제대로 간파하지 못했다. 사실 이는 불가피한 면이 있었다. 일본이 패퇴한 상황에서 그의 최대 적은 장제스일 수밖에 없었다. 모든 역량을 장제스 타도에 쏟아붓지 않으면 안 되었으므로 소련의 도움이 절실했다. 스탈린의 속셈 따위를 한가하게 따질 여유가 없었다. 당시 마오쩌둥은 장제스를 능히 제압할 수 있다고 자신했다. 실제로 '시세'와 '사세'의 흐름이 그에게 유리하게 작용했다.

당시 장제스군은 막강한 화력과 병력에도 불구하고 전략적인 실수로 인해 만주 일대를 점차 상실해가고 있었다. 이를 계기로 패배주의가 퍼져나가기 시작했다. 치명타였다. 1949년 3월 홍군의 승리가 확실해지자 중국공산당은 제7기 전국대표대회 제2차 중앙위원

회 전체회의를 열었다. 이 자리에서 마오쩌둥은 감격스런 어조로 이같이 말했다.

"우리는 단지 '만리장정萬里長程'의 첫걸음을 내디뎠을 뿐이다!"

만리장정은 두 가지 의미를 지니고 있었다. 하나는 앞으로 천하 운영의 어려움이 뒤따를 것이니 긴장을 늦추지 말고 이에 대비해야 한다고 주문한 것이다. 이는 스스로에 대한 주문이기도 했다. 다른 하나는 이전의 대장정大長征을 승리로 미화하려는 의도가 담겨 있다. 객관적으로 볼 때 대장정은 패퇴였다. 그럼에도 그는 중일전쟁 등 안팎의 여러 요인이 복합적으로 작용한 결과 막강한 무력을 자랑한 장제스를 제압하고 천하를 거머쥐는 행운을 만난 것이다. 패퇴에 불과했던 대장정이 승리의 단초로 작용한 셈이다. 고금동서를 막론하고 승리를 거두면 모든 것이 미화되기 마련이다.

1949년 10월 1일 그는 톈안먼天安門 광장에 모인 군중들 앞에서 '중국인민이 떨쳐 일어났다!'라고 말했다. 이는 '중화제국'의 모습이 '중화인민공화국'으로 나타날 것임을 암시한 것이다. 당초 그는 이해 9월 21일에 열린 제1회 정치협상회의 개막사에서 '중국인민이 떨쳐 일어났다'는 제목의 연설을 한 바 있다. 그는 30여 년에 걸친 내란을 끝내고 명실상부한 '신중화제국' 건립을 선언하는 역사적인 순간에 어떤 말을 해야 할지 이미 검토를 끝내놓고 있었던 것이다. 그가 '신중화제국'의 창업자가 될 수 있었던 것은 마지막 순간까지 긴장을 늦추지 않고 초지를 관철한 덕분이라 할 수 있다.

03: 승기 乘機
이기는 계기에 재빨리 올라타다

무임승차의 위험을 기억하라
:

'승기乘機'는 말 그대로 바뀌는 흐름인 '전기轉機'에 곧바로 올라타는 것을 말한다. 싸움에 이긴 형세를 타고 계속 몰아치는 승승장구가 바로 대표적인 경우에 속한다. 중국에서는 바람을 좇아 파도를 헤쳐 나간다는 뜻의 승풍파랑乘風破浪을 즐겨 쓴다. 불리한 환경을 돌파해 원하는 바를 이룬다는 취지에서 나온 것이다. '쇠뿔도 단김에 빼라'는 우리말 속담과 취지를 같이한다.

주목할 것은 승승장구와 승풍파랑 모두 승세勝勢와 풍세風勢를 이용해 전진한다는 점이다. 이를 역설한 인물이 바로 전국시대 중엽에 활약한 법가사상가 신도愼到다. 그는 세치勢治를 역설했다. 신하가 군주에 복종하는 것은 군주의 세력 때문이지 결코 그의 덕행이나 재능 때문이 아니라는 게 요지다. 신도의 세치는 상앙의 법치

법치法治 및 신불해의 술치術治와 더불어 법가사상의 3대 축을 형성하고 있다. 《사기》〈전경중완세가〉에 따르면 신도는 전국시대 중엽 제나라에 설립된 직하학당稷下學堂 출신이다. 맹자와 순자 역시 직하학당에서 수업한 바 있다.

신도의 세치 이론에 대한 평가는 시대별로 이견을 보이고 있다. 신도를 두고 사마천의 《사기》는 도가, 반고의 《한서》와 남송 때 정초가 쓴 《통지通志》 등은 법가, 청대의 《사고전서四庫全書》는 잡가로 분류했다. 신도의 저서가 무려 42편이라고 하나 현재 전해지는 것은 없다. 현존 《신자愼子》는 후대의 위서이다. 현재 신도의 세치 이론을 가장 잘 알 수 있는 것은 《한비자》밖에 없다. 《한비자》〈난세難勢〉에 인용된 신도의 언급이다.

"하늘을 나는 용은 구름을 타고, 하늘로 오르려는 뱀은 안개 속에 논다. 구름이 걷히고 안개가 개면 용과 뱀은 지렁이나 개미와 다를 바 없이 땅에 떨어지고 만다. 올라타는 구름과 안개를 잃었기 때문이다. 현자가 불초한 자에게 몸을 굽히는 것은 세도가 가볍고 지위가 낮기 때문이고, 불초한 자가 현자를 굴복시키는 것은 세도가 무겁고 지위가 높기 때문이다. 요임금도 신분이 낮은 필부였다면 단 세 사람조차 능히 다스릴 수 없었을 것이다. 무릇 활의 힘이 약한데도 화살이 높이 올라가는 것은 바람의 힘을 탔기 때문이고, 당사자가 불초한데도 그 명이 잘 시행되는 것은 많은 사람의 도움이 있기 때문이다."

신도는 화살이 높이 올라가는 배경을 '풍세', 군주가 불초한데도 명이 차질 없이 집행되는 이유를 무리의 도움을 뜻하는 '중세眾勢'에서 찾은 셈이다. 바뀌는 흐름에 적극 올라타는 승세의 이치도 이와 꼭 같다. 여기에는 전제조건이 있다. 용이 구름을 타고 하늘로 오르듯이 국면 전체를 뒤바꿀 수 있는 커다란 흐름이 존재해야 한다. 그게 바로 승세勝勢다. 이런 승세가 형성됐을 때 지체 없이 이에 올라타야 한다. 그게 바로 승세乘勢다. 이를 제대로 하지 못할 경우 구름을 만나지 못한 용이 땅 위로 떨어지는 것처럼 이내 추락하고 만다.

상상 속의 동물인 용은 군주를 상징한다. 봉鳳도 마찬가지다. 용과 봉을 대개 '용봉'으로 묶어 사용한다. 〈난세〉에 인용된 신도의 지적처럼 군주가 백성 위에 군림할 수 있는 것은 군주의 수족처럼 움직이는 관원 등의 세력이 도와준 덕분이다. 그게 '중세'다. 이는 용이 구름을 얻는 것과 같다. 한비자가 군주의 신하에 대한 통제술인 이른바 제신술制臣術에 방점을 찍은 이유다. 주목할 것은 그럼에도 한비자는 신하의 군주에 대한 유세술인 이른바 반부술攀附術 역시 소홀히 하지 않았다는 점이다. 《한비자》의 〈세난〉과 〈난언〉이 그렇다. '반부攀附'는 용의 비늘을 끌어 잡고 봉황의 날개에 붙는다는 반룡부봉攀龍附鳳의 준말이다. 이를 최초로 언급한 것은 《한서》 〈서전敍傳〉이다. 다음은 해당 구절이다.

"한고조 유방이 한나라를 세울 때 대공을 세운 번쾌는 원래 백정, 하후영은 마부, 관영은 비단장수, 역상은 필부 출신에 지나지 않았다. 그러나 이들 모두 '반룡부봉'을 행한 덕분에 천하를 주름잡게 됐다."

사마천도 이들 네 명의 공신을 하나로 묶어 〈번역등관열전樊酈滕灌列傳〉을 편제했다. 〈번역등관열전〉은 '반룡부봉' 대신 '부기지미附驥之尾'라는 표현을 썼다. 천리마의 꼬리에 붙어 먼 길을 내달린다는 뜻이다. '부기미附驥尾' 내지 '부기附驥'로 줄여 쓰기도 한다. 뜻은 똑같다. 다만 반룡부봉보다 겸양의 뜻이 더 짙게 깔려 있다.

'반부술'은 여러모로 '제신술'과 반대된다. 군주는 속마음을 내비쳐서는 안 되는 반면, 신하는 군주의 속마음을 정확히 읽어야 한다고 주장한 것 등이 그렇다. 〈세난〉에 '반부술'의 요체에 관한 언급이 나온다.

"무릇 용이란 동물은 유순한 까닭에 잘 길들이면 능히 타고 다닐 수 있다. 그러나 그 턱 밑에 한 자나 되는 비늘이 거꾸로 박혀 있다. 사람이 이를 잘못 건드리면 용을 길들인 자라도 반드시 죽임을 당하게 된다. 군주에게도 이 역린逆鱗이 있다. 유세하는 자가 역린을 건드리지 않고 설득할 수만 있다면 거의 성공을 기할 수 있다."

'용이란 동물은 유순한 까닭에'라고 운운한 것은 뛰어난 군주를 섬겨 공명을 세우라는 취지에서 나온 것이다. 원래 《한비자》는 군주의 통치술에 초점을 맞추고 있다. 그럼에도 유독 〈세난〉과 〈난언〉에서는 신하의 입장에서 군주를 설득할 수 있는 여러 비법을 수록해놓았다. 한비자가 패망해가는 조국 한나라의 사자가 되어 진나라로 오기 전후의 과정에서 느낀 여러 어려움을 토로한 결과로 보인다.

〈세난〉과 〈난언〉에 나오는 여러 유세술은 종횡가 이론을 집대성해놓은 《귀곡자鬼谷子》를 방불케 한다. 〈세난〉과 〈난언〉을 관통하는 유세술의 키워드는 한마디로 군주의 속마음을 정확히 읽고 그에 부합하는 건의를 하는 데 있다. 주목할 것은 한비자 스스로 속마음을 감추려는 군주의 통치술과 군주의 의중을 정확히 헤아리고자 하는 신하의 유세술이 정면으로 충돌할 경우를 우려하며 역린을 언급해놓은 점이다.

유세를 통해 군주를 설득하고자 하는 신하가 거꾸로 박혀 있는 용린龍鱗을 건드리는 것은 곧 죽음을 의미한다. 군주에 대한 유세 자체가 생과 사를 넘나드는 일종의 '도박'에 가깝다는 취지를 담고 있다. 그러나 위험할수록 그 보답이 크듯이 역린을 건드리지 않고 유세에 성공할 경우 당사자에게는 '대박'의 행운을 안겨준다. 군주에 대한 유세 자체가 목숨을 잃는 위험에 처할 가능성과 엄청난 행운을 떠안을 가능성을 동시에 지니고 있는 셈이다. 한비자는 〈세난〉에서 이를 뒷받침하는 일화를 실어놓았다.

춘추시대 말기 위령공衛靈公에게 커다란 총애를 받은 미소년 미자하彌子瑕가 방자한 모습을 보였다. 위나라 법에 따르면 군주의 수레를 몰래 타는 자는 발을 자르는 월형刖刑에 처하도록 되어 있었다. 미자하의 모친이 병이 들었을 때 어떤 사람이 밤에 몰래 와서 이를 알렸다. 미자하가 위령공의 수레를 슬쩍 빌려 타고 나갔다. 위령공이 이를 전해 듣고 오히려 그를 칭찬했다.

"효자로다, 모친을 위하느라 발이 잘리는 형벌까지 잊었구나!"

다른 날 미자하가 위령공과 함께 정원에서 노닐다가 복숭아를 따먹게 되었다. 맛이 아주 달았다. 반쪽을 위령공에게 주자 위령공이 칭송했다.

"나를 사랑하는구나, 맛이 좋은 것을 알고는 과인을 잊지 않고 맛보게 하는구나!"

세월이 흘러 미자하의 용모가 쇠하자 위령공의 총애가 식었다. 한 번은 미자하가 죄를 짓게 되었다. 위령공이 대로한 표정으로 미자하를 질타했다.

"이자가 전에 과인의 수레를 몰래 타고 나간 일도 있었고, 또 자신이 먹던 복숭아를 과인에게 먹인 일도 있었다!"

결국 미자하는 죽임을 당했다. 이를 두고 한비자는 이같이 평했다.

"위령공의 행동에는 변함이 없었다. 미자하의 행동이 전에는 칭찬을 받았다가 후에 책망을 받게 된 것은 군주의 애증이 변했기 때문이다. 군주에게 총애를 받을 때는 지혜를 내는 것마다 군주의 뜻에 부합해 더욱 친밀해졌다. 그러나 미움을 받게 되자 아무리 지혜를 짜내도 군주에게는 옳은 말로 들리지 않고, 오히려 질책을 받으며 더욱 멀어지게 됐다. 군주에게 간언을 하거나 논의를 하고자 하는 자는 반드시 먼저 자신이 과연 군주에게 총애를 받고 있는지, 아니면 미움을 받고 있는지 여부를 잘 살핀 뒤 유세해야만 한다!"

미자하의 사례를 통해 알 수 있듯이 역린은 기본적으로 군주의 변덕에서 비롯되는 것이다. 이를 탓할 수도 없다. 군주도 사람인 까닭에 상황에 따라 입장이 수시로 바뀔 수밖에 없다. 총애하는 신하도 바뀐다. 아무리 뛰어난 미색을 지닌 여인일지라도 미색이 쇠해지면 계속 군주의 총애를 얻을 수 없는 것과 같다.

〈세난〉에 나오는 다음 일화는 미색이 출중한 여인에 비유될 수 있는 유능한 신하들에게 늘 역린의 위험이 도사리고 있음을 보여준다. 춘추시대 초기 제환공에 앞서 천하를 호령한 정무공鄭武公은 호인胡人을 치기에 앞서 먼저 딸을 호인의 군주에게 보내 비위를 맞췄다. 이어 군신들을 향해 이같이 물었다.

"내가 군사를 일으키고자 한다. 어느 나라가 칠 만한가?"

대부 관기사關其思가 말했다.

"호인을 칠 만합니다."

정무공이 화를 내며 그를 처형한 뒤 군신들 앞에서 이같이 말했다.

"호인은 우리와 혼인을 한 나라다. 그런데도 이를 치라고 하니 이게 무슨 해괴한 말인가?"

호인의 군주가 이 이야기를 듣고는 정나라와 친해졌다고 생각해 방비를 하지 않았다. 정나라 군사가 이내 호인를 습격해 그 땅을 빼앗았다. 관기사는 정무공의 속셈을 제대로 읽지도 못한 채 나름 충성스런 대답을 했다가 횡사를 당한 셈이다. 역린의 전형에 해당한다.

고금동서를 막론하고 반룡부봉은 유세 당사자의 목숨과 직결돼 있다. 용봉으로 상징되는 군주는 만인 위에서 치국평천하의 논리를 펼치는 까닭에 역린의 위험이 없다. 그러나 반룡부봉을 행해야 하는 신하의 입장은 이와 정반대다. 스스로의 힘으로 하늘을 날아다니는 게 아닌 까닭에 반룡부봉은 일종의 무임승차에 해당한다. 한비자가 말한 역린은 바로 이런 무임승차에 따른 위험을 달리 표현한 것이다. 역린을 거스르지 않기 위해 늘 세심한 주의를 기울여야 하는 이유다.

그러나 역린을 거스르지 않고 유세에 성공할 경우 일거에 재상의 자리에 오를 수도 있다. 심지어는 나라를 빼앗을 수도 있다. 대표적인 인물이 신나라를 세운 왕망이다. 사가들은 그가 기만적인 수법으로 반룡부봉하여 실권을 장악한 뒤 전한을 무너뜨린 것으로 해석하고 있다. 이는 반만 맞는 말이다. 그의 반룡부봉 행보는 기만적인 수법이 가미된 게 사실이기는 하나 나름 일정한 신념에 따른 것이기도 했다.

왕망이 반룡부봉을 통해 한나라를 찬탈하게 빌미를 제공한 인물은 유석劉奭이다. 당초 그가 태자로 있을 때 부황 한선제漢宣帝는 태자가 왕도를 고식적으로 추구하는 것을 보고 크게 우려했다. 태자가 왕도에 입각한 정사를 권할 때마다 그는 이같이 일갈했다.

"속유俗儒는 세상 물정을 모른다. 패도와 왕도는 섞어 쓰는 게 옳다!"

원래 한선제는 증조부인 한무제의 실수로 인해 조부인 태자 유거가 비명에 횡사하는 바람에 여자 죄수의 젖을 먹고 크는 등 기구한 세월을 보냈다. 그는 민간에서 생장하면서 악당과 도둑, 변절자 등이 횡행하고 있다는 사실을 무수히 목도했다. 도중에 협객을 흉내 내 각지를 돌아다닌 일도 있어 세상을 보는 그의 식견은 남달랐다.

그가 볼 때 서민이 가장 절실히 바라는 것은 민생과 치안이었다. 그가 법가 계통의 관리를 대거 발탁한 이유다. 그러나 유가의 왕도사상에 심취한 태자 유석은 이게 불만이었다. 하루는 유석이 유가 관원을 많이 발탁할 것을 권하자 한선제가 크게 화를 내며 이같이 탄식했다.

"장차 우리 한실을 어지럽힐 자는 태자인가!"

한선제 사후 유석이 즉위했다. 그가 바로 극히 이상적인 정치를 추구했다가 나라를 패망의 위기로 몰아넣은 한원제漢元帝다. 객관적으로 볼 때 왕망의 반룡부봉 행보는 비록 한나라의 찬탈로 나타났지만 그 배경만큼은 일정부분 평가할 만한 점이 있다. 실제로 그가 즉위 전후로 실시한 여러 정책은 백성들로부터 커다란 지지를 받았다. 자신의 재산을 기부해 이재민을 위한 주택을 장안에 대거 신축하고, 학자들을 위한 집도 1만여 채 세워 전국에서 수천 명의 인재를 그러모은 것 등이 그렇다. 그간 사라진 것으로 알려진 고문경전이 다시 복간되고 천문과 역법, 음률 등이 정리된 것도 그의 집요한 노력 덕분이다. 왕망의 찬탈 행위를 칭송할 일은 아니지만 그가 끊임없이 노력하면서 반룡부봉 행보를 통해 몸을 일으킨 점만은 평가할 만하다.

'반룡부봉'은 유가에서도 높이 평가하는 덕목이다. 부산 소재 동래향교의 정문인 2층 문루 반화루攀化樓가 그 증거다. 이는 성인을 따라 덕을 이루고 군주를 받들어 공을 세우기를 원하는 취지에서 나온 것이다. 유가에서도 반룡부봉을 매우 긍정적으로 평가했음을 알 수 있다.

오늘날에도 '반룡부봉'의 행보는 여전히 유효하다. 삼성이 초기에 소니의 하청업체로 출발한 게 대표적인 경우다. 당시 하청업체에 불과한 삼성이 훗날 소니를 제압하고 전 세계 IT시장을 호령하리라고 생각했던 사람은 아무도 없었다. 실제로 삼성은 기술력이 크게 떨어진 까닭에 소니의 주문을 좇아 제품을 생산하는 데 급급했다. 어느 정도 기술력이 생기자 은밀히 일대 역전극을 펼치기 위한 작업에 들어갔다. 엔지니어들을 독려하며 독자적인 기술개발에 박차를 가한 것이다. 이들은 소니의 '사무라이 장인'을 제압하기 위해 휴일까지 반납하며 아침 일찍 출근해 밤늦게까지 연구에 매달렸다. 그 사이 소니의 사무라이 장인은 현실에 안주하며 부서 이기주의에 빠져들고 있었다.

삼성은 이 틈을 놓치지 않았다. 역전의 계기를 마련했다고 판단되자 연구개발에 더욱 박차를 가했다. 시간이 갈수록 삼성과 소니의 차이가 점점 더 벌어진 배경이다. 이후 아이폰을 앞세운 애플의 무차별 공격에도 불구하고 수년 만에 또다시 역전극을 펼친 것도 이때 축적한 노하우가 결정적인 배경이 됐다. 현재 전 세계 IT업계의 최강자로 군림하고 있는 오늘의 삼성이 존재하게 된 출발점은 바로 하청업체로 상징되는 반룡부봉에 있었다.

신뢰가 쌓여야 설득할 수 있다

《손자병법》은 싸우지 않고도 이기는 부전굴인不戰屈人을 최고의 용병술로 꼽았다. 군사를 동원해 적을 제압하는 군사책략인 벌병伐兵은 비록 피를 흘리며 이전투구의 양상을 보이는 공성攻城보다 낫지만 최상의 계책은 될 수 없다. 책략을 구사해 적을 설복시키는 벌모伐謀나 외교수단을 통해 적을 고립무원에 빠뜨림으로써 무릎을 꿇게 만드는 벌교伐交보다 하책이다. 조조가 《손자약해》 서문에서 《도덕경》 제32장에 나오는 '부득이용병'을 인용하며 이른바 집이시동戢而時動을 언급한 이유다. 다음은 해당 대목이다.

"예로부터 칼의 힘에만 의지하는 자도 패망했고, 붓의 힘에만 의지하는 자도 패망했다. 오왕 부차夫差와 서언왕徐偃王이 바로 그런 자들이다. 성인의 용병은 평소 무기를 거두었다가 필요한 때에만 움직이는 데 그 요체가 있다."

평소 무기를 거두었다가 필요한 때에만 움직이는 게 바로 '집이시동'이다. 서언왕은 주목왕 때 인정仁政을 펼쳐 명성을 떨친 인물이다. 관대한 인정을 펼치자 장강과 회수 사이의 제후국 가운데 36국이 그를 따랐다. 그는 주목왕이 초나라를 시켜 토벌에 나섰을 때 백성들을 너무 사랑한 나머지 접전을 피하다가 목숨을 잃고 나라마저 패망케 만들었다. 무비武備를 소홀히 하다가 패망한 셈이다.

고금을 막론하고 난세에 무력에만 의존하거나 덕치로만 일관하면 모두 패망의 길에 이른다. 부득이용병과 집이시동을 뒤집어 해석하면 이는 최후의 수단인 전쟁을 택하기 전에 더 나은 방안을 강구하라고 주문한 것이나 다름없다. 그게 바로 《손자병법》〈모공〉이 역설한 '벌모'와 '벌교'다. 적의 군주와 장수를 적극 설득해 피를 흘리지 않는 승리를 낚으라고 주문한 셈이다. 때로는 아군의 군주와 장수를 설득해 싸움을 멈추게 할 때도 역시 벌모와 벌교 계책을 동원할 수 있을 것이다. 《한비자》〈세난〉이 군주를 설득하는 유세술을 언급한 것도 이런 맥락에서 이해할 수 있다. 이를 뒷받침하는 〈세난〉의 해당 대목이다.

"무릇 다른 사람에게 유세하는 것은 어려운 일이다. 그러나 이는 내가 알고 있는 바를 납득시키는 게 어렵다는 뜻도 아니고, 내 말주변으로 나의 의중을 제대로 드러내는 게 어렵다는 뜻도 아니고, 대담한 행보로 내 뜻을 모두 펼치는 게 어렵다는 뜻도 아니다. 무릇 유세의 어려움은 설득 대상의 마음을 헤아려 내가 말하고자 하는 바를 그에게 맞추는 게 쉽지 않은 데 있다."

'세난'이라는 제목은 말 그대로 유세의 어려움을 논했다는 뜻이다. 유세는 군주가 아닌 신하의 처세술이다. 〈세난〉은 군주의 통치술에 초점을 맞춘 《한비자》의 55편 가운데 매우 특이한 부분이다. 초점은 군주를 설득하는 유세술에 맞춰져 있다. 유세에 나설 때는 반드시 군주의 신임 수준을 좇아 유세의 수위를 조절한 다음 군주의 의중을 정확히 파악해 그에 부합하는 계책을 건의하라는 게 골자다. 무턱대고 설득에 나섰다가는 자칫 '역린'의 화를 당할까 우려한 결과다. 이를 뒷받침하는 〈세난〉의 해당 대목이다.

"군주가 명예를 떨치는 데 관심을 갖고 있는데 많은 이익을 얻는 것으로 유세하면 비속하다고 여겨져 홀대받고 반드시 멀리 쫓겨날 것이다. 많은 이익을 얻고자 하는데 높은 명예로 유세하면 생각이 부족하고 세상 물정에 어둡다고 여겨져 반드시 받아들여지지 않을 것이다. 유세의 요체는, 군주가 자랑스러워하는 점은 은근히 칭찬하고 부끄러워하는 점은 은근히 덮어주는 데 있다. 군주가 급히 하고 싶어 하는 일이 있으면 반드시 공의公義로써 이를 드러내 장려한다. 내심 비루하다고 여기면서도 그치지 못하면 군주를 위해 좋은 점을 드러내 칭찬하며, 이를 실행하지 않으면 유감스러운 일이라고 말한다. 군주가 내심 고상하다고 생각하면서도 이를 행하지 못할 때는 그 일을 실행했을 때 일어날 문제점을 드러내고, 행하지 않은 것을 칭송한다. 유세자는 자신이 말하고자 하는 것이 군주의 뜻에 거슬리지 않도록 해야 하고, 말씨 또한 군주의 감정을 자극하는 일이 없도록 조심해야 한다. 그런 연후에야 자신의 지혜와 주장을 거침없이 펼 수 있다. 이것이 군주와 가까이하면서도 의심받지 않고, 하고 싶은 말을 다하며 채택될 수 있도록 만드는 길이다."

유세와 진언은 기본취지가 다르지만 군주를 설득해야 목적을 이루고, 설득 자체가 만만치 않다는 점에서는 서로 통한다. 한비자는 진시황에게 올린 상서에서 진언의 어려움을 토로한 바 있다. 〈난언〉에 진시황에게 올린 상소문이 실려 있다. '난언'은 진언이 쉽지 않다는 뜻이다. 〈세난〉의 제목과 취지를 같이한다. 그 골자를 보면 〈세난〉과 〈난언〉이 편제된 취지를 대략 짐작할 수 있다.

"저는 말하는 것 자체를 어려워하지는 않습니다. 다만 말하는 것을 어렵게 여기는 까닭이 있습니다. 저의 말이 유창하면서도 조리 있게 줄줄 이어지면 겉만 화려하고 실속이 없다고 여길 것입니다. 말하는 태도가 공경스럽고 두터우며 강직하고 신중하면 옹졸하고 조리가 없다고 여길 것입니다. 말이 많고 비슷한 예를 많이 인용하면 공허하고 쓸모가 없다고 여길 것입니다. 요점만을 간추려 그 대강을 언급하면서 꾸밈없이 직설적으로 말하면 미련하고 말재주가 없다고 여길 것입니다. 측근을 비판하며 남의 실정을 깊이 더듬어 말하면 헐뜯기를 좋아하고 겸양을 모른다고 여길 것입니다. 뜻이 너무 크고 넓으며 그 내용의 오묘함을 헤아리기 어려우면 과장되고 쓸모가 없다고 여길 것입니다. 보잘것없는 이해관계를 헤아려 자질구레한 내용을 상세히 말하면 비루하다고 여길 것입니다. 말이 통속적이고 남의 뜻을 거스르지 않는 말만 가려서 하면 삶을 탐하여 아첨한다고 여길 것입니다. 세속과 동떨어진 괴이한 말로 세상을 시끄럽게 하면 황당한 이야기로 사람을 현혹한다고 여길 것입니다. 민첩하게 대응하며 문채文彩 나게 이야기하면 사관史官 나부랭이로 여길 것입니다. 문학적인 윤색 없이 있는 그대로 드러내면 천하다고 여길 것입니다. 《시경》과 《서경》을 인용하며 고대 성왕을 들먹이면 옛 말만 암송한다고 여길 것입니다. 신이 말하는 것을 어렵게 여기며 크게 걱정하는 이유가 여기에 있습니다."

《한비자》 55편 가운데 〈세난〉과 〈난언〉을 뺀 나머지 53편 모두 군주의 통치술에 초점을 맞추고 있는 점을 감안하면 한비자가 유세와 진언의 어려움을 이토록 절절하게 토로해놓은 것은 극히 이례적이다. 이는 한비자가 평소 말을 더듬으며 유세에 애를 먹었던 사실과 무관치 않을 듯싶다. 주목할 점은 그가 〈세난〉과 〈난언〉에서 언급한 유세술 및 진언술의 핵심이 종횡가의 유세 및 책략 이론을 집약해놓은 《귀곡자》의 설득술과 일맥상통하고 있다는 점이다.

《귀곡자》에 소개된 설득술은 크게 열한 가지다. 첫째, 마음을 여닫으며 대화를 이끄는 벽합술捭闔術, 둘째, 이야기를 뒤집으며 상대의 반응을 유인하는 반복술反覆術, 셋째, 상대와 굳게 결속하는 내건술內揵術, 넷째, 벌어진 틈을 미리 막는 저희술抵巇術, 다섯째, 상대를 크게 칭송하며 옭아매는 비겸술飛箝術, 여섯째, 상대의 형세에 올라타는 오합술忤合術, 일곱째, 상대의 실정을 헤아리는 췌정술揣情術, 여덟째, 상대가 속마음을 털어놓게 만드는 마의술摩意術, 아홉째, 상황에 맞게 유세방식을 달리하는 양권술量權術, 열째, 시의에 맞게 계책을 내는 모려술謀慮術, 열한째, 기회가 왔을 때 머뭇거리지 않고 결단하는 결물술決物術 등이 그것이다. 〈세난〉과 〈난언〉에 나온 유세술 및 진언술과 거의 비슷한 내용들이다.

《귀곡자》는 유세술의 총론에 해당하는 첫 편인 〈벽합〉에서 유세의 요체를 이같이 요약해놓았다.

"양은 움직이며 실행하고자 하고, 음은 멈춰서며 감추고자 한다. 양은 움직이며 밖으로 나가고자 하고, 음은 숨으며 안으로 들어오고자 한다. 그러나 양이 극에 달하면 음이 되고, 음이 극에 달하면 양이 된다. 양의 방식으로 움직이는 자는 덕이 함께 생기고, 음의 방식으로 고요히 있는 자는 상대가 스스로 마음을 드러내게 한다. 양의 방식으로 움직이면서 음을 추구하면 덕으로 상대를 감싸고, 음의 방식으로 고요히 있으면서 양을 추구하면 은밀히 상대를 제압할 수 있다. 음양이 서로 조화를 이루는 것은 마음을 자유자재로 여닫는 '벽합'에서 비롯된다. 벽합은 천지음양의 대도이자 사람을 설득하는 유세의 기본원칙이다. 세상만사를 처리하는 근본인 까닭에 천지의 문호門戶로 불린다."

한비자가 〈세난〉에서 '설득 대상의 마음을 헤아려 내가 말하고자 하는 바를 그에게 맞춰야 한다'라고 언급한 것과 취지를 같이한다. 《귀곡자》와 《한비자》에 소개된 유세술과 진언술 및 설득술은 21세기 스마트혁명시대에도 여전히 유효하다. 비즈니스 협상에 이를 적극 활용할 필요가 있다.

파죽지세 하라!

바뀐 흐름에 적극 올라타는 '승세'의 가장 대표적인 사례가 바로 파죽지세破竹之勢다. '대나무를 쪼개는 기세'라는 뜻이다. 세력이 강대해 거침없이 적진의 심장 깊숙이 쳐들어가는 승승장구의 기세를 말한다. 이 말의 출전은 《진서》〈두예전〉이다.

삼국시대 말기 함희 2년(265) 위나라 권신 사마염은 원제 조환曹奐을 폐한 뒤 스스로 보위에 올라 국호를 진晉, 연호를 태시泰始로 정했다. 이로써 천하는 오나라와 진나라가 남북으로 대립하는 양상을 띠게 됐다. 사마염은 오나라마저 병탄해 근 100년간에 달하는 분열시대를 끝내고 죽백에 이름을 남기고자 했다. 이를 완성시킨 인물이 바로 두예杜預다. 훗날 시선詩仙 이백과 더불어 최고의 시인으로 불린 시성詩聖 두보는 평생 두예를 선조로 둔 것을 자랑으로 삼았다. 서진시대에 두예가 우뚝 솟은 인물로 보이는 것은 그가 문무를 겸비한 유장儒將이었다는 점에서 찾을 수 있다. 사마광은 《자치통감》에서 두예의 무예를 이같이 칭송해놓았다.

"두예는 말을 제대로 타지 못한 데다 화살은 갑옷을 뚫지 못하는 엽편葉片을 사용했다. 그러나 군사를 지휘해 적을 제압하는 데에는 그 어떤 장수도 그를 당하지 못했다."

이는 두예가 무예보다 학문에 더욱 조예가 깊은 사람이었음을 보여준다. 두예는 자가 원개元凱로 지금의 산시성 시안西安인 경조京兆 두릉杜陵 출신이다. 조부 두기杜畿는 위나라 상서복야, 부친 두서杜恕는 유주의 자사를 지냈다. 두예는 어려서부터 학식이 뛰어났다. 특히 《춘추좌전》에 밝았다. 스스로 '좌전벽左傳癖'을 칭할 정도였다. 그가 지은 주석서 《춘추좌전집해》는 기념비적인 저술이다.

두예의 부친 두서는 원래 위나라 권신 사마의와 의견이 맞지 않아 정계에서 추방된 후 불만을 품고 세상을 떠났다. 이로 인해 두예는 사마씨가 실권을 잡은 위나라 정권에 등용되지 못하고 오랫동안 불우한 상태에 있었다. 그러나 두예는 권력자 사마소의 여동생을 아내로 맞은 후 처음으로 관직에 나가게 되었다. 두예가 부친의 원수라고 할 수 있는 사마씨의 집안과 인척이 된 이유는 정확히 알 수 없다. 다만 이때에 이르러 부친과 달리 사마씨의 천하를 현실로 받아들인 것으로 보인다. 천하통일 후 양양에 진주할 때 여러 차례에 걸쳐 낙양의 세력가에게 예물을 보낸 사실이 이를 뒷받침한다. 당시 어떤 사람이 그 이유를 묻자 그는 이같이 대답했다.

"나는 단지 화를 입을까 두려워할 뿐이오. 결코 무슨 이익을 얻으려고 그리한 것은 아니오!"

그는 난세의 처세술을 통찰하고 있었다. 춘추시대에 일어난 온갖 사건을 정밀하게 분석해놓은 《춘추좌전》을 통달했기 때문에 가능한 일이다. 삼국시대에 《춘추좌전》을 펜 사람은 사실 두예 한 사람밖에 없었다. 그가 부친의 원수라고 할 수도 있는 사마씨의 여인을 부인으로 얻은 것도 이런 맥락에서 이해할 수 있다. 중국의 전 역사를 통틀어 두예처럼 뛰어난 학식에 발군의 군사적 재능을 겸비한 인물은 찾아보기 힘들다. 양명학을 창시한 명대의 왕양명王陽明 정도에 불과하다.

사서에 기록된 두예의 행보는 순자의 선왕후패 입장에 입각해 있었다. 현실을 중시한 결과다. 이를 뒷받침하는 일화가 있다. 태시 10년(274) 9월, 두예는 새 교량 건설을 건의했다. 배로 지금의 허난성에 있는 맹진孟津을 통해 황하를 건너는 것이 위험하니 맹진의 서남쪽에 있는 부평진富平津에 교량을 하나 세우는 게 낫다는 판단에 따른 것이었다. 의논하는 사람들이 대부분 반대했다. 그러나 두예가 자신의 주장을 고집해 허락을 받았다. 사마염은 교량이 완공되자 문무백관을 불러 모아 연석을 베풀면서 두예의 노고를 치하했다.

"그대가 아니었다면 이 다리는 결코 세워지지 못했을 것이오!"

당시 문무백관을 비롯한 많은 사람들이 교량의 건설에 반대한 이유는 간단했다. 옛날부터 다리를 만들지 않은 데에는 나름 이유가 있을 터이니 지금이라고 이를 어기고 따로 만들 필요가 없다는 게 논지다. '의고주의擬古主義'의 폐단이 아닐 수 없다. 의고주의는 고대의 전형典型을 숭배하여 모방하는 것을 말한다. 두예는 이런 고식적인 의고주의를 타파하고자 했다. 그가 동오의 정벌을 적극 주장하고 나선 것도 이런 맥락에서 이해할 수 있다. 실제로 그의 적극적인 건의가 없었다면 천하통일은 훨씬 늦춰졌을지도 모른다.

당시 모든 사람들은 동오의 정벌이 시기상조라고 주장했다. 시기를 놓치는 이른바 실기失機의 위험을 눈치 챈 사람은 두예와 중서령 장화張華, 중군장군 양호羊祜 세 사람뿐이었다. 당초 사마염이 머뭇거리며 결단을 내리지 못하자 양호가 다음과 같이 간했다.

"오나라를 평정하면 호인들의 소요는 자연히 안정될 것입니다. 오직 속히 대업을 완수하는 일만이 남아 있을 뿐입니다."

그러나 논의하는 사람들 대부분이 찬성하지 않았다. 가충 등이 더욱 앞장서 반대하자 양호가 궁지에 몰리게 됐다. 함녕 4년(278) 11월, 양호의 병이 깊어지자 사마염이 장화를 보내 후임을 천거하게 했다. 양호가 두예를 천거했다. 사마염은 곧 두예를 진남대장군, 도독형주제군사로 삼았다. 얼마 후 양호가 죽자 두예는 정예병을 선발한 뒤 오나라의 서릉을 지키는 장정張政을 습격해 대승을 거두었다.

함녕 5년(279) 가을, 두예가 사마염에게 출병을 촉구하는 다음과 같은 내용의 표문을 올렸다.

"성공하면 태평의 기업을 만드는 것이고 그렇지 못하면 시간을 낭비한 것에 불과한데 무엇이 애석하여 한 번도 시도하지 않는 것입니까? 만일 다음해를 기다리면 시기時機와 인기人機 및 사기事機가 이전과 같을 수 없으니 신은 더욱 어려워질까 걱정입니다. 지금 객관적으로 볼 때 필승만 있을 뿐 패할 우려는 전혀 없습니다. 신의 확신은 명백합니다. 감히 애매한 이야기로 훗날 우환을 초래할 리가 있겠습니까? 깊이 통찰해주십시오."

하늘이 내려준 기회를 놓치지 말라고 촉구한 것이다. 그러나 근 한 달이 지나도록 아무런 회답이 없었다. 두예가 다시 표문을 올려 더욱 강한 어조로 동오 토벌을 촉구했다.

"근래 조정에서 사안이 대소를 막론하고 서로 다른 의견이 벌떼처럼 일어나고 있는데 이는 오직 은총만을 믿고 후환을 고려치 않은 데 따른 것입니다. 그래서 가벼이 찬동하거나 반대하는 것입니다. 올해 가을 이래 적을 토벌하려는 형적이 이미 현저히 드러난 상황입니다. 지금 만일 중도에서 멈추면 동오의 손호도 두려운 나머지 이에 대한 대비책을 세울 것입니다. 만일 동오가 무창으로 천도한 뒤 강남의 각 성을 더욱 견고히 수축하면 성을 공략하기도 어렵고 들에서 식량을 구하기도 어렵게 됩니다. 그리되면 이듬해에 거사하려는 계획은 실현할 수 없을지도 모를 일입니다."

두예의 표문이 올라왔을 때 사마염은 마침 장화와 바둑을 두고 있었다. 장화는 두예의 표문이 올라왔다는 말을 듣자 곧 바둑판을 옆으로 밀어놓은 뒤 두 손을 모으고 간했다.

"폐하의 성무聖武로 국가가 부유하고 병력이 막강해졌습니다. 그러나 손호는 황음무도荒淫無道하여 강남의 인재를 마구 죽이고 있으니 지금 그를 정벌하면 힘들이지 않고 천하를 평정할 수 있습니다. 원컨대 이 일에 대해 전혀 의심치 마십시오."

마침내 오나라 토벌을 결심한 사마염이 장화를 탁지상서로 임명하여 조운漕運을 책임지게 했다. 이해 11월, 진나라가 드디어 20만 명의 대군을 동원해 오나라 정벌에 나섰다. 두예는 지금의 후베이성湖北省 장링江陵으로 진병했다. 두예가 휘하장수 주지周旨 등에게 군사 800명을 이끌고 야음을 틈타 도강한 후 낙향樂鄕을 습격하게 했다. 주지가 명을 좇아 낙향을 점령한 뒤 깃발을 여러 개 세우고 파산巴山으로 올라가 횃불을 올렸다. 오나라 도독 손흠孫歆이 크게 놀라 강릉독江陵督 오연伍延에게 위급을 알리는 서신을 보냈다.

"북쪽에서 내려온 진나라 군사들이 이내 장강을 날아서 넘어왔단 말인가!"

두예가 원수沅水와 상수湘水 이남에서 곧바로 교주와 광주로 진격하자 동오의 태수들이 인수印綬를 내놓고 투항했다. 두예가 그들을 위무慰撫하면서 저항하는 자들은 가차 없이 토벌했다. 그런 다음 장수들을 모아놓고 지금의 난징南京인 오나라 도성 건업建業을 취할 계책을 논의했다. 어떤 장수가 다음과 같이 건의했다.

"100년이나 된 흉적을 완전히 공략할 수는 없습니다. 바야흐로 봄이니 강물이 점차 불어나게 되어 오래 머물 수가 없습니다. 응당 겨울을 기다렸다가 다시 도모해야 할 것입니다."

이에 찬성하는 장수가 매우 많았다. 그러나 두예는 단호히 반대했다.

"전국시대 말기 연나라 장수 악의樂毅는 단 한 번의 싸움으로 강대한 제나라를 거의 병탄하다시피 했소. 지금 우리 군사가 무위를 크게 떨치고 있으니 마치 대를 쪼개는 기세에 비할 수 있소. 몇 마디를 쪼개기만 하면 칼만 대도 저절로 쪼개질 것이니 다시 손을 댈 여지도 없소."

여기서 인구에 회자하는 '파죽지세' 성어가 나왔다. 장수들이 두예의 명을 좇아 건업을 향해 진격하자 동오의 손호가 이내 항복했다. 이로써 마침내 100년에 걸친 삼국시대의 분열시대가 막을 내리고 서진의 통일시대가 열렸다. 당시 사마염은 대대적인 논공행상을 행하면서 두예를 당양현후當陽縣侯에 임명했다. 이후 두예는 여러 관직을 역임하다가 사례교위를 마지막으로 삶을 마감했다. 당나라 초기 재상 방현령房玄齡은 《진서》를 편찬하면서 두예를 이같이 평했다.

"다른 사람과 사귈 때는 공경하고 예의바르며, 묻는 것에 솔직히 답하고, 사람을 가르칠 때는 싫증나지 않게 하고, 말할 때는 신중했다. 공훈을 세운 뒤에는 마치 아무 일 없었던 듯이 《춘추좌전》 등의 경서와 사서에 깊이 파묻혔다."

두예는 정치, 경제, 군사, 역법, 율령 등 모든 학문에 두루 능통했다. 그의 머릿속에는 온갖 지식이 채워져 있었다. 당시 사람들이 그를 두고 모든 물건이 보관되어 있는 무기창고에 빗대어 '두무고杜武庫'로 부른 사실이 이를 뒷받침한다. 삼국시대 최고의 지장智將과 유장儒將을 꼽으라면 단연 두예를 들 수 있다. 특히 《춘추좌전》에 대한 그의 탁월한 주석은 현재까지도 찬탄을 금치 못하게 한다.

난세에는 난세의 논리가 있다. 《춘추좌전》과 그 후속편에 해당하는 《자치통감》이 바로 이런 입장에 서 있다. 두예와 사마광 모두 '좌전벽'을 자처하며 현실에 기초한 치국평천하 방략을 제시한 게 결코 우연이 아니다. 임기응변술의 관점에서 볼 때 두예가 보여준 파죽지세 일화는 절호의 기회가 왔을 때 재빨리 이에 올라타 대업을 이루는 승기의 전형에 해당한다.

04: 결기 決機

결단 앞에서
절대 머뭇거리지 마라

결단해야 할 때 결단해야 한다

:

제갈량이 처음으로 북벌에 나서면서 후주 유선에게 올린 〈출사표出師表〉는 천고의 명문으로 꼽힌다. 남송대의 문인 안자순安子順은 '제갈량의 〈출사표〉를 읽고도 울지 않으면 충성심이 없고, 이밀李密의 〈진정표陳情表〉를 읽고도 울지 않으면 효심이 없고, 한유韓愈의 〈제십이랑문祭十二郎文〉을 읽고도 울지 않으면 자비심이 없다'라는 유명한 말을 남겼다. 제갈량은 유비를 도와 촉한의 기반을 다지는 데 모든 노력을 다 기울였으나 천하통일은커녕 유비마저 죽자 패망을 걱정해야 하는 지경에 이르게 됐다. 제갈량이 북벌에 나선 이유다. 그는 출정에 앞서 유선에게 출정의 동기와 목적을 밝힌 표문을 올렸다. 그것이 바로 〈출사표〉다. 첫머리의 시작은 다음과 같다.

"선제先帝는 한실 부흥의 사업을 시작하셨지만 아직 그 반도 이루지 못하고 세상을 떠나시고 말았습니다. 지금 천하는 셋으로 나뉘어 있는데, 그중에서도 촉한의 익주 백성이 가장 지쳐 있으니, 지금이야말로 그 위급함이 살아남느냐 망하느냐 여부를 가리는 극히 절박한 시기입니다."

'살아남느냐 망하느냐 여부를 가리는 극히 절박한 시기'의 원문은 존망지추存亡之秋다. 임기응변술의 관점에서 보면 이는 나라의 존망을 가르는 절박한 계기를 뜻하는 존망지기存亡之機를 달리 표현한 것이다. 결국 제갈량은 촉한의 존망지기를 맞아 여섯 번에 걸쳐 기산祁山으로 출격했으나 뜻을 이루지 못하고 오장원에서 진몰하고 말았다. 그의 사후 얼마 안 돼 촉한은 패망하고 말았다.

원래 존망지기는 《상군서》〈조법錯法〉에 처음으로 나온다. 다음은 해당 대목이다.

"내가 듣건대 '옛날의 명군은 법을 시행해 백성들에게 사악함이 없게 하고, 군사를 일으켜 재능 있는 사람으로 하여금 절로 용맹하게 만들고, 포상을 시행해 군사를 강하게 만들었다'라고 했다. 이들 세 가지는 나라를 다스리는 근본이다. 법을 시행해 백성들에게 사악함이 없게 한다는 것은 법이 명확해 백성들이 이를 이롭게 여긴다는 뜻이다. 군사를 일으켜 재능 있는 사람을 절로 용맹하게 만든다는 것은 논공행상이 분명하다는 뜻이다. 논공행상이 분명하면 백성들이 전력을 다하고, 백성이 전력을 다하면 재능 있는 사람이 절로 용맹해진다. 포상을 시행해 군사를 강하게 만든다는 것은 작록의 수여를 뜻한다. 작록은 군사운용에서 매우 실효적인 것이다.

군주가 작록을 수여할 때는 공정해야 한다. 이 원칙을 지키면 나라는 날로 강해지고, 그렇지 못하면 나라는 날로 약해진다. 작록을 수여할 때 적용하는 이 원칙은 국가존망의 계기인 '존망지기'에 해당한다. 삼왕과 춘추오패가 국가존망의 계기로 사용한 것 또한 작록에 불과했지만 다른 군주들보다 1만 배의 공적을 이뤘다. 명군은 신하를 부릴 때 반드시 그들의 노고에 따라 임용하고, 공로에 따라 포상한다. 공로에 따라 포상하는 원칙이 명확하면 백성들은 다퉈 공을 세우고자 한다. 나라를 다스릴 때 백성들이 전심전력으로 다퉈 공을 세우고자 하면 그 군대는 반드시 강해질 것이다."

존망지기의 위기상황에 처했을 때 결단이 뒤따르지 않으면 이내 패하게 된다. 비상한 시기에는 비상한 결단이 필요하다. 존망지기보다는 약간 강도가 약하지만 성패를 가르는 결정적인 계기를 뜻하는 성패지기成敗之機 역시 결단이 필요하기는 마찬가지다. 성패지기는 《진서晉書》〈부견재기苻堅載記 상上〉에 처음으로 나온다. 성패지기의 대표적인 예로, 당태종 이세민이 주동이 돼 일으킨 '현무문玄武門의 변變'을 들 수 있다.

무덕 4년(621) 7월, 23세의 진왕秦王 이세민李世民이 황금갑옷을 입고 왕세충과 두건덕을 압송한 채 위풍당당하게 장안문 안으로 들어섰다. 1만 명에 달하는 기병이 앞장서고, 25명의 장군들이 이세민을 호위하고, 앞뒤로 취타대가 개선악을 연주했다. 전례 없는 장관을 구경하기 위해 주작대로에 몰려든 백성들은 그를 우러러보며 환호했다. 개선군이 종묘 앞에 이르자 당고조唐高祖 이연李淵이 성대한 주연을 베풀며 옛 제도를 좇아 이른바 '음지飮至'의 예를 행했다. 이는 개선한 장군이 황제에게 전과를 보고하고, 황제가 술잔을 내려 전공을 치하하는 의식을 말한다. 이해 10월, 이연이 이세민의 전공을 치하하기 위해 모든 장수들의 우두머리에 해당한다는 뜻의 '천책상장天策上將'의 관호를 내렸다. 이는 이세민을 위해 특별히 새로 만든 관호였다. 이연이 판단할 때 이세민의 공훈을 제대로 드러낼 만한 관호가 없었다. 당시 그가 세운 무공은 휘황했다. 건국한 지 얼마 안 된 상황에서 당나라의 건국 기반을 뒤흔들던 왕세충과 두건덕을 일거에 제압한 것은 놀라운 일이었다. 이세민이 태자의 자리를 노리게 된 결정적인 배경이 여기에 있다.

이세민 휘하에는 뛰어난 인재들이 매우 많았다. 무관으로는 울지경덕尉遲敬德을 비롯해 진숙보秦叔寶와 서세적徐世勣 및 이정李靖 등 기라성 같은 명장이 즐비했고, 문관으로도 방현령과 두여회杜如晦 등 소위 '18학사十八學士'가 포진해 있었다. 18학사는 단순한 학자가 아니라 이세민을 보위에 올려놓기 위한 정예 참모집단이었다. 이들은 이세민이 자신의 관부인 '천책부天策府'에 소위 '문학관文學館'을 설치한 뒤 불러 모은 천하의 재사들이다. 이들의 임무는 천하대세의 흐름을 분석하고 대안을 마련하는 데 있었다. 3개 반으로 나뉘어 서로 돌아가며 부중에 남아 있다가 이세민이 궁중에서 돌아오면 함께 시국을 논했다. 일종의 '국정자문단'에 해당했다. 이세민이 태자 이건성李建成과 치열한 보위쟁탈전을 전개할 수 있었던 배경이다.

그러나 객관적으로 볼 때 태자 이건성이 여러모로 유리했다. 부황 이연의 신임도 두터웠을 뿐만 아니라 그의 휘하에도 당대의 내로라하는 많은 인재가 포진해 있었기 때문이다. 당대 최고의 현사로 불리는 위징魏徵을 비롯해 왕규王珪와 위정韋挺 등이 그들이다. 종친들도 태자 이건성을 지지했다. 그러나 이세민의 전공이 너무 휘황한 게 걸렸다. 이를 방치할 경우 자칫 태자의 자리가 위험해질 수 있었다. 무덕 5년(622) 말, 하북에서 유흑달이 제2차 기병을 하면서 이건성에게도 기회가 왔다. 위징이 이건성에게 건의했다.

"진왕 이세민의 기세가 천하를 덮고 있습니다. 태자는 그동안 궁중에 있었기에 백성의 신망을 아직 받지 못하고 있습니다. 이 기회를 이용해 출정하십시오. 하북을 평정하고 그곳의 인재와 교분을 맺어서 후방의 교두보를 확보해야 합니다."

이건성이 곧 부황의 재가를 받아 위징과 함께 토벌에 나섰다. 위징의 예상대로 이건성은 유흑달을 성공적으로 제압했다. 비록 아우 이세민의 공훈을 능가할 만한 전공은 아니었지만 나름 군사적 재능을 세상에 떨치기에는 충분했다. 더구나 당시 그는 동생 이원길李元吉과 함께 토벌에 나섬으로써 이세민을 견제할 수 있는 막강한 후원세력을 얻었다.

통상 양측의 세력이 엇비슷한 상황에서 승패를 결정짓는 것은 늘 선제공격의 결단이다. 실제로 배짱이 두둑하고 결단력이 있는 이세민이 선제공격을 가해 대세를 결정지었다. 이건성에게도 몇 번의 기회가 있었다. 그러나 그는 결단하지 못하고 주춤했다. 최상의 방안을 찾느라 머뭇거린 게 결정적인 패인이다.

《구당서》나 《신당서》 등은 이건성과 이원길이 온갖 수단을 동원한 내용만 실어놓았다. 이세민이 형제를 공격한 사실은 단 하나도 기록돼 있지 않다. 객관적으로 볼 때 당시 태자인 이건성 측이 모든 면에서 우세했다. 음험한 수단을 구사할 필요성을 절감한 쪽은 오히려 이세민 측이다. 실제로 그는 최후의 수단을 동원해 뜻을 이뤘다. 사서에 그런 기록이 전혀 나타나지 않는 것은 이세민이 승리를 거뒀기 때문이다. 동서고금을 막론하고 역사는 승자의 기록일 수밖에 없다.

사서의 기록에 따르면 무덕 7년(624) 말, 이원길이 부황인 이연의 면전에서 이세민의 참모인 울지경덕을 무함했다. 이연이 곧바로 울지경덕의 하옥을 명했다. 이원길 등이 곧바로 처형할 것을 주장했으나 이세민이 강력 반발해 울지경덕은 간신히 목숨을 구했다. 이후 이건성 측의 공세수위가 더욱 높아졌다. 대세를 일거에 확정짓기 위한 조바심의 반영이었다. 이는 나름 일정한 효과를 거뒀다. 이세민의 핵심참모인 정지절程知節을 강주자사康州刺史로 쫓아낸 게 그 증거다. 화가 난 정지절은 이세민을 찾아가 이를 강력 항의했다.

"지금 태자는 노골적으로 진왕부의 날개를 꺾으려고 합니다. 제가 이런 상황에서 어떻게 강주로 떠날 수가 있겠습니까? 이제는 결단해야 할 때입니다."

그러나 때가 아직 이르지 않았다고 생각한 이세민은 정지절을 달래 강주로 내려보낸 뒤 핵심참모 방현령 및 두여회 등을 불러 대책을 숙의했다. 같은 시각 정지절을 이세민 곁에서 떼어내는 데 성공한 이건성과 이원길은 여세를 몰아 방현령과 두여회마저 떼어내기 위한 작업에 들어갔다. 곧바로 이연에게 이같이 상서했다.

"우리 세 형제 사이를 이간질하는 자는 바로 진왕부에 있는 방현령과 두여회입니다. 이들에게 응당 무거운 벌을 내려 형제간의 반목을 미연에 막아야 합니다."

이연이 이를 좇아 두 사람에게 속히 진왕부를 떠날 것을 명했다. 객관적으로 볼 때 대세는 이건성에게 기울어졌다. 그러나 또다시 극적인 반전이 빚어졌다. 무덕 9년(626) 5월, 돌궐의 군사가 갑자기 변경을 침공해오자 전공을 세울 수 있는 절호의 기회가 왔다고 판단한 이건성은 곧 부황에게 상서했다. 이원길을 총사령관에 임명해줄 것을 청하는 내용이었다. 부황의 승낙을 받아 총사령관에 임명된 이원길은 출정에 앞서 이세민의 핵심 참모이자 진왕부의 용장으로 소문난 울지경덕과 정지절, 진숙보, 단지현段志玄 등을 부장으로 데려가도록 허락해줄 것을 요구했다. 장차 이세민의 병권을 박탈한 뒤 제거할 속셈이었다. 이연이 이를 수락했다.

이세민은 깊은 고민에 빠졌다. 명을 거부할 경우 이내 조정의 의심을 받을 수밖에 없고, 받아들이면 진왕부는 껍데기만 남게 된다. 더 이상 물러날 곳이 없었다. 생사를 가르는 선택의 순간이 다가온 것이다. 객관적으로 볼 때 진왕부의 선택은 하나밖에 없었다. 무력으로 상대방을 제압하는 게 그것이다. 울지경덕과 장손무기가 이세민에게 간청했다.

"이번에 기병하지 않으면 많은 장수들이 진왕부를 이탈할 것입니다. 속히 결단해야 합니다."

이세민이 머뭇거렸다.

"아무래도 형제끼리 서로 죽이는 것은 좋지 않소. 저들이 먼저 손을 쓰면 그때 반격을 가하는 것이 좋겠소."

"지금 손을 쓰지 않으면 저들이 가만히 앉아서 죽음을 기다리지는 않을 것입니다. 속히 결단해야 합니다."

이해 6월 3일, 이세민이 참모들의 건의를 좇아 이연에게 이건성과 이원길의 죄상을 고발하는 내용의 상서를 보냈다. 거사 명분을 확보하기 위한 사전조치였다.

사서는 이세민이 다음 날인 6월 4일에 손을 썼다고 기록해놓았다. 이원길이 출정하는 그날 저녁 연회 장소에서 이세민과 진왕부의 부장을 일거에 살해한다는 계획이 사전에 누설되었기 때문에 부득이 손을 쓸 수밖에 없었다는 것이다. 이건성과 이원길의 음모는 이세민 측에 포섭된 이건성의 부하인 왕질王晊에 의해 들통이 났다고 덧붙여놓았다. 그러나 이는 완전 허구다. 여러모로 우위에 있는 이건성의 입장에서는 굳이 주연을 베풀어 이세민 세력을 제거할 필요가 없었다. 위험부담도 컸다. 원래 유리한 위치에 서면 모험을 피하기 마련이다. 사생결단의 승부수는 대개 궁지에 몰린 측에서 던진다. 이세민이 거사 직전 먼저 부황에게 밀소密疏를 올린 사실이 이를 뒷받침한다.

이연이 곧 이세민에게 이튿날 아침 입궁할 것을 통보했다. 이건성과 이원길에게도 똑같이 사람을 보내 입궁을 명했다. 당시 이연은 배적裵寂과 소우蕭瑀 등 원로대신도 입궁시켜 세 아들의 불화를 근원적으로 해소할 심산이었다. 이튿날인 6월 4일 새벽, 이세민이 장손무기 등과 함께 가 황궁의 북문인 현무문 주위에 자객을 매복시켰다. 현무문의 수문장 상하常何는 원래 이건성의 심복이었으나 이미 이세민 측에 매수돼 있었다.

당시 이건성이 이원길과 함께 대책을 숙의하자 궁지에 몰린 이세민이 필경 병란을 일으킬 것으로 판단한 이원길이 병을 핑계로 등청하지 말고 일단 사태를 관망하다가 다시 의논하자라고 건의했다. 하지만 이건성은 이에 반대했다.

"그렇게 되면 잘못을 시인하는 꼴이 된다. 궁 안에서는 윤덕비尹德妃 등이 호응하고, 밖에서는 나의 군사가 현무문을 지키고 있다. 이세민이 감히 나를 어찌하겠는가? 이미 도성의 주요한 지역에 병력을 파견해 방비토록 했으니 크게 걱정할 필요가 없다. 내일 부황을 만나 진상을 밝히도록 하겠다."

결국 이건성과 이원길은 몇 명의 측근만 이끌고 현무문을 향해 나아갔다. 당시 그의 참모들은 만일의 사태에 대비해 많은 수의 호위병을 데리고 갈 것을 권했으나 이건성은 이를 일축했다. 이건성의 이런 판단이 전혀 틀린 것은 아니었다. 장안성에는 이세민이 지휘할 수 있는 병력이 결코 많지 않았다. 진왕부에 있는 호위대와 은밀히 양성한 무사를 합쳐서 800여 명에 불과했다. 동궁부는 이와 달리 시위대가 수천 명에 달했다. 여기에 제왕부의 시위대까지 합치면 숫자 면에서 진왕부를 압도하고도 남았다. 더구나 동궁의 시위대는 최고의 정예병으로 구성돼 있었다. 이건성은 오랫동안 장안성의 수비를 담당한 덕분에 수만 명의 금위군을 즉각 지휘할 수 있었다. 그가 병력상의 절대적인 우세를 확신한 것은 일리가 있다. 문제는 허를 찌르는 기습공격에 대한 대비책이 없었다는 데 있다.

이건성이 아무런 의심도 하지 않고 현무문을 통과할 당시 문득 문 주위에 사람들의 그림자가 어른거렸다. 뒤늦게 사태를 깨달은 이건성이 크게 놀라 곧바로 이원길에게 소리쳤다.

"위험하다, 말을 돌려라!"

이때 갑자기 임해전에서 누군가 말을 타고 뛰쳐나오며 소리쳤다.

"태자 전하, 어째서 등청하지 않는 것입니까?"

이세민이었다. 이원길이 급히 활을 연속으로 세 발 쏘았으나 맞히지 못했다. 그러나 이세민은 단 한 발로 이건성을 적중시켜 말에서 쓰러뜨렸다. 이건성이 즉사하자 크게 놀란 이원길이 서쪽 방향으로 달려갔다. 울지경덕이 70여 기를 이끌고 임해전에서 달려 나오면서 화살을 날렸다. 허벅지에 화살을 맞고 말에서 떨어진 이원길이 땅바닥에 무릎을 꿇고 이세민을 겨냥해 화살을 날렸다. 이세민도 화살을 피하려다가 말에서 굴러떨어졌다. 이원길이 앞으로 달려 나가 허리에 찬 검을 뽑자 울지경덕이 말에서 뛰어내리며 이원길에게 달려들었다. 이에 이원길이 재빨리 부황이 있는 무덕전武德殿 쪽으로 몸을 돌려 달아나자 울지경덕의 부하들이 이원길을 향해 화살을 난사했다. 고슴도치처럼 온몸에 화살을 맞은 이원길은 그 자리에서 즉사했다.

당시 이건성의 측근 부장은 혼란을 틈타 동궁으로 황급히 달려가 동궁부 시위대장 풍립馮立에게 변고를 알렸다. 풍립은 곧바로 이건성의 동궁부와 이원길의 제왕부 시위대 2000여 명을 이끌고 현무문으로 달려갔다. 시위대가 밀어닥치자 이세민의 부장 장공근張公瑾이 10여 명이 달라붙어도 닫기 힘든 현무문을 홀로 닫아버렸다. 힘이 장사였다. 풍립이 궁성의 성벽에 나무를 걸치고 진입을 시도했다. 현무문에 포진한 이세민의 병력은 100여 명에 불과했다. 현무문이 돌파되면 이세민의 세력은 일거에 궤멸될 수밖에 없었다. 마침 현무문 옆에는 위사衛士들의 군영이 있었다. 장령 경군홍敬君弘과 여시형呂時衡은 현무문 책임자 상하와 마찬가지로 이세민에게 매수된 자들이었다. 이들이 위사 100여 명을 이끌고 동궁부의 병력을 측면에서 공격했다. 기습을 받은 동궁부 시위대가 혼란에 빠진 사이 이세민의 부인 장손씨가 친히 진왕부의 병력을 이끌고 현무문으로 달려왔다.

   이에 놀란 동궁부 시위대가 공격의 방향을 황궁의 서쪽에 있는 진왕부로 돌렸다. 주력부대가 빠져나간 진왕부에는 방현령과 수십 명의 시위대밖에 없었다. 동궁부 시위대가 일거에 진왕부를 포위했다. 이때 궁중에 있던 울지경덕이 재빨리 이건성과 이원길의 머리를 갖고 진왕부를 포위한 동궁부 시위대 앞에 모습을 나타냈다.

   "태자와 제왕이 모반을 꾀한 까닭에 진왕이 폐하의 명을 받들어 반란을 진압한 것이다. 너희들은 죄가 없으니 속히 물러가도록 하라. 수괴가 이미 죽었으니 죄를 묻지 않을 것이다."

동궁부 시위대가 무기를 버리고 사방으로 달아나면서 상황은 완전히 종료됐다. 당시 이연은 참변이 일어난 사실을 전혀 모르고 있었다. 그는 궁 안의 연못에 배를 띄워놓고 원로대신과 세 아들이 오기를 기다렸다. 약속한 시간이 지나도 세 아들은 나타나지 않았다. 위사가 황급히 달려와 보고했다.

"현무문에서 변고가 발생했는데 자세한 사정은 잘 모르겠습니다."

이연이 급히 황궁 시위대에 명해 사태를 파악하도록 명했다. 이때 울지경덕이 갑옷을 걸친 채 손에 긴 창을 들고 무덕전으로 뛰어 들어왔다. 이연이 물었다.

"누가 현무문에서 변고를 일으켰는가?"

"동궁부와 제왕부에서 반란을 일으켰습니다만 진왕이 이미 섬멸했습니다. 폐하가 놀라실까 두려워 진왕의 명을 받고 먼저 보고차 찾아왔습니다."

이미 일이 끝난 것을 안 이연이 체념한 듯 배적에게 물었다.

"사태가 이 지경이 되었으니 어찌하면 좋겠소?"

배적은 이건성을 적극 지지한 인물이다. 이건성이 죽은 마당에 달리 할 말이 없었다. 이세민을 지지하던 재상 소우가 말했다.

"진왕은 총명하고 담대한 데다 천하인의 인심을 얻고 있습니다. 기왕에 사태가 이리됐으니 진왕에게 태자의 지위를 물려주는 게 좋을 듯합니다."

'현무문의 변'이 일어난 지 사흘 뒤인 6월 7일, 이연이 조서를 내려 이세민을 황태자로 삼았다. 얼마 후 다시 조서를 내려 양위를 선언했다. 이로써 비록 즉위과정에 적잖은 문제가 있기는 했으나 훗날 최고의 명군으로 손꼽히는 당태종 이세민의 시대가 활짝 열리게 됐다. 그 결과가 바로 청나라 때 강희제에서 건륭제까지 이어진 강건성세와 더불어 최고의 성세로 일컬어지는 정관지치다.

이건성의 실패는 과도한 자신감에서 비롯됐다. 마지막 순간까지 방심해서는 안 되는 상황에서 사태를 너무 낙관한 게 화근이었다. 그런 점에서 오히려 이원길의 판단이 옳았다. 당초 이연은 이세민을 낙양으로 보내 자식들의 유혈충돌을 미연에 막고자 했다. 그러나 이건성이 반대했다. 이세민이 낙양에서 독자적인 세력을 키울 경우 오히려 문제가 더 복잡해질 수밖에 없다고 판단한 것이다. 나름 일리가 있기는 했으나 이는 자충수에 해당한다. 당시 상황에 비춰볼 때 이세민을 이연에게서 떨어뜨려 놓는 것이 훨씬 중요했다.

원래 경륜이 풍부한 사람은 현재의 우세한 상황을 결코 과신하지 않는다. 상대의 허점이 드러나면 모든 비상수단을 동원해 가차 없이 화근을 뿌리 뽑는 이유다. 거사를 행할 때 여러 변수가 복합적으로 작용해 상황이 일변할 수 있기 때문이다. 이세민은 모든 면에서 열세에 처해 있었음에도 기회가 오자 생사의 결단으로 일을 마무리 지었다. 두둑한 배짱으로 위험부담을 감수했기에 이런 '도박'이 주효할 있었던 것이다. 관건은 결정적인 계기에 생사를 건 결단을 한 데 있다.

체면에 얽매이지 마라

유가의 관점에서 볼 때, 부황을 협박하며 친형제를 도륙한 현무문의 변은 적잖은 문제를 안고 있다. 그러나 위업을 이루고자 할 경우 보위는 하나밖에 없는 만큼 친형제일지라도 적으로 간주할 수밖에 없다. 사서에는 유사한 사례가 무수히 실려 있다. 단지 현무문의 변은 그 모습이 극렬하게 나타났을 뿐이다. 임기응변술의 관점에서 주목하고자 하는 것은 이세민이 결정적인 계기에 생사를 건 '도박'을 감행한 점이다. 모든 것이 급변하는 21세기 스마트혁명시대에는 이보다 더 빠른 결단이 필요하다. 천하대세의 흐름을 늘 예의 주시하며 대비책을 세워두어야 하는 이유다.

역사상 현무문의 변과 가장 대비되는 것이 바로 초한전 때 빚어진 '홍문지연鴻門之宴'이다. 당시 항우는 책사 범증의 계책을 좇지 않고 유방을 살려보냄으로써 패망의 빌미를 제공하고 말았다. 《사기》 〈항우본기〉에 따르면 당초 항우가 진나라 장수 장함章邯의 항복을 받은 시점은 유방이 무관武關을 통과하기 한 달 전인 기원전 207년 7월이다. 만일 함양 입성을 서둘렀다면 유방보다 훨씬 먼저 입성할 수 있었다. 그럼에도 그는 함양 입성을 서두르지 않았다. 왜 그랬을까? 장함의 항복으로 항우는 사실상 진나라를 접수했다고 생각했을 공산이 크다. 장함을 옹왕雍王에 임명한 사실이 이를 뒷받침한다. 유방의 움직임에 전혀 눈길을 주지 않았다고 해석할 수밖에 없다.

항우가 40만 명에 달하는 연합군을 이끌고 함양 인근을 흐르는 희수戱水 부근의 희정戯亭에 도착한 것은 유방이 진시황의 손자인 자영子嬰의 항복을 받고 함양에 입성한 지 두 달이 지난 기원전 207년 12월이다. 항우는 병력이 40만 명이었으나 100만 명이라고 내세웠다. 병력의 숫자를 부풀리는 것은 수천 년 동안 이어진 하나의 관행이었다. 항우의 군대가 진격을 멈추고 영채를 차린 희정은 함양에서 직선거리로 약 40킬로미터가량 떨어져 있었다. 유방도 항우의 군사와 맞서기 위해 함양 인근의 종남산에서 위수로 흘러들어가는 지류인 파수灞水 주변에 진을 친 뒤 10만 명의 병력을 20만 명으로 부풀렸다. 병법에 밝은 항우가 이내 지금의 산시성 린퉁현臨潼縣 동북쪽 신풍新豊의 음반성陰盤城 동쪽문인 홍문鴻門 쪽으로 군사를 이동시켰다. 홍문은 함양의 동남쪽, 파상은 홍문의 서남쪽에 위치해 있었다. 적진의 움직임을 수시로 파악하기 위한 조치였다. 홍문과 파상 사이의 거리는 불과 16킬로미터밖에 안 되었다.

유방이 곧바로 좌사마로 있는 전처 조씨의 일족인 조무상曹無傷을 사자로 보냈다. 이때 유방은 '관중왕'을 지칭한 게 확실하다. 후대의 사서 기록이 이를 뒷받침한다. 다음은 〈고조본기〉의 해당 대목이다.

"패공沛公의 좌사마 조무상은 항우가 노해 패공을 공격하려 한다는 소문을 듣고는 곧 사람을 보내 항우에게 '패공이 관중에서 왕이 되어 자영을 재상으로 삼고 보물을 모두 독차지하려 합니다'라고 말하게 했다. 항우로부터 포상으로 영지를 받고자 한 것이다."

여기서 '패공'은 유방을 말한다. 조무상의 이런 고자질은 사실에 기초한 것이었다. 진제국의 뒤를 이을 사람은 자신이라고 생각하며 투항한 적장 장함을 '옹왕'에 봉한 항우는 조무상의 고자질을 접하고는 격노했다. 관중왕 운운은 자신이 행한 옹왕의 책봉 조치를 비웃은 것이나 다름없었기 때문이다. 유방의 이런 방자한 행동을 용납할 수 없었다. 〈항우본기〉는 '항우가 크게 노해 당양군當陽君 경포에게 명해 함곡관을 깨뜨리게 했다'고 기록해놓았다. 〈경포열전〉의 기록은 보다 상세하다.

"항우의 군대가 함곡관에 이르렀지만 입관을 저지당했다. 경포 등에게 샛길을 통해 함곡관의 수비군을 공격케 했다. 마침내 함곡관을 돌파해 입관할 수 있었다."

항우의 분노가 간단치 않았고, 뒤이어 함곡관을 돌파하는 과정에서 적잖은 충돌이 있었음을 짐작할 수 있다. 주목할 것은 항우의 군사가 함곡관 전투 이후 함양 동쪽의 희정에 도착하기까지 한 달이 걸린 점이다. 함곡관에서 희정까지는 직선거리로 약 150킬로미터가량이다. 급속 행군을 할 경우 삼사 일이면 주파할 수 있다. 그럼에도 한 달에 걸쳐 이동한 이유는 무엇일까? 함곡관을 통과할 때부터 지속적으로 양군의 접전이 이뤄졌을 가능성을 배제할 수 없다. 경포가 샛길을 통한 기습전으로 함곡관을 돌파했다는 〈경포열전〉의 기록이 이런 추론을 뒷받침한다. 이는 유방의 관중왕에 대한 집착이 통상적인 사람의 상식 수준을 넘어섰음을 의미한다.

당초 초회왕은 항우를 견제하기 위해 유방에게 관중왕을 미끼로 내걸었다. 그렇다고 유방이 관중에 먼저 입관할 것으로 확신했다고 보기도 어렵다. 자신의 핵심측근 송의가 이끄는 주력군이 장함의 군사를 격파하고 함곡관을 통해 입관할 것을 기대했다고 보는 게 합리적이다. 그렇다고 해서 초회왕이 유방의 무관 입관을 반대한 것은 아니다. 그의 입장에서는 항우를 제압할 수만 있다면 어떤 형식의 입관이든 좋았다. 누군가가 장차 관중왕이 되어 항우를 견제하는 역할만 해주면 되었기 때문이다.

그럼에도 〈고조본기〉는 초회왕이 입관의 기대를 오직 유방에게 건 것처럼 묘사해놓았다. 이는 당시의 정황과 크게 다르다. 객관적으로 볼 때 당시 유방은 오로지 관중에 먼저 입성한 점을 빼놓고는 내세울 만한 공이 없었다. 항우가 진나라 패망의 결정적인 배경이 된 장함의 주력부대를 격파할 때 그는 아무런 공도 세우지 못했다. 단지 망해가는 진나라 도성을 아무도 예상치 못한 남쪽 무관을 통해 입성한 공밖에 없다. 초회왕이 관중에 먼저 입성한 자를 관중왕에 봉하겠다고 선언하지 않았다면 단지 함양 입성의 선봉대 역할을 수행한 것에 지나지 않는다.

최고의 공은 어디까지나 진나라의 주력군을 제압한 항우의 몫이다. 일개 선봉장 역할을 수행한 유방이 스스로 관중왕을 칭한 것은 확실히 지나쳤다. 항우는 이를 구실로 유방을 일거에 포박할 수도 있었다. 그런데도 그는 이런 절호의 기회를 그냥 날려버렸다. 최대의 라이벌인 유방을 지나치게 과소평가한 탓으로 볼 수 있다. 〈고조본기〉는 유방이 이런 실수를 범하게 된 이유를 딴 데서 찾고 있다. 당시 어떤 자가 유방에게 이같이 건의했다고 기록해놓았다.

"진나라의 부富는 천하의 10배이고, 지형 또한 매우 유리합니다. 제가 듣건대 장함이 항우에게 항복하자 항우는 스스로 장함을 옹왕으로 칭하며 장차 관중의 왕이 되려 한다고 합니다. 지금 항우가 오면 애써 손에 넣은 관중 땅을 잃을까 우려됩니다. 급히 군사들로 하여금 함곡관을 지켜 제후들의 군사가 들어오지 못하게 하십시오. 이후 점차 관중의 병사를 징발하는 방법으로 병력을 증강해 그들을 막으십시오."

〈항우본기〉와 〈유후세가〉에는 '어떤 자'의 이름이 추생鰍生으로 나온다. 여기의 추鰍는 원래 송사리를 뜻하는 말로 잡어雜魚의 의미로 사용된다. 《사기》는 의도적으로 '잡스러운 유생' 내지 '경박한 자'의 취지로 끌어 쓴 듯하다. 주목할 것은 추생이 '장함이 항우에게 항복하자 항우는 스스로 장함을 옹왕으로 칭하며 장차 관중의 왕이 되려 한다'고 언급한 점이다. 유방을 자극하려는 속셈이 드러난다.

〈고조본기〉는 마치 유방에게 아무런 책임이 없는 것인 양 추생의 건의를 순순히 좇은 것으로 기록해놓았다. 그러나 행간을 보면 당시 유방이 유사시의 일전불사를 염두에 두었음을 알 수 있다. 〈경포열전〉의 기록 등이 이를 뒷받침한다. 그렇다고 유방의 당시 결정이 결코 무모한 것만도 아니었다. 고금의 모든 전투사례가 보여주듯이 싸움은 병력의 숫자만으로 결정되는 게 아니다. 함곡관을 틀어막으면 얼마든지 대군을 상대할 수 있다. 당시 유방은 함양 입성에 고무된 나머지 그같이 생각했을 가능성이 높다.

〈항우본기〉는 함곡관을 돌파한 항우군이 희정에 이르자 유방의 군사가 이에 대응하기 위해 파상에 주둔하게 됐다고 기록해놓았다. 유방의 최측근인 조무상의 고자질로 항우는 분기탱천한 상황이었다. 당시의 긴박한 상황을 〈항우본기〉는 '항우가 희정의 서쪽에 이르자 패공이 파상에 주둔했다. 아직 항우와 만나지 않았다'라고 기록해놓았다. 일촉즉발의 충돌상황이었다. 이때 범증이 항우에게 이같이 건의했다.

"유방은 이전에 재물을 탐하며 여색을 좋아했는데 지금 입관해서는 재물도 취하지 않고 부녀도 총애하지 않고 있습니다. 이는 그의 뜻이 결코 작은 데 있는 게 아님을 뜻하는 것입니다. 그를 급히 쳐야 합니다. 절호의 기회를 잃어서는 안 됩니다."

당시 초나라 좌윤左尹으로 있던 항백項伯은 항우의 숙부로 평소 장량과 가까운 사이였다. 그는 항우의 군사가 유방을 친다는 말을 듣고 즉시 말에 올라 밤을 새워 유방의 진영으로 달려가 은밀히 장량을 만났다. 항백은 전말을 모두 전한 뒤 장량에게 함께 떠날 것을 호소했다. 하지만 장량은 이내 유방에게 이 사실을 모두 말했다. 유방이 크게 놀라자 장량이 물었다.

"공의 군사들이 족히 항우의 군사를 감당할 수 있다고 생각하십니까?"

유방이 침묵을 지키고 있다가 반문했다.

"실로 그렇지 못할 것이오. 이를 어찌해야 좋소?"

장량이 대답했다.

"청컨대 항백을 찾아가 '유방은 감히 배반하지 않을 것이다'라고 말하십시오."

유방이 물었다.

"그대는 어떻게 해서 항백과 사귀게 되었소?"

장량이 대답했다.

"전에 그가 살인을 하게 되었을 때 제가 그를 살려준 바 있습니다. 지금 사태가 위급하게 되자 특별히 제게 와서 그런 이야기를 해준 것입니다."

유방은 항백과 장량 중 누가 더 나이가 많은지를 묻고는 항백이 더 많다는 장량의 말에 이같이 말했다.

"그대는 나를 위해 그를 안으로 불러들여 주시오. 내가 형장兄長을 시봉하듯이 그를 대접하겠소."

장량이 밖으로 나가 항백에게 성심으로 청하자 항백이 안으로 들어와 유방을 만났다. 유방은 술잔에 가득 찬 술을 들어 축수한 뒤 자식들의 혼인을 약속하며 이같이 덧붙였다.

"나는 입관한 이후 추호도 감히 사사로이 취한 바가 없습니다. 이민吏民을 장부에 기록하고, 부고府庫를 봉인한 채 항 장군이 오기만을 기다렸습니다. 장수를 파견해 함곡관을 지키게 한 것은 다른 도적의 출입과 비상상황을 대비한 것입니다. 밤낮으로 항 장군이 오기만을 기다렸는데 어찌 감히 배반할 수 있겠습니까? 원컨대 장군은 내가 감히 은덕을 배반하지 않을 것임을 소상히 말해주시기 바랍니다."

당시 항우는 항백이 '어떻게 해서든 유방을 항복시켜 보겠다'라고 제안한 까닭에 별 기대를 하지 않으면서도 이를 수용했을 공산이 크다. 항백은 유방이 자신의 건의를 허락하자 유방에게 이같이 당부했다.

"내일 아침 불가불 일찍 직접 와서 사과해야 할 것이오."

유방에게서 그리하겠다는 말을 들은 항백은 항우의 군영으로 돌아가 유방이 한 말을 항우에게 빠짐없이 보고했다. 항우는 유방이 계속 항전을 계속해온 까닭에 그가 투항하리라고는 전혀 생각지 못했다. 이때 항백이 이같이 덧붙였다.

"패공이 먼저 관중을 깨뜨리지 않았다면 공이 어찌 감히 입관할 수 있었겠소? 지금 대공을 세운 사람을 공격하는 것은 불의요. 그를 잘 대우하느니만 못하오."

'대공'과 '불의'의 비유가 절묘하다. 조카인 항우를 우쭐하게 만들고자 한 것이다. 이게 주효했다. 항우가 곧바로 유방의 투항을 허락한 사실이 이를 뒷받침한다. 초한지제의 전 과정을 복기해볼 때 이는 항우의 커다란 실수였다. 유방이 범한 여러 실책을 거론하며 대의명분에 입각해 유방의 목을 치는 게 해답이었다. 일각에서 항우가 패망한 배경을 항백에게서 찾는데 이는 결코 지나친 게 아니다. 예로부터 내부의 적이 가장 무섭다고 한 이유를 이 사례처럼 잘 보여주는 것도 없다.

당시 유방이 파상에 주둔한 것도 나름 속셈이 있었다고 봐야 한다. 항우가 곧바로 함양을 향할 때는 그대로 놓아두고, 만일 입성전에 쳐들어오면 결사항전을 펼치고, 여의치 못할 때는 종남산을 넘어 패수를 따라 남하한 뒤 무관을 통해 남양으로 퇴각하고자 했을 공산이 크다. 그러나 병력에서 항우군의 4분의 1에 불과한 유방군이 항우군의 공격을 받을 경우 무관을 무사히 빠져나가 남양을 근거지로 삼는 일은 그리 만만한 게 아니었다. 게다가 항우의 책사 범증은 유방을 놓칠 경우 호랑이를 산에 풀어놓는 것과 다름없다는 사실을 통찰하고 있었다. 자칫 패주하는 상황이 되면 이후 걷잡을 수 없는 사태가 닥쳐올지도 모를 일이었다.

객관적으로 볼 때 확실히 유방은 궁지에 몰려 있었다. 속히 관중왕이 되겠다는 과도한 욕심과 상대의 힘을 과소평가한 오판 등이 화를 자초한 셈이다. 이때 장량이 곧바로 유방을 찾아가 항복을 권하고 나섰다. 항백의 말을 듣고 활로가 여기에 있다고 판단했던 것이다.

원래 항복은 목숨을 상대에게 맡기는 것을 의미한다. 유방의 경우는 잠재적인 라이벌인 까닭에 이런저런 구실을 붙여 단박에 목을 자를지도 모를 일이었다. 장량도 이를 모를 리 없다. 그런데도 그는 왜 주군인 유방에게 항복을 권한 것일까? 전국시대 말기의 월왕 구천의 책사 범리가 구사한 이른바 사항계詐降計를 구사하고자 했을 공산이 크다. 사항계는 최악의 상황에 처했을 때 철저히 몸을 굽혀 상대를 크게 띄워주는 방식으로 활로를 찾는 고육책에 해당한다. 유방의 측근이자 처남에 해당하는 조무상이 유방을 '배신'하고 항우에게 고자질한 것도 양측의 현격한 실력차이를 절감한 결과로 볼 수 있다. 유방이 다음 날 아침에 100여 기를 이끌고 항우가 있는 홍문으로 찾아와 사죄했다.

"저와 장군은 사력을 다해 진나라를 공격했습니다. 장군은 하북, 저는 하남에서 싸웠습니다. 본의 아니게 제가 먼저 입관하여 여기서 장군을 다시 알현할 수 있게 되었습니다. 지금 소인들이 쓸데없는 말을 하여 장군과 저 사이에 틈을 만들고 있습니다."

항우가 말했다.

"이는 패공의 좌사마 조무상이 패공에 관해 달리 말했기 때문이오. 그렇지 않았다면 내가 어찌 이같이 할 리 있겠소!"

항우는 모든 책임을 조무상에게 떠넘긴 뒤 곧 유방을 군영에 머물도록 하면서 함께 술잔치를 벌였다. 범증이 수차례 항우에게 눈짓을 보내며 차고 있는 옥결玉玦을 들어 세 번이나 보여주었으나 항우가 응하지 않았다. 범증이 일어나 밖으로 나간 뒤 항장項莊을 불러 말했다.

"항 장군이 결단을 내리지 못하고 있소. 그대가 우선 안으로 들어가 축수를 한 뒤 축수가 끝나면 곧 주흥을 돋우기 위해 검무를 추겠다고 청하시오. 검무를 추다가 기회를 보아 유방을 찔러 그 자리에서 죽여야만 하오. 그리하지 못하면 그대들은 모두 그의 포로가 되고 말 것이다."

항장이 곧 안으로 들어가 축수를 했다. 축수를 마친 뒤 이같이 청했다.

"군중에는 즐길 만한 것이 없으니 청컨대 검무를 추고자 합니다."

항우가 허락하자 항장이 검을 뽑아 춤을 추기 시작했다. 이때 항백도 문득 검을 뽑아 춤을 추기 시작했다. 항백은 계속 자기 몸으로 유방을 날개처럼 펼쳐 가려주었다. 이에 항장은 유방을 격살할 수 없었다. 그때 유방을 수행해 온 장량이 군문에 이르러 번쾌를 만났다. 번쾌가 물었다.

"오늘 일은 어찌 된 것이오?"

장량이 대답했다.

"지금 항장이 칼을 뽑아들고 춤을 추면서 그 뜻을 계속 우리 주군에게 두고 있소."

번쾌가 말했다.

"일이 급박하게 되었소. 내가 안으로 들어가 유방과 생사를 같이 하도록 하겠소."

번쾌가 즉시 칼을 차고 방패를 손에 쥔 채 안으로 들어갔다. 군문의 위사가 진입을 저지하려고 하자 번쾌가 방패를 들어 옆으로 휘둘러 위사를 그대로 땅바닥에 쓰러뜨렸다. 번쾌가 마침내 안으로 들어가 휘장을 젖히고 유방 옆에 시립했다. 그가 눈을 부릅뜬 채 항우를 노려보자 머리카락이 위로 치솟음하고 눈초리가 거의 찢어질 듯했다. 항우가 칼을 어루만지며 무릎을 바닥에 댄 채 상체를 바로 세운 자세로 물었다.

"객은 무엇 하는 사람인가?"

장량이 대답했다.

"유방의 호위군사 번쾌입니다."

항우가 찬탄했다.

"장사로다. 그에게 술을 내리도록 하라!"

곧 그에게 술 한 말을 내렸다. 번쾌는 절을 하며 사의를 표한 뒤 일어선 채로 이를 다 마셨다. 항우가 말했다.

"그에게 돼지 넓적다리도 내려줘라!"

삶지 않은 돼지 넓적다리가 통째로 그 앞에 놓였다. 번쾌가 땅에 방패를 엎어놓고 그 위에 돼지 넓적다리를 올려놓은 뒤 칼을 뽑아 이를 잘라서 먹었다. 항우가 물었다.

"장사는 더 마실 수 있겠는가?"

번쾌가 대답했다.

"신은 죽음도 피하지 않고 있는데 술 한 잔을 어찌 지나치게 사양할 리 있겠습니까? 저 진나라는 호랑이와 이리 같은 마음을 지닌 까닭에 살인하면서 더 죽이지 못할까 걱정하고, 사람에게 형벌을 내리면서 더 벌주지 못할까 걱정했습니다. 그래서 천하가 모두 반기를 든 것입니다. 초회왕과 제장이 약속하기를, '먼저 함양에 들어가는 자를 왕으로 삼는다'고 했습니다. 지금 유방은 먼저 진나라 군사를 깨뜨리고 함양에 들어왔는데도 추호도 사사로이 취한 게 없고, 파상으로 철군하여 장군을 기다렸습니다. 이처럼 고생하여 높은 공을 세웠는데도 작위를 내려주는 상은커녕 간사한 자의 무함만 듣고 큰 공을 세운 사람을 주살하려고 하니 이는 패망한 진나라를 잇는 짓일 뿐입니다. 저는 장군이 그리하지 않을 것으로 생각합니다."

항우가 응답하지 않은 채 말했다.

"앉으시오."

번쾌가 장량을 좇아 앉았다.

이들이 잠시 앉아 있는 동안 유방이 몸을 일으켜 측간으로 가면서 번쾌를 밖으로 불러냈다. 유방이 말했다.

"지금 우리가 나오면서 인사도 하지 않았으니 이를 어찌하면 좋겠소?"

번쾌가 대답했다.

"지금 저들은 바야흐로 칼과 도마를 준비하고 있고, 우리는 바야흐로 도마 위의 고기가 되어 있는데 무슨 인사치레를 한다는 것입니까?"

홍문에서 파상까지는 16킬로미터였다. 유방은 타고 왔던 거기를 놓아둔 채 급히 몸을 빼어 홀로 말을 타고 달아났다. 번쾌와 하후영, 근강靳彊, 기신紀信 등 4인은 칼과 방패를 든 채 유방의 뒤를 좇아 걸어서 도망쳤다.

당시 유방은 도주하기에 앞서 장량에게 홍문에 남아 있다가 항우에게 사과한 뒤 하얀 옥구슬인 백벽白璧을 바치고 옥두玉斗를 범아부范亞父에게 주라고 이르면서 이같이 덧붙였다.

"이 길로 가면 우리 군영까지는 40리에 불과하오. 내가 우리 군영에 이르렀다고 여겨질 즈음 공은 안으로 들어가도록 하시오."

범아부의 '아부'는 당시 항우가 범증을 높여 부른 말이다. '부친에 버금하는 어른'이란 뜻이다. 이는 춘추시대 중엽 첫 패업을 이룬 제환공이 재상인 관중을 '중부仲父'로 높여 부른 것을 흉내 낸 것이기도 하다. '중부'는 관중의 자가 '중仲'인 점에 착안한 것이다. 통상 '부父'는 단순히 일반 남자의 미칭으로 쓰일 때는 '보甫'로 읽으나 부친에 준하는 존경스런 인물 내지 나이 많은 남자를 지칭할 때는 '부'로 읽는다. '중부'를 비롯해 나이 많은 농부를 뜻하는 전부田父와 어옹漁翁과 같은 의미의 어부漁父 등이 그 실례다.

주목할 것은 유방이 장량을 통해 항우에게 바친 '백벽'이다. 이는 원래 춘추시대 이래 항복 의식에서 항복하는 자가 수의를 입은 채 입에 물고 사죄할 때 사용하는 것이다. 〈항우본기〉에는 장량이 항우에게 단순히 아름다운 옥구슬인 미옥美玉을 바친 것처럼 묘사돼 있으나 이는 당시의 실정과 부합하지 않는다. 유방은 항우의 군막 안에서 옥구슬을 입에 물고 항복의식을 치렀을 공산이 크다. 후대의 사가들은 내심 미옥을 바친 것까지 삭제하고자 했으나 미옥이 항우의 손에 있는 이상 이마저 왜곡하기는 어려웠을 것이다.

유방이 자신이 군영에 이르렀을 즈음 장량이 장막 안으로 들어가 항우에게 사과했다.

"유방이 술을 이기지 못해 직접 인사를 올리지 못했습니다. 이에 삼가 저 장량으로 하여금 백벽 한 쌍을 받들어 재배再拜한 뒤 장군에게 바치고, 옥두 한 쌍은 재배한 뒤 아부에게 올리게 했습니다."

항우가 물었다.

"패공은 지금 어디에 있소?"

장량이 대답했다.

"장군이 패공을 책망하려는 뜻을 지니고 있다는 말을 듣고 몸을 빼내 홀로 떠났습니다. 이미 군영에 이르렀을 것입니다."

항우가 백벽을 받아 자리 위에 놓았다. 그러나 범증은 옥두를 받아 땅에 던져놓고는 칼을 뽑아 쳐서 깨뜨리며 탄식했다.

"아, 어린아이와는 족히 더불어 계책을 꾀할 수 없구나! 장군의 천하를 빼앗는 자는 반드시 패공일 것이니, 우리는 이후 그의 포로가 되고 말 것이다!"

'천하를 빼앗는 자는 패공' 운운은 사가들에 의해 윤색된 내용일 공산이 크다. 다만 화가 난 나머지 유방이 항복의식 때 자신에게 바친 구슬 등을 내던지며 크게 탄식했을 가능성은 배제할 수 없다. 이종오는《후흑학》에서 당시 항우가 범증의 계책을 받아들여 유방의 목을 쳤을 경우 이내 천하를 거머쥐었을 것이라며 아쉬움을 표한 바 있다. '초한지제'를 후흑厚黑의 달인 유방과 박백薄白의 상징인 항우의 대결로 평가한 결과다.

그러나 이에 대한 반박도 만만치 않다. 대표적인 인물이 한자오치韓兆琦다. 그는《사기신독史記新讀》에서 여러 이유를 들어 '후흑과 박백'의 대결 논리를 조목조목 반박했다. 홍문지연이 호랑이 굴이었다면 천하의 건달 유방이 순순히 그리 들어갈 이유가 없었다는 게 골자다. 당시 유방은 진나라의 각종 군사시설을 장악하고 있었고 지형을 모두 꿰고 있었으며, 지리적으로 볼지라도 항우보다 훨씬 유리했다는 것이다. 나름 일리가 있으나 객관적으로 볼 때 두 사람의 승패를 가른 것은 역시 결단의 문제였다. '홍문지연'에서 유방을 옭아맬 수 있는 구실은 매우 많았다. 그런데도 항우는 결단하지 못했다. 우유부단한 성격이 문제였다.

위기일수록 더욱 속히 결단하라

전국시대 중엽 서쪽 변방의 진秦나라를 돌연 가장 부강한 나라로 만든 장본인은 상앙이다. 그는 군주의 결단 문제를 난세와 치세의 치도와 연결시켜 해석한 최초의 인물이다. 그게 바로 군단君斷이다. 이를 정확히 이해하기 위해서는 먼저 전제專制와 독재獨裁의 의미부터 명확히 할 필요가 있다. 21세기 현재 전제와 독재 모두 최고통치권자인 군주나 대통령에 의해 자행되는 퇴행적인 통치로 간주하고 있다. '민주경영'을 금과옥조로 여기며 삼성의 사령탑인 이건희 회장의 리더십을 '황제 리더십'으로 비판하는 것도 같은 맥락이다.

이런 현상은 기본적으로 군주정을 민주정과 대립되는 것으로 파악한 서양의 역사문화에서 비롯된 것이다. 《상군서》와 《한비자》를 비롯한 법가 사상서와 《손자병법》을 위시한 동양 전래의 병서는 군주의 독재와 전쟁터에서 용병하는 장수의 전제를 언급하고 있다. 난세이기 때문이다. 서양과는 정반대다.

《한비자》는 독재와 전제를 엄격히 분리했다. 군주를 허수아비로 만든 붕당세력의 우두머리인 권신의 전횡專橫을 전제, 군주의 고독한 결단을 독재로 표현한 게 그렇다. 한비자는 무엇을 근거로 권신의 전제와 군주의 독재를 구분한 것일까?《한비자》〈망징亡徵〉에 이에 대한 설명이 나온다.

"신하들이 붕당을 결성해 군주의 눈과 귀를 가리면서 권력을 휘두르면 그 나라는 패망한다. 변경을 지키는 장수의 직위가 너무 높아 멋대로 명을 내리면 그 나라는 패망한다. 나라의 창고는 텅 비어 있는데도 대신의 창고만 가득 차 있으면 그 나라는 패망한다."

한비자가 좌우의 의견에 흔들리지 않고 독자적으로 결단하는 군주독재를 역설한 이유가 여기에 있다. 군주의 결단이 국가존망과 직결된다고 판단한 데 따른 것이다. 그는 〈외저설外儲說 우상右上〉에서 상앙과 비슷한 시기에 활약한 신불해申不害의 말을 인용해 '군단'을 이같이 설명해놓았다.

"일을 처리할 때 남의 눈치를 보지 않고 홀로 진상을 파악하는 것을 '명明', 어떤 일이 일어나도 남의 말에만 귀를 기울이지 않고 홀로 판단하는 것을 '총聰'이라고 한다. 이처럼 남의 말과 뜻에 흔들리지 않고 총과 명에 따라 홀로 결단하는 사람은 가히 천하의 제왕이 될 수 있다."

《한비자》는 '군단'을 독단獨斷으로 표현해놓았다. 서구의 정치사상사에서 말하는 '딕테이터십dictatorship' 즉 독재와 유사한 개념이다. 독재라는 용어가 유행하게 된 것은 메이지유신 당시 일본인들이 딕테이터십을 독단 대신 독재로 번역한 뒤부터다. 원래 재裁와 단斷 모두 옷감이나 재목 따위를 치수에 맞도록 재거나 자르는 마름질을 의미한다. 독재 대신 독단으로 번역했을지라도 결국 같은 뜻이다. 《상군서》〈수권修權〉은 독재를 독제獨制로 표현해놓았다. 이 역시 같은 뜻이다.

상앙과 한비자가 말하는 독단 내지 독제는 서구의 딕테이터십과 커다란 차이가 있다. 군단의 정확한 의미를 알면 이를 쉽게 확인할 수 있다. 상앙과 한비자가 군단을 역설한 것은 난세가 심화됐을 때를 전제로 한 것이다. 태평성대에는 모든 문제를 백성들 스스로 판단해 처결한다. 이를 '가단家斷'이라 한다. 그보다 약간 못한 치세에는 분쟁을 마을 단위에서 처결한다. 바로 곡단曲斷이다. '곡'은 향곡鄕曲을 뜻한다. 가단과 곡단을 합쳐 '하단下斷'이라 한다. 하단과 대비되는 것이 '상단上斷'이다. 이는 크게 '관단官斷'과 '군단'으로 나뉜다. 쟁송이 많아져 관아에서 처결하는 것이 관단인데, 나라가 그만큼 어지러워졌음을 뜻한다. 관아에서도 처결하지 못해 마침내 모든 사람이 최고통치권자인 군주의 결단을 요구하는 최악의 상황이 도래할 때 필요한 게 군단이다. 이는 난세의 심도가 그만큼 깊어졌음을 의미한다.

상앙은 자신이 활약하던 전국시대 중기의 상황을 난세의 절정으로 파악했다. 군주의 고독한 결단을 촉구한 이유다. 한비자는 상앙의 이런 주장에 공명했다. 《한비자》〈칙령飭令〉에서 엄정한 법치의 확립을 역설한 것도 이런 맥락에서 이해할 수 있다. 해당 대목이다.

"군주는 자신의 명령을 공정하고 불편부당하게 시행하여 법제에 부합하도록 해야 한다. 법제가 공평하면 관원이 간사한 짓을 못하게 된다. 공적에 따라 인재를 임용하면 백성들의 말이 적고, 공허한 인의도덕을 떠벌이는 자를 임용하면 백성들의 말이 많아진다. 법치는 향촌에서부터 엄히 시행될 필요가 있다. 곧바로 5리 범위 안에서 엄히 시행할 수 있으면 왕자王者, 9리 범위 내에서 엄히 시행할 수 있으면 강자强者가 된다. 지척대며 시행을 늦추는 나라는 영토가 깎이는 약자弱者가 된다."

고금을 막론하고 법치가 확립돼 있지 못하면 백성들은 시비판단의 근거가 없어 사안을 속히 처리할 수 없게 된다. 쟁송이 많아지는 이유다. 이를 방치하면 나라가 이내 어지러워질 수밖에 없다. 상앙과 한비자는 법치가 확립되면 향촌 단위에서 조속히 시비를 결단해 문제를 미연에 방지할 수 있다고 역설했다. 《상군서》〈설민說民〉이 하단과 상단이 등장하는 배경을 치세와 난세의 틀 속에서 일치日治와 야치夜治, 숙치宿治로 바꿔 표현한 이유다.

원래 가단은 다스리는 데 여유가 있는 상황이다. 업무시간인 낮에 결단해 사안을 처리하는 '일치'가 이뤄지면 왕자가 된다고 말하는 이유다. 관단은 다스리는 데 다소 부족한 상황이다. 밤늦게 결단해 사안을 처리하는 '야치'가 이뤄지면 강자가 된다고 말하는 이유다. 군단은 다스리는 데 큰 어려움을 겪을 정도로 매우 어지러운 상황이다. 머뭇거린 탓에 하룻밤을 묵혀 다음 날 결단해 사안을 처리하는 '숙치'가 이뤄지면 나라의 영토가 깎인다고 말하는 이유다.

한비자와 상앙 모두 비록 가장 높은 수준의 도가의 제도帝道에 관해서는 언급하지 않았으나 기본취지를 토대로 추론하면 가단을 바로 '제도'로 상정했음을 알 수 있다. 《상군서》와 《한비자》에 나오는 '치세 및 난세에 적용되는 결단의 차원'을 종합하면 대략 다음과 같이 정리할 수 있다.

〈치세 및 난세에 적용되는 결단의 차원〉

상황	필요한 결단의 종류		결단의 완급	결단주체	치자治者
치세	하단	가단家斷	즉치卽治	가호	제자帝者
		곡단曲斷	일치日治	5리	왕자王者
난세	하단	곡단曲斷	일후치日後治	7리	패자霸者
		곡단曲斷	석치夕治	9리	강자强者
		곡단曲斷	석후치夕後治	10리	약자弱者
	상단	관단官斷	야치夜治	관아	삭자削者
		군단君斷	숙치宿治	군주	위자危者
		무단無斷	불치不治	없음	망자亡者

공평무사한 법집행이 제대로 이뤄지는 순서로 말하면 가단의 수준이 가장 높다. 일정한 기준이 없어 멋대로 법집행이 이뤄지는 무단無斷과 정반대된다. 무단은 결단의 주체가 없는 상황을 말한다. 《한비자》와 《상군서》는 이를 구체적으로 언급하지 않았으나 권신들이 발호해 백성들을 그물질해 사복을 채우는 최악의 단계를 상정한 것이다. 이 단계에서는 군주가 허수아비로 전락한 까닭에 결단의 주체가 없고 오직 권신들이 자신들의 입맛에 따라 멋대로 정책

을 결정하고 법령을 집행할 뿐이다. 후한 말기에 등장한 환관의 발호와 조선조의 세도정치 등이 '무단'의 대표적인 사례에 해당한다. 난세가 심화될수록 즉각적인 '군단'이 필요한 이유다.

상앙은 군주가 허수아비로 전락한 상황이 바로 무단에 해당한다고 판단했다. 그는 이를 군약신강君弱臣强으로 표현했다. 군약신강을 언급한 최초의 사례에 해당한다. 그는 군약신강을 패망의 지름길로 간주했다. 다음은 《상군서》〈신법愼法〉의 해당 대목이다.

"군주가 '군약신강'의 배경을 제대로 살피지 못하면 설령 열국 제후들의 침공을 받지 않을지라도 반드시 백성들의 겁박을 받게 된다. 붕당세력의 교묘한 언설이 횡행하면 현자나 불초한 자나 모두 이를 따라 배울 것이다. 선비들이 언변에 뛰어난 사람에게서 배우면 일반 백성은 실질적인 일을 팽개친 채 허황된 언설을 낭송하고 다닐 것이다. 국력이 줄어들고 서로를 비난하는 이야기가 난무하는 이유다. 군주가 이를 제대로 살피지 못하면 전쟁이 일어났을 때 반드시 장병을 모두 잃을 것이고, 성을 지키려고 해도 오히려 성을 팔아먹는 자가 나타날 것이다."

군약신강의 상황은 국가공동체 차원에서 빚어지는 무단에 해당한다. 최소 단위의 부부공동체도 '무단'의 상황이 존재한다. 서로 갈라서며 원수가 된 경우가 그렇다. 기업공동체도 예외가 아니다. 2세대가 전면에 등장했을 때 창업주와 고락을 같이했던 임원과의 갈등이 폭발할 경우가 그렇다. 국가공동체 역시 말기에 들어와 군주가 암약暗弱하고 권신이 발호할 때 예외 없이 이런 양상이 나타난다.

춘추전국시대와 삼국시대 등 난세 때마다 권신이 군주를 시해하고 나라를 빼앗는 시군찬위弑君簒位가 나타난 게 그렇다. 모두 집안이나 기업의 형편이 극도로 어려워지거나 내란 및 외우 등의 환란으로 인해 나라가 휘청거릴 때 이런 양상이 빚어진다.

《한비자》가 〈외저설 우하〉에서 군주통치의 요체를 백성을 직접 다스리는 치민治民이 아니라 관원을 대상으로 한 치리治吏에서 찾은 이유가 여기에 있다. 이는 권신의 발호를 미연에 방지해 보위를 튼튼히 하고, 군주가 의도한 바대로 신하를 부리고자 하는 제신술의 일환으로 나온 것이다. 상앙의 군단 개념을 확대 적용한 결과다.

서구의 경영이론은 하나같이 전문경영인이 주축이 된 기업 CEO의 민주 리더십을 강조한다. 호황일 때는 일리가 있다. 문제는 2008년에 터져 나온 미국발 금융대란과 2011년의 유럽발 재정대란과 같은 위기상황이다. 과감히 도려낼 것은 도려내고 새로운 상황에 맞춰 즉시 변신하는 것이 절대 필요한 상황에서 민주 리더십으로는 결단이 늦어질 수밖에 없다. 위기상황에서 결단을 미루면 미룰수록 사안은 위중해진다. 이는 패망의 길이다. 전쟁터에서 지휘관이 임기응변의 즉각적인 명을 내리지 못하고 우물쭈물하며 연일 구수회의만 열다가 몰살을 자초하는 것과 같다.

위기상항에서는 전문경영인 CEO의 민주 리더십보다는 오너 CEO의 제왕 리더십이 더욱 빛을 발한다. 2010년의 아이폰 공습 당시 삼성이 총수의 복귀를 계기로 반격의 계기를 마련한 데 반해 민주 리더십을 고집한 LG가 대응을 늦추는 바람에 고전한 게 그 증거다. 창업주와 그 후손인 오너는 주인의식이 강할 수밖에 없다. 전문경영인과는 질적으로 다르다. 일부 악덕 기업주를 제외하고는 기업에 강한 애착을 가질 수밖에 없다. 역대 왕조의 창업주와 그 후손인 군주가 사직의 안녕을 위해 애쓰는 것과 닮았다. 《상군서》와 《한비자》가 군단으로 표현되는 군주의 고독한 결단을 촉구한 이유다.

고금을 막론하고 민생이 도탄에 빠져 있는 한 '리더십의 위기'에서 벗어날 길은 없다. 이 덫에서 벗어날 수 있는 유일한 길은 공정한 법집행을 전제로 한 최고통치권자의 과감한 결단이다. 민생의 현장인 시장의 교란을 막는 게 요체다. 《상군서》가 난세의 심도가 깊을수록 군주의 신속하고도 고독한 결단이 필요하다고 역설한 이유다. 그게 군단이다. 《상군서》가 21세기 스마트혁명시대에 이르기까지 '부국강병 책략의 바이블'로 꼽히는 것도 결단의 문제를 통치의 수준과 연결시켜 분석한 결과다. 민주경영과 황제경영에 대한 올바른 해석이 필요한 시점이다.

05: 투기投機
하나의 표적에
온 힘을 쏟아부어라

절대로 힘을 분산시키지 마라

결정적인 계기에 결단하여 떨쳐 일어날지라도 이것이 곧 승리를 보장하는 것은 아니다. 반드시 힘을 한곳에 집중시켜야 소기의 성과를 거둘 수 있다. 그게 바로 '투기投機'다. 투기는 흔히 시세 변동을 예상하여 큰 차익을 얻기 위해 하는 매매 거래의 뜻으로 사용되고 있으나, 원래는 절호의 기회에 온몸을 내던진다는 뜻으로 사용된 말이다. 투기에 성공하려면 '선택과 집중'의 기본원칙에 충실해야 한다. 힘이 분산되면 작은 성공밖에 거두지 못한다. 잘못하면 성공적인 흐름을 보이는 국면 전체를 일거에 뒤집는 악재로 작용할 수도 있다.

대표적인 예로 제갈량이 첫 북벌에 나섰을 때 힘을 분산시킨 나머지 끝내 후퇴해야만 했던 가정전투街亭戰鬪 실패 사례를 들 수 있다. 나관중은 《삼국연의》에서 제갈량을 극도로 미화해놓았으나 역사적 사실로 분명히 드러난 첫 번째 북벌 당시의 가정전투 실패마저 승리로 둔갑시킬 수는 없었다.

가정전투와 관련한 《삼국연의》의 묘사는 몇 가지 점에서 역사적 사실과 동떨어져 있다. 당시 마속과 싸운 위나라 장수는 사마의가 아닌 장합張郃이었다. 《삼국연의》는 '만고의 군신'으로 미화한 제갈량이 일개 무장에게 패한 사실을 인정하지 않으려는 의도로 이런 왜곡을 자행한 것이다. 가정전투를 제갈량과 사마의의 대결로 바꿔놓은 뒤 마속馬謖이 제갈량의 주문을 무시하고 제멋대로 행동하는 모습을 세밀히 묘사해놓은 것도 같은 맥락에서 파악할 수 있다. 이는 말할 것도 없이 제갈량의 잘못은 하나도 없는데 마속이 제갈량의 지시를 어김으로써 사마의에게 당하게 되었다는 식으로 이야기를 끌어가기 위한 복선이다. 당시 마속은 장합에게 덜미를 잡힌 것이고, 제갈량 또한 장합에게 그 속셈을 간파당했던 것이다. 이는 제갈량의 장기인 탁상행정이 실패했음을 시사한다. 그렇다면 그 이유는 무엇일까? '읍참마속泣斬馬謖'의 진상을 정확히 알아야만 그 해답을 찾아낼 수 있다.

나관중은 해당 대목에서 마속의 목을 벨 수밖에 없었던 제갈량의 모습을 매우 비장하게 그려놓았다. 제갈량이 눈물을 흘리며 마속의 목을 베었다는 소위 읍참마속이 나오게 된 배경이다. 그러나 이는 사서의 기록과 다르다. 《삼국지》〈마량전〉에 다음과 같은 구절이 나온다.

"마속은 옥에 갇혀 있던 중 물고物故했다. 제갈량이 그를 위해 눈물을 흘렸다."

물고는 뜻밖의 일로 죽음을 당하는 변고變故를 뜻한다. 이는 읍참마속이 역사적 사실과 다를 수 있다는 가능성을 암시한다.《삼국지》〈상랑전〉의 다음 대목은 이런 의구심을 더욱 증폭시키고 있다.

"상랑은 평소 마속과 사이좋게 지냈다. 마속이 도망칠 때 상랑은 그 상황을 알았지만 그를 검거하지 않았다. 제갈량이 이를 한스럽게 생각해 상랑의 관직을 박탈하고 그를 성도로 돌아가게 했다."

상랑은 승상부의 집사에 해당하는 장사長史였다. 당시 제갈량을 좇아 한중으로 출전해 후방의 일을 보고 있었다. 그는 가정에서의 패배 후 마속이 도망쳐왔을 때 이를 모르는 채 묵인했다가 관직을 박탈당했던 것이다. 두 기록을 종합해보면 대략 마속은 죄를 두려워하여 상랑에게서 도망쳤다가 이내 붙잡혀 옥에 갇힌 뒤 무슨 이유인지는 모르겠으나 옥중에서 죽게 되었음을 알 수 있다. 그렇다면 마속이 죽은 진짜 이유는 무엇일까? 진수는 '유고有故'와 유사한 뜻을 지닌 '물고'라는 애매한 표현을 써 사람들을 헷갈리게 만들어놓았다.《삼국지》〈제갈량전〉에 이를 유추할 수 있는 대목이 나온다.

"제갈량이 서현의 민호 1000여 호를 이끌고 한중으로 들어왔다. 마속을 죽여 사람들에게 사죄했다."

이에 따르면 〈상랑전〉에 나오는 물고는 바로 '참형'을 뜻하는 것으로 새기는 게 옳다. 그러나 이것이 마속을 죽이면서 눈물을 흘렸다는 '읍참泣斬'을 뜻하는 것은 아니다. 읍참의 근거는 과연 어디에 있는 것일까? 〈마량전〉의 배송지 주에 인용된《양양기襄陽記》의 기록은 읍참과는 사뭇 다른 분위기를 전하고 있다. 다음은《양양기》의 기록이다.

"장완蔣琬이 제갈량을 찾아와 말하기를, '천하가 평정되지 않았는데 재주 있는 선비를 죽이는 것이 어찌 애석한 일이 아니겠습니까?'라고 하였다."

이는 당시 제갈량이 장완 등의 반대에도 불구하고 마속에 대한 참형을 강행했음을 시사한다. 읍참의 진실은 무엇일까? 사마광의《자치통감》에 그 해답이 있다.

"제갈량이 마속을 하옥시켜 죽였다. 이내 조상弔喪을 가서 눈물을 흘리며 통곡했다."

이에 따르면 제갈량은 마속을 하옥시켜 참형에 처한 뒤 문상을 가 눈물을 흘린 것이 된다. '읍참'이 아니라 '읍조泣弔'가 역사적 사실에 가까운 셈이다. 물론《양양기》와《자치통감》에도 제갈량이 마속을 죽이기에 앞서 눈물을 흘린 대목이 나온다. 그러나 그것은 장완이 이의를 제기할 때 이를 반박하면서 장완 앞에서 흘린 것이다. 마속을 베라는 호령을 내릴 때 제갈량이 눈물을 흘렸다는 기록은 찾을 수가 없다. 이는 나관중이 '읍조마속泣弔馬謖'을 '읍참마속'으로 둔갑시켰을 가능성을 뒷받침한다.

실제로 읍참마속 대목에 비판적인 사람들은 패배에 대한 모든 책임을 제갈량이 져야 한다고 주장한다. 그러나 아직까지는 마속의 책임을 가장 무겁게 보는 '마속책임설'이 대종을 이루고 있다. 사실 마속은 부장으로 있던 왕평의 계속된 간언에도 불구하고 '죽을 곳에 선 뒤에야 살 길이 생긴다'는 고식적인 배수진을 거론하며 산위에 진을 쳐 참패를 자초했다.

마속은 병서를 통달했을지는 몰라도 임기응변의 이치를 깨닫지 못했음이 분명하다. 읽은 책은 많을지라도 실제 응용을 잘못해 참패를 불렀으니, 차라리 병서를 읽지 않은 것만도 못했다는 비난을 받을 만하다. 그러나 문제는 다시 그를 발탁한 제갈량에게 넘어간다. 제갈량은 제1차 북벌의 총책임자이자 전군의 총사령관으로서 가정전투 패배에 따른 궁극적인 책임추궁에서 자유로울 수 없다. 마속의 책임이 일선 지휘관이 짊어져야 할 전술차원의 책임이라면 제갈량은 총사령관으로서 전략차원의 책임을 떠안는 것이 옳다. 마속은 종이 위에서 군사를 논하는 지상담병紙上談兵을 일삼은 까닭에 이론에만 밝았을 뿐 실전 능력은 부족한 인물이었다. 마속을 택한 것은 제갈량의 용인술에 적잖은 문제가 있었음을 반증한다. 비중으로 본다면 제갈량의 책임이 더 무겁다.

실제로 가정전투 패배의 파장은 심대했다. 제갈량이 초반에 거둔 혁혁한 전과가 무효가 됐을 뿐만 아니라 전세가 일거에 역전돼버렸기 때문이다. 퇴로가 차단될 위기에 처한 촉군은 협격을 피하기 위해서라도 급히 철수하는 일 이외에는 달리 방도가 없었다. 제갈량은 총체적인 책임을 면할 길이 없다. 임기응변술의 관점에서 보면 그 책임은 더욱 무거워진다. 결정적인 계기에 힘을 분산시켰기 때문이다.

이를 지적한 대표적인 인물이 바로 마오쩌둥이다. 그는 《자치통감》의 가정전투 대목을 읽다가 크게 탄식하면서 해당 대목 옆에 이런 주석을 달아놓았다.

"제갈량은 가정전투 때 직접 전투에 임했어야 했다!"

당시 제갈량은 병력을 결집해 싸워야 한다는 위연魏延의 건의를 무시한 채 조자룡에게 기곡, 마속에게 가정을 접수토록 한 뒤 자신은 기산으로 진격했다. 병력을 3분한 셈이다. 다 이긴 싸움을 놓친 근본배경이다. 그런 점에서 읍참마속은 제갈량의 실책을 호도한 것에 지나지 않는다. 배송지가 해당 대목에 인용한《한진춘추漢晉春秋》에 나오는 제갈량의 자아비판이 이를 뒷받침한다.

"당시 촉한의 대군이 기산과 기곡에 포진해 있었고, 모두 적보다 많았다. 그러나 적을 깨뜨리지 못하고 오히려 패하고 말았다. 이는 병력이 적었기 때문이 아니라 오직 한 사람 때문이었다."

'한 사람'은 바로 제갈량 자신을 지칭한다. 병력을 하나로 모으지 못한 점을 뒤늦게 자아비판한 것이다. 21세기에도 유사한 일이 빚어진 바 있다. 지난 2010년 당시 아이폰의 무차별 공세가 매서웠다. 삼성과 LG로서는 재빠른 대응이 절실했다. 삼성은 이를 곧바로 실행해 성공을 거둔 반면 LG는 주춤거리는 바람에 대만의 HTC에게까지 밀리는 수모를 당해야만 했다. 2013년에 들어와 삼성이 애플을 제압하고 스마트폰 시장을 석권한 비결은 이건희 회장의 진두지휘 아래 스마트폰 개발에 총력매진한 데 있다. 정반대로 LG는 모든 힘을 스마트폰에 쏟아붓지 못한 채 어정쩡한 모습을 보였다. 힘을 분산시킨 것이나 다름없다. 제갈량이 가정전투에서 범한 전철을 똑같이 밟은 셈이다.

단순함의 힘

:

'선택과 집중'은 목표를 단순화하는 것을 뜻한다. 역량은 한정돼 있는 까닭에 목표를 여러 개 선정하면 아무래도 투입되는 양이 줄어들 수밖에 없다. 《욱리자》에 이에 관한 유명한 일화가 나온다. 하루는 상양常羊이라는 사람이 도룡자주屠龍子朱에게 활쏘기를 배웠다. 어느 정도 시간이 지나자 도룡자주가 제자인 상양에게 이같이 충고했다.

"그대는 활 쏘는 도리에 관해 듣고 싶은가? 옛날 초나라 왕이 운몽雲夢 땅에서 사냥을 할 때 산지기에게 명해 숲속의 새들을 들쑤시게 한 뒤 활을 쏘았다. 새들이 하늘 위로 나는 순간 사슴이 왕의 왼쪽에서, 그리고 고라니가 오른쪽에서 뛰쳐나왔다. 초나라 왕이 활을 뽑아 쏘려고 하자 고니가 왕의 깃발을 스치며 지나가는데 그 날개가 마치 구름과 같았다. 초나라 왕은 화살을 활에 재놓고 무엇을 쏴야 할지 몰라 허둥댔다. 이때 대부 양숙養叔이 건의하기를, '제 활솜씨는 백보 밖에서 나뭇잎을 놓고 쏘아도 열 발을 쏘아 열 발 모두 명중시킬 정도입니다. 그러나 만일 나뭇잎 열 개를 쏘라면 다 맞출 수 있을지 자신할 수 없습니다'라고 했다."

여기의 '도룡자주'는 주평만朱泙漫이 도룡지리익屠龍支離益으로부터 용을 죽이는 기술을 배웠다는 《장자》〈열어구列禦寇〉에서 따온 것으로, 뛰어난 능력의 보유자를 상징한다. 이 일화는 목표를 단일화해 온 정신을 집중시켜야 성공을 거둘 수 있다는 교훈을 담고 있다. 이를 두고 유기는 자신의 입장을 대신하는 '욱리자'의 입을 통해 이같이 탄식했다.

"다재다능한 자 가운데 정밀한 자는 드물다. 많이 고려하는 자 가운데 결단력 있는 자는 드물다. 뜻이 전일專一하지 못하면 잡되고, 잡되면 분산되고, 분산되면 어지러워져 정할 바를 모르게 된다. 총명이 전일에서 나오는 이유다. 새들이 무지한 듯이 보이면서도 사람도 모르는 것을 아는 것은 전일에서 온다. 사람은 만물의 영장인데도 욕심이 많아 때론 어리석은 모습을 보이는데 오히려 새들만도 못한 경우도 있다. 이는 가지를 기르느라 신경을 쓰는 바람에 뿌리를 고사시킨 것이나 다름없다. 아, 사람이 그 마음을 전일하게 할 수 있다면 그 무엇이 이보다 더할 수 있겠는가?"

사실 아무리 뛰어난 능력을 지니고 있을지라도 여러 개의 목표를 일거에 이룰 수는 없는 일이다. 목표를 단일화해 모든 힘을 일거에 쏟아부어야 하는 이유다. 그게 바로 임기응변술에서 말하는 '투기'다.

역사적으로 볼 때 목표를 단순화해 매번 승리를 거둔 '투기'의 대표적인 인물로 칭기즈칸을 들 수 있다. 몽골은 칭기즈칸이 나타나기 전까지 별로 알려져 있지 않았다. 현재의 몽골지역에는 예로부터 북적北狄이라 불린 여러 민족이 존재했다. 그중에는 몽골계, 터키계도 있었다. 9세기경 여기에 있던 터키계의 위구르족이 서쪽으로 이동한 까닭에 몽골족의 땅으로 불리게 된 것이다.

우리가 주목할 것은 칭기즈칸이 천하를 제압하는 과정에서 낮은 단계의 목표부터 몽골초원의 통일이라는 높은 단계의 목표에 이르기까지 순차적으로 달성해나간 점이다. 마치 계단을 차례로 밟아 정상에 오르는 것과 같다. 매번 달성 목표가 단순화되어 있었던 까닭에 모든 힘을 한곳에 쏟아부을 수 있었다. 이웃한 타타르 부족을 궤멸시킨 것을 계기로 막강한 무력을 보유한 튀르크계 나이만부, 티베트계 부족이 지금의 간쑤성甘肅省 일대에 세운 서하, 여진족이 세운 금나라를 차례로 꺾은 게 그렇다. 이때 그는 《삼십육계》에 나오는 제18계 금적금왕擒賊擒王의 계책을 구사해 적을 굴복시켰다. 《삼십육계》의 해당 대목이다.

"적을 칠 때 적장부터 사로잡는 계책이다. 적의 주력을 격파할 때 그 우두머리를 잡으면 적의 전력이 곧바로 와해된다. 용이 바다를 떠나 들에서 싸우면 이내 궁지에 몰리는 것과 같은 이치다."

적을 칠 때 적장부터 때려잡는 게 상책이라는 지적이다. '금적금왕'이란 용어는 당나라 시인 두보의 〈전출색前出塞〉에서 따온 것이다.

활은 강한 활을 당기고 화살은 긴 화살을 써야만 한다.
사람을 쏘려면 말부터 맞추고 도둑은 두목부터 잡는다.
挽弓當挽强, 用箭當用長
射人先射馬, 擒賊先擒王

적장을 잡으려면 먼저 적장이 탄 말을 맞혀야 한다. 그게 석인석마射人射馬이다. 쏘아 맞히다는 뜻의 석射을 통상적인 의미의 '사'로 읽으면 단지 적장을 잡기 위해 말에게 화살을 날린다는 뜻이 된다. 문맥이 잘 통하지 않는다. '석'으로 읽어야만 문맥이 통한다. '금적금왕'은 '석인석마'와 같은 뜻이다. 적장을 잡으면 지휘관을 잃은 적군은 대개 우왕좌왕하며 사방으로 흩어지기 마련이다. 싸움이 싱겁게 끝나는 이유다.

우리가 주목할 것은 칭기즈칸의 주력군이 뛰어난 기동력을 자랑하는 경기병으로 구성된 점이다. 이는 몽골군이 병법에서 말하는 속도전을 중시한 결과로 볼 수 있다. 실제로 몽골군은 벌떼 공격을 뜻하는 이른바 '스웜swarm 전술'의 대가였다. 스웜 전술은 벌떼가 적진을 공격할 때 한 방향으로 몰려가는 모습에 착안한 용어다. 사실 이는 중앙아시아 유목민들이 통상 사용한 전술이기도 하다. 지구상에 출현한 유목민족 가운데 몽골군만큼 '스웜 전술'을 잘 구사한 경우는 없다.

금나라 태화 6년(1206) 칭기즈칸은 전 몽골계 유목민족을 대표하는 칸의 자리에 올랐다. 이를 계기로 '몽골'은 그의 통치 아래 있는 영토와 백성을 뜻하는 용어로 통용됐다. 일개 부족의 이름이 몽골계 유목민 전체를 뜻하는 말로 격상된 셈이다. 그는 일자무식이었지만 천하를 제압해가는 와중에 몽골 문자를 만들고 법률과 교육제도 등을 정비했다. 몽골이 이후 문화적으로 우위에 섰던 중원을 다스릴 수 있었던 배경이다.

칭기즈칸 휘하의 몽골 기마군단이 구사한 금적금왕과 스웜 전술 등의 계책은 21세기 비즈니스 전략에도 매우 유용하다. 피터 드러커 이후 가장 뛰어난 경영이론가로 평가받고 있는 헤르만 지몬 Hermann Simon이 역설한 '집중과 천착' 전술이 그것이다. 지몬은 25개국 언어로 번역된 베스트셀러 《히든 챔피언Hidden Champions》에서 '집중과 천착' 전술을 구사해야만 세계시장에서 통할 수 있는 창의성 있는 '히든 챔피언'을 육성할 수 있다고 주장했다. 그가 집중과 천착의 대표적인 사례로 든 히든 챔피언은 독일의 세탁기 회사 '밀레'와 영국의 진공청소기 회사인 '다이슨'이다. 두 회사 모두 단일한 목표를 세운 뒤 연구개발에 총력을 기울여 세계적인 히든 챔피언으로 우뚝 섰다.

그가 언급한 히든 챔피언 가운데 가장 특이한 사례로 대형 무대나 교회에 쓰이는 초대형 오르간을 만드는 독일 회사 '클라이스'를 들 수 있다. 125년의 역사를 지닌 이 회사 직원은 현재 65명이다. 놀라운 것은 100년 전에도 직원 수가 65명이었다는 사실이다. 전 세계를 무대로 사업을 펼치고 있는데도 이 회사는 직원 수를 더 늘릴 생각을 하지 않는다. 수요가 한정돼 있는 대형 오르간 시장에서는 이 숫자가 최적의 규모이기 때문이다. 대형 오르간 시장은 세계적으로 매년 평균 5개 정도의 프로젝트가 나온다. 클라이스는 이 가운데 3개를 떠맡는다. 수요가 두 배로 급증할지라도 이를 충족시킬 수 없다. 직원들을 교육해 전문가로 만들려면 최소한 몇 년이 필요하기 때문이다. 클라이스는 매우 특이한 경우에 속한다. 기업은 성장을 계속해나가야 하기 때문에 이를 꼭 좇을 필요는 없다.

지몬이 말하는 히든 챔피언이 되기 위해서는 초지를 관철하고자

하는 불굴의 정신이 필요하다. 도중에 커다란 어려움을 겪을 수도 있기 때문이다. 이때 쉽게 좌절해서는 안 된다. 《채근담》에 이를 경계하는 이야기가 나온다.

"실패한 후 오히려 성공할 가능성이 높다. 뜻대로 되지 않는다고 쉽게 손을 빼서는 안 되는 이유다."

최강의 기술을 배경으로 해당 분야의 히든 챔피언이 될 수 있는 비결이 여기에 있다. 목표를 단순화한 뒤 좌절하지 말고 기술개발에 총력을 기울이는 게 요체다. 사운을 걸고 기술개발에 총력을 기울이다 보면 문득 보다 나은 기술이 눈에 띄기 마련이다. 모든 발견과 발명이 이런 과정을 통해 이뤄졌다.

히든 챔피언은 세계시장 점유율이 3위 이내에 들면서 매출액이 40억 달러 이하인 우량기업을 말한다. 독일은 이에 해당하는 기업이 1000개가 넘는다. 우리나라 '중견기업'의 기준은 이와 다르다. 단순히 중소기업 범위를 벗어났으나 대기업에 속하지 않는 기업으로 종업원 300인 미만이거나 자본금 80억 원 이하인 기업을 말한다. 대기업은 자산 총액 5조 원이 넘는 상호출자제한집단을 지칭한다. 이처럼 단순한 기준하에 중견기업으로 지목된 기업은 2013년 기준으로 1400여 개가 있으나 전체 기업에서 차지하는 비중은 0.04퍼센트에 불과하다. 대부분 히든 챔피언으로의 도약을 꺼리는 이른바 '피터팬 증후군'에 걸려 있다는 지적을 받고 있다. 정부의 적극적인 지원도 필요하지만 기업 CEO 자신이 비상한 각오로 사업에 임할 필요가 있다.

중견기업의 천국인 일본의 성공사례를 참조할 만하다. 대표적인 사례로 선풍기 하나로 중견기업의 상징이 된 야마젠山善과 '시로카' 브랜드의 홈 베이커리 제품으로 '대박'을 터뜨린 조리가전업체 오크세일AucSale을 들 수 있다.

한때 일본 내에서는 고기능 상품의 선풍기가 인기를 끌었다. 야마젠은 이에 아랑곳하지 않고 기존 노선을 견지하며 '수익 확대'에 초점을 맞췄다. 마케팅 전략을 크게 기본기능, 단순한 모습, 가격합리성 등 세 가지로 정한 이유다. 제품개발 전략의 구호가 매우 신선하다.

"소비자가 사용하지 않는 기능은 모두 제거하라!"

풍량 조절과 타이머를 제외한 여타 스위치가 없는 이유다. 기능을 최소화한 덕분에 3000엔에서 5000엔 사이의 가격으로 판매할 수 있었다. 타사 선풍기가 단색 출시를 위주로 한 데 반해 최대 5개 색상까지 출시한 것도 대박 매출에 한몫했다. 원래 선풍기는 방마다 두는 상품이다. 자기만의 한 대를 선택하는 즐거움을 제공한다는 전략이 결국 제품의 경쟁력을 높이고, 다른 상품과의 차별화를 가능하게 했다. 첨단기능도 시간이 지나면 뒤처지는 것으로 간주되는 소비자의 심리를 정확히 통찰한 쾌거다.

오크세일은 지난 2000년 직원 46명으로 출발한 벤처기업이다. 이들 역시 야마젠과 마찬가지로 기능을 최소화하고, 가격을 대기업 제품의 절반 이하인 6000엔에서 9000엔으로 정해 대박을 터뜨렸다. 시로카에는 대기업 상품에 들어 있는 재료 자동 투입기능이 없다. 만들어지는 빵의 종류도 19개밖에 안 된다. 타사 제품의 절반 이하다. 게다가 자사 소유의 공장도 없다. 중국의 협력공장에서 물건을 만들기 때문이다. 인터넷 통신판매에 초점을 맞추고 있는 까닭에 광고비도 거의 없는 것이나 다름없다.

주목할 것은 소비자 만족도와 직결되는 빵 맛만큼은 철저히 지키고 있다는 점이다. 재료가 되는 빵 믹스를 일본제분과 공동 개발하고, 사내에서 조리와 시식을 반복하며 새로운 조리법을 계속 개발해 낸 덕분이다. 구매자들 사이에서 '저렴한 가격에 이끌려 제품을 샀지만, 빵 맛만큼은 기대 이상이어서 대만족이다!'라는 호평이 나오는 이유다. 이는 후쿠시마 세이지福島誠司 사장의 기발한 마케팅 전략에서 비롯된 것이다. 다음은 그가 내세운 표어다.

"소비자의 충동구매를 유인하는 '게릴라 작전'으로 물건을 팔아라!"

소비자가 '쇼핑에 실패해도 괜찮아'라고 생각하는 가격을 역산해 상품을 개발한 배경이 여기에 있다. 가격 면에서 소비자의 만족도를 극대화해 대기업의 강력한 브랜드 파워에 맞서는 전략이 주효한 셈이다. 야마젠과 오크세일 모두 지몬이 역설한 '선택과 천착'을 통해 중견기업으로 우뚝 선 경우에 속한다. 임기응변술의 관점에서 보면 '투기'의 대표적인 사례로 꼽을 만하다.

'파탈의 미학'을 터득하라

최근 총선과 대선의 최대 화두는 '일자리 창출'이었다. 구직난의 심각성을 반증한다. 그럼에도 중소기업은 구인난에 시달리고 있다. 이런 모순은 젊은이들이 대기업만 선호하는 현상과 무관하지 않다. 중소기업에 대한 부정적인 인식이 가장 큰 문제다. 학생들이나 구직자들에게 중소기업에 대한 설문조사를 해보면 하나같이 낮은 연봉, 불안정성, 열악한 근무여건 등을 지적한다. 중소기업은 젊은이들에게 큰 비전을 제시할 필요가 있다. 연봉 등에서 대기업보다 나을 수는 없지만 비전을 제시할 수만 있다면 젊은 인재를 대거 흡수해 지몬이 말하는 히든 챔피언으로 성장해나갈 수 있다. 지몬은 한국의 젊은이들이 중소기업을 꺼리는 현 상황을 크게 우려했다. 2013년 7월 그는 한국의 유력 일간지와 가진 인터뷰에서 이같이 말했다.

"미국에서는 스티브 잡스와 마이클 델, 마크 저커버그 같은 사람들이 젊은이들의 롤 모델이다. 야망 있는 젊은이들 모두 한국과 달리 대기업에서 일하기 싫어한다. 자기만의 회사를 차리고 싶어 하기 때문이다. 한국처럼 유능한 인재들이 창업에 과감히 도전하지 않고 중소기업을 꺼린다면 히든 챔피언은 결코 탄생할 수 없다. 한국 정부가 화두로 내세우고 있는 '창조경제'는 하늘에서 뚝 떨어지는 것이 아니라 기존의 기술을 결합시킨 새 기술을 바탕으로 상품을 만드는 데서 시작한다."

그가 창조경제의 구체적인 예로 든 것은 1450년 독일의 요하네스 구텐베르크가 개발한 새로운 인쇄술이다. 구텐베르크가 살던 마인츠 지역은 원래 와인으로 유명한 지역이다. 당시만 해도 글자 하나하나를 나무로 깎아서 인쇄했다. 구텐베르크는 문득 압력을 가해 포도를 짜내는 기술을 인쇄술에 응용하는 방안을 생각해냈다. 서양에서 '인쇄혁명'이 일어난 배경이다. 기존의 서로 다른 두 가지 기술을 합쳐 새로운 기술을 만들어낸 게 주효했던 것이다.

기존의 기술을 융합시켜 새로운 기술을 만들어내기 위해서는 발상의 전환이 필요하다. 이는 기존의 관행과 가치를 과감히 내던지는 데서 출발한다. 낡은 관습이나 폐단을 벗어나지 못한 채 당장의 편안함만을 추구하는 인순고식因循姑息과 조금도 변하지 않은 채 현실에 안주하는 구태의연舊態依然을 타파하는 게 관건이다. 대개 어느 정도 성공을 거두면 기왕의 성과를 즐기며 현실에 안주하기 마련이다. 스스로를 채찍질하는 자강불식을 행해야 하는 이유다. 공자는 이를 《논어》〈위정〉에서 '군자불기(君子不器, 군자는 한 가지 용도로만 쓰이는 그릇이 아니다)'로 표현했다. 군자는 인순고식과 구태의연의 덫에 걸리지 말아야 한다는 주문이다. 군자불기를 이루기 위해서는 기존의 가치와 관행에 얽매이지 않는 이른바 '파탈擺脫의 미학'을 터득할 필요가 있다. 역발상에 기초한 창의적인 아이디어는 여기서 나온다.

이를 실현한 대표적인 인물이 바로 삼국시대의 조조다. 그가 기왕의 난삽한 《손자병법》을 새롭게 편제해 《손자약해》를 펴낸 이유다. 그는 생전에 《손자병법》 주석서인 《손자약해》 3권을 비롯해 《속손자병법》 2권과 《병법접요》 3권, 《병서약요》 9권 등 총 24권에 달하는 방대한 병서를 저술했다. 역사상 이처럼 많은 병서를 지은 사람은 없다. 오늘날 《손자병법》이 동서고금을 통틀어 최고의 병서로 인정받게 된 데에는 조조의 공이 크다. 그는 현존 《손자병법》의 원본인 《손자약해》의 주석에서 병법의 모든 이치를 '임기응변' 네 글자로 요약해놓았다. 실제로 그는 임기응변의 대가였다. 기존의 가치와 관행을 과감히 깨는 파탈의 미학을 터득한 덕분이다.

치세에는 파탈의 미학이 그다지 필요 없다. 오히려 비난의 대상이 될 수 있다. 왕조시대에는 역도로 몰려 목숨을 부지하기도 힘들었다. 그러나 난세는 다르다. 위기를 전화위복轉禍爲福의 계기로 만들고, 사지에서 생환하는 기사회생起死回生의 묘수를 찾아내야 한다. 그 요체가 바로 임기응변에 있다. 이를 꿰면 조조나 마오쩌둥처럼 새 왕조의 창업주가 될 수 있다. 이는 21세기의 살벌한 경제전쟁 상황에도 예외 없이 적용된다. 스마트시대를 창도해 세계 제일의 초일류 글로벌 기업으로 우뚝 선 애플이 그 실례다.

공교롭게도 잡스와 조조는 여러 면에서 닮았다. 조조는 세인들의 손가락질을 받은 환관 집안 출신이고, 잡스는 신생아 때 남의 집에 입양돼 생장했다. 조조는 젊었을 때 원소와 더불어 '망나니짓'을 많이 했다. 잡스도 젊었을 때 마약을 하며 히피로 사는 등 '망나니'와 유사한 모습을 보였다. 그러나 두 사람은 커다란 꿈을 지니고 있었다. 바로 세계를 경영하겠다는 웅대한 꿈이다. 동양의 고전은 이를 경영천하經營天下로 표현해놓았다. 사마천은《사기》〈항우본기〉에서 항우가 경영천하에 실패한 배경을 이같이 분석했다.

"항우는 자신이 세운 공에 대한 자부심이 지나쳤다. 패왕의 대업을 이룬 후 계속 힘으로만 '경영천하'하려고 한 것이 결정적인 패착이다. 실제로 그는 패왕의 대업을 이룬 지 불과 5년 만에 패망하고 말았다. 그런데도 그는 죽는 순간까지 자신의 잘못을 알지 못했다. 스스로를 자책하기는커녕 오히려 하늘을 원망하며 '이는 하늘이 나를 멸망시키려는 것이지 내가 결코 싸움에 약했기 때문이 아니다!'라고 했다. 이 어찌 해괴한 논리가 아니겠는가!"

조조와 잡스의 경영천하는 이와 달랐다. 두 사람은 항우처럼 조그마한 성과에 안주하지 않았다. 뜻이 그만큼 컸다는 이야기다. 두 사람의 성공은 기존의 관행과 가치에 얽매이지 않고 파탈의 미학에 기초한 창조적인 행보를 보인 덕분이다. 조조가 유비 앞에서 갈파한 '영웅론英雄論'이 이를 뒷받침한다.《삼국연의》는《자치통감》에 나오는 조조와 유비의 만남에 살을 붙여 두 영웅의 엇갈린 행보를 매우 흥미진진하게 그려놓았다.

유비가 조조에게 몸을 맡기고 있을 당시 하루는 조조가 유비를 불러 술상을 사이에 두고 마주 앉은 후 술을 권했다. 마침 검은 구름이 온 하늘을 뒤덮으며 금세 소나기가 쏟아지려 했다. 조조가 문득 유비에게 물었다.

"현덕玄德은 용의 조화를 아시오?"

"아직 잘 모릅니다."

"용은 커지기도 하고 작아지기도 하며 하늘에 오르기도 하고 물속에 숨기도 하는데, 그 조화가 무궁하여 이루 다 말할 수가 없소. 커지면 구름을 일으키며 안개를 토하고, 작아지면 티끌 속에 형체를 감추오. 하늘로 오를 때는 우주를 날고, 숨을 때는 파도 속에 모습을 감추오. 지금 바야흐로 봄이 깊었으니 용이 바로 때를 만나 조화를 부리려는 참이오. 모름지기 용이라는 영물은 가히 인간세상의 영웅에 비할 만하오. 현덕은 오랫동안 사방을 편력했으니 당대의 영웅들을 잘 알 것이오. 과연 누가 영웅인지 어디 한번 말씀해보시오."

"저야 승상 덕분에 조정에 들어와 있는데 어찌 천하의 영웅들을 제대로 알 리 있겠습니까?"

"그럴지라도 이름이야 들어보지 않았겠소?"

"원술은 군사와 식량을 넉넉히 가지고 있으니 가히 영웅이라고 할 수 있지 않겠습니까?"

"그는 무덤 속의 해골이오. 조만간 내가 그를 사로잡을 것이오."

"원소는 명문가 출신에 기주 땅을 차지한 채 많은 인재를 부리고 있으니 가히 영웅이라 부를 수 있지 않겠습니까?"

"원소는 겉보기에는 위엄이 있으나 담이 작고, 계책을 꾸미기는 좋아하나 결단을 내리지 못하고, 큰일을 당하면 몸을 사리고, 작은 이익을 보면 목숨을 걸고 달려드오. 그도 영웅이 아니오."

"문인들에게 명망이 높은 유표는 어떻습니까?"

"유표는 허명만 있을 뿐 속이 비어 있으니 영웅이 아니오."

"무력이 뛰어난 손책은 어떻습니까?"

"손책은 부친의 위광을 빌었으니 그도 영웅이 아니오."

"익주의 유장은 가히 영웅이라고 할 수 있지 않겠습니까?"

"유장은 한실의 종친이라고는 하나 실은 집 지키는 개에 불과할 뿐이오."

"그러면 장로와 한수 같은 사람은 어떻습니까?"

"그런 자들이야 보잘것없는 소인배에 불과하니 거론할 가치조차 없소."

"그들 외에는 더 아는 사람이 없습니다."

그러자 조조가 그 유명한 '영웅론'을 설파했다.

"무릇 영웅이란 가슴에 큰 뜻을 품고 뱃속에 좋은 계책이 있어야 하니 바로 우주를 감싸 안을 기지機智와 천지를 삼켰다 뱉을 정도의 의지를 지닌 자를 말합니다."

유비가 물었다.

"그러면 누구를 가리켜 그런 사람이라고 할 수 있습니까?"

조조가 갑자기 손을 들어 유비를 가리킨 뒤 이어 자신을 가리키며 말했다.

"지금 천하의 영웅은 오직 그대와 나 조조뿐이오. 원소와 같은 자들은 낄 수조차 없소."

그 말에 무심코 음식을 먹던 유비가 수저를 바닥에 떨어뜨렸다. 유비는 자신이 거기장군 동승과 모의해 조조를 해치려 하는 사실을 조조가 알아차린 줄 알고 대경실색한 것이다. 마침 하늘에서 우레 소리가 들리자 유비가 천연스레 고개를 숙이고 수저를 집어든 뒤 이같이 변명했다.

"성인이 말하기를, '빠른 번개와 광풍에는 으레 낯빛을 바꾼다'고 했는데 이 말이 실로 일리가 있습니다."

당시 조조는 유비가 거기장군 동승과 한통속이 되어 은밀히 자신을 해치려 한다는 사실을 전혀 모르고 있었다. 그가 껄껄 웃어 제쳤다.

"현덕 같은 영웅도 성인의 말씀을 좇아 우레 소리에 낯빛을 바꾸는 것이오!"

얼마 후 유비는 못내 불안했는지 이내 도주하듯이 조조 곁을 떠났다. 훗날 조조의 '영웅론'에 크게 공명한 마오쩌둥은 장제스를 유비에 비유하며 삼국시대 당시 진정한 영웅은 조조밖에 없었다고 단언했다. '신중화제국'의 창업주가 된 그는 말년에 서법書法을 연구하면서 조조의 영웅론을 자주 써 주변 사람들에게 선물하곤 했다. 조조가 보여준 파탈의 미학에 공명한 결과다.

원래 조조는 희로애락의 감정을 그대로 드러냈지만 천하의 선비와 백성들 모두 그가 보여준 파탈의 미학에 감복했다. 잡스 역시 어렸을 때부터 '우주를 놀라게 하자'는 웅혼한 좌우명을 갖고 있었다. '애플제국'의 창업주가 된 그 역시 새 제품을 발표할 때마다 정장 대신 청바지를 입고 온갖 독설과 자화자찬을 늘어놓았지만 전 세계 소비자들은 그에게 환호했다. 조조와 잡스 모두 '파탈의 미학'을 체득한 덕분에 천하통일의 기반을 닦았던 셈이다.

두 사람이 천하 사람을 감동시키게 된 과정은 그야말로 우여곡절의 연속이었다. 잡스는 자신이 세운 회사에서 쫓겨나는 등 온갖 수모를 당했지만 이에 좌절하지 않고 부단히 노력한 결과 애플제국을 만들어냈다. 조조 역시 끊임없이 노력한 덕분에 진수의《삼국지》와 사마광의《자치통감》에서 당대 최고의 영웅이라는 찬사를 받을 수 있었다. 당시 조조가 보여준 파탈의 미학에 공명한 천하의 인재들이 그의 휘하로 구름같이 몰려들었다. 그의 휘하에는 싸움을 잘하는 용장, 꾀를 잘 내는 모사, 언변과 글 솜씨가 뛰어난 문사 등 온갖 유형의 인물이 다 모여 있었다. 파탈의 미학에 입각해 실력 위주의 인재 등용과 신상필벌의 원칙을 관철한 덕분이다.

잡스가 애플제국을 건설한 배경과 사뭇 닮았다. 잡스는 폭력을 제거해 백성을 구한다는 조조의 '제폭구민除暴救民' 기치를 '손 안의 세상'으로 상징되는 '이용후생'으로 바꾼 것만이 다를 뿐이다. 애플을 '기술기업을 넘어선 예술기업'으로 승화시킨 결과다. 파탈의 미학에 입각한 창업이 가능한 배경이 바로 임기응변의 전략전술이다. 조조는 실전에서 기왕의 전례戰例와 전법戰法에 전혀 얽매이지 않았다. 마치 입신의 경지에 이른 바둑의 고수들이 실전에서 정석을 버리는 것과 같다.

지난 2007년〈파이낸셜 타임스〉선정 최고의 경영도서《업사이드Upside》의 저작권자인 올리버 와이먼Oliver Wyman도 유사한 취지의 말을 했다. 다음은 그가 2012년 4월 국내 한 언론사와 가진 인터뷰 내용이다.

"불황 타령은 사치다. 똑같은 제품을 만드는데 어떤 회사는 '대박'이 나고 어떤 회사는 '쪽박'을 찬다. 소니는 킨들의 선구격인 제품을 내놓으면서 출판사 100곳으로부터 수천 권에 대한 판권만 동의를 받았지만 뒤늦게 뛰어든 아마존은 출판사 네트워크를 총동원해 8만 권이 넘는 콘텐츠를 확보해 시장을 석권했다. 《손자병법》의 가르침을 좇은 결과다. 《손자병법》은 '확실한 정보를 제공하는 네트워크가 없으면 많은 병사가 목숨을 잃게 된다'고 했다."

'네트워크' 운운은 조조가 《손자약해》에서 시종 역설하고 있는 임기응변과 취지를 같이하는 것이다. 조조는 《손자약해》〈시계〉에서 임기응변을 이같이 풀이해놓았다.

"병법에 고정된 본보기는 없다. 임기응변으로 적을 속여 이기는 게 요체다."

승패의 관건이 곧 적을 착각에 빠뜨리는 속임수인 궤사詭詐에 있고, 궤사의 요체가 곧 임기응변임을 지적한 것이다. 많은 사람들이 이를 간계奸計로 해석하고 있으나 이는 반만 맞는 말이다. 적군의 입장에서 볼 때는 간계지만 아군 측에서 볼 때는 필승의 계책에 해당한다. 조조가 말한 '궤사'는 임기응변으로 구사되는 모든 종류의 계책을 총칭한 것이다. 이론과 실전은 다르다. 병법의 대가인 조조도 적벽대전과 한중대전에서 방심하는 바람에 다 이긴 싸움을 놓쳤다. 자만심이 화근이었다. 초일류 글로벌 기업으로 성장한 삼성이 스스로에게 주마가편走馬加鞭의 채찍을 들이대는 것도 같은 맥락이다.

무한경쟁의 국가총력전으로 치닫고 있는 21세기 스마트혁명시대의 경제전쟁 양상은 삼국시대의 난세 상황과 별반 다를 게 없다. 실제로 삼성과 애플의 격돌, 현대기아자동차와 도요타자동차의 접전 등 한국의 대표적인 글로벌 기업이 세계시장에서 벌이고 있는 모든 싸움은 삼국시대의 관도대전과 적벽대전, 한중대전, 이릉대전 등을 방불하고 있다. 와이먼이 증언하고 있듯이 조조가 보여준 '임기응변'의 전략전술은 21세기 경제전쟁에도 그대로 활용할 수 있는 것들이다. 천기와 지기, 인기로 요약되는 '3기'의 임기응변술을 터득해 과감히 창업에 나서는 게 관건이다.

나가는 글
임기응변, 스마트혁명시대를 위한 동양고전 3000년의 지혜

공자는 괴력난신을 말하지 않았다

전국시대 말기 맹자는 인간에게는 하늘과 똑같은 성품이 있는 것으로 보았다. 이른바 '천인합일설'이다. 인간의 타고난 기품을 통상 천품天稟이라고 한다. 천성天性과 같은 말이다. 맹자는 하늘이 인간을 만들어낸 까닭에 인성人性은 천성을 닮아 선할 수밖에 없다고 보았다. 이른바 성선설이다. 그러나 순자는 이와 달리 성악설을 주장했다. 순자의 이론 가운데 후대의 성리학자들에게 가장 혹평을 받은 게 바로 이것이다.

원래 중국에서는 인성문제와 관련해 성선설과 성악설 이외에도 인성은 선도 악도 아니라는 무선무악설을 비롯해 인성은 선악이 혼합되어 있다는 유선유악설 등 다양한 견해가 존재했다. 이후에 들어온 대승불교에서도 인성은 지선至善의 불심과 극악極惡의 지옥을 모두 갖추고 있다는 '유선유악설'을 제기했다. 이 또한 중국 전래의 인성론에서 힌트를 얻은 것이다.

원래 천도天道와 천명天命 등으로 표현되는 '천天'은 우주의 최고 주재자인 '인격신'을 뜻하는 말이었다. 그러나 주나라 성립 이후 '불변의 이치'로 그 뜻이 바뀌면서 인간세상을 지배하는 기본이치인 인도人道를 평가하는 잣대로 활용되기 시작했다. 주목할 것은 공자가 생전에 '천도'에 관한 언급을 극도로 꺼리면서 오직 인도만을 이야기한 점이다. 다음은 이를 뒷받침하는 《논어》〈술이述而〉의 해당 대목이다.

"공자는 괴력난신怪力亂神에 관해 말하지 않았다."

여기서 괴는 괴이한 것, 역은 초인적인 것, 난은 어지러운 것, 신은 귀신을 뜻한다. 이는 남송 때 등장한 성리학이 공자사상으로부터 크게 벗어나 있음을 방증한다. 주희는 《논어집주》에서 이 대목을 이같이 해석해놓았다.

"귀신은 천지조화의 자취다. 그 이치를 꿰는 것이 지극한 경지에 이르지 않고는 쉽사리 밝힐 수 없는 까닭에 공자는 '가벼이 사람들에게 말할 수 없다'는 취지로 그같이 말씀하신 것이다."

'가벼이 사람들에게 말할 수 없다' 운운은 괴력난신을 믿으라고 부추긴 것이나 다름없다. 그가 조정에 들어갈 때마다 매번 점을 친 뒤 불길한 괘사가 나오면 온갖 핑계를 대고 입조入朝를 거부한 사실이 이를 뒷받침한다. 괴력난신을 꺼린 공자의 입장과 정반대의 행보를 보인 것이다. 〈공야장公冶長〉에 나오는 자공의 다음 증언은 성리학의 뼈대를 이루는 천리天理와 인욕人欲 이론이 공자사상과 얼마나 동떨어진 것인지를 극명하게 보여준다.

"나는 스승이 생전에 말씀하신 것 가운데 문장文章에 관해서는 가히 들을 수 있었다. 그러나 성性과 천도天道에 관해서는 전혀 들은 적이 없다."

그럼에도 주희는 이 대목을 멋대로 왜곡해놓았다.

"자공은 이때에 이르러 비로소 '성'과 '천도'에 관한 이야기를 얻어 듣고 그 훌륭함에 감탄한 것이다."

삼척동자도 알 수 있는 문장을 두고 이런 엉터리 해석을 시도한 것은 천리와 인욕으로 상징되는 성리학을 강변하기 위한 것이다. 그는 '성'을 사람이 하늘로부터 부여받은 '천리', '천도'를 '천리자연天理自然의 본체'로 해석했다. 장자가 생기生機의 뜻으로 언급한 '천기'를 '하늘의 기밀'로 둔갑시킨 것도 같은 맥락에서 이해할 수 있다. 더 황당한 것은 조선조 사대부들이 그의 이런 엉터리 주장을 금과옥조처럼 받들며 치국평천하에 임한 점이다. 그 폐해는 심각했다. '천리인욕설'에 찌든 조선조의 사대부들은 일본이 메이지유신을 계기로 부국강병에 박차를 가하고 있을 때 도이(島夷, 섬나라 오랑캐)들을 능히 천리인욕설에 입각한 왕도로 설복할 수 있다고 '헛소리'를 구두선처럼 뇌까렸다. 그 결과 나라를 패망의 구렁으로 밀어넣고, 백성을 어육魚肉으로 만들어 식민지 노예로 전락시키고 말았다.

남송과 조선조의 패망이 증명하듯 성리학과 같은 '사이비 정치철학'을 통치이념으로 삼을 경우 이는 패망을 자초하는 길이다. 그 근본배경이 바로 맹자의 성선설에서 비롯됐다고 해도 과언이 아니다. 명대 후기의 이탁오가 《분서焚書》에서 공자사상을 결정적으로 왜곡한 두 명의 '사이비 정치철학자'로 맹자와 주희를 꼽은 이유다.

'기정병용'의 용병 원리를 활용하라
:

왕도와 패도는 상호 보완 관계를 맺고 있다. 난세에는 패도, 치세에는 왕도를 전면에 내세울 필요가 있다. 그렇다고 난세에 패도만 고집해서도 안 되고, 반대로 치세에 왕도만 밀고나가도 안 된다. 상황에 따라 섞어 쓰는 게 요체다. 이와 관련해 매우 유명한 일화가 《춘추좌전》에 나온다. 정나라 대부 자산子産은 공자의 사상적 스승이다. 그는 숨을 거두기 직전 대부 유길游吉을 불러 이같이 당부했다.

"내가 죽게 되면 그대가 틀림없이 집정이 될 것이오. 오직 덕이 있는 자만이 관정寬政으로 백성을 복종시킬 수 있소. 그렇지 못한 사람은 차라리 맹정猛政으로만 다스리는 게 낫소. 무릇 불은 맹렬하기 때문에 백성들이 이를 두려워하므로 불에 타 죽는 사람이 많지 않소. 그러나 물은 유약하기 때문에 백성들이 친근하게 여겨 쉽게 가지고 놀다가 이로 인해 매우 많은 사람이 물에 빠져 죽게 되오. 그래서 관정을 펴기가 매우 어려운 것이오."

그러나 유길은 자산의 당부를 제대로 이행하지 않았다. '맹정'을 펴지 못하고 '관정'으로 일관하자 도둑이 급속히 늘어났다. 유길이 크게 후회했다.

"내가 일찍이 자산의 말을 들었더라면 이 지경에 이르지는 않았을 것이다."

그러고는 곧 군사를 출동시켜 무리지어 숨어 지내는 도둑들을 토벌했다. 도둑이 점차 뜸해졌다. 이를 두고 공자는 이같이 평했다.

"참으로 잘한 일이다. 정치가 관대해지면 백성이 태만해진다. 태만해지면 엄히 다스려 바르게 고쳐놓아야 한다. 정치가 엄하면 백성이 상해를 입게 된다. 상해를 입게 되면 관대함으로 이를 어루만져야 한다. 관대함으로 백성들이 상처 입는 것을 막고 엄정함으로 백성들의 태만함을 고쳐야 정치가 조화를 이루게 되는 것이다. 《시》에 이르기를, '다투거나 조급하지 않고, 강하지도 유하지도 않네. 정사가 뛰어나니 온갖 복록이 모여 드네'라고 했다. 이는 관정과 맹정이 잘 조화된 지극한 정치를 말한 것이다."

공자의 평은 관정과 맹정을 섞어 쓰는 관맹호존寬猛互存의 이치를 언급한 것이다. 상황에 따라 왕도와 패도를 섞어 쓰는 왕패병용王覇幷用의 이치와 같다. 이는 너무 맑은 물에는 물고기가 살지 않는 이치와도 통한다. 다음은 이를 뒷받침하는 《채근담》의 해당 구절이다.

"땅이 적당히 더러워야 뭇 생물이 자란다. 물이 너무 맑으면 늘 고기가 없는 법이다. 군자는 어느 정도 때가 묻어 있는 상태로 더러움도 용납하는 도량을 지녀야 한다. 지나치게 깨끗한 것만 좋아해 모든 일을 홀로 행하려는 것은 잘못이다."

이는 인구에 회자하는 수청무어水淸無魚 성어를 인용한 것이다.

이 성어는 전한 초기 반고班固의 《백호통白虎通》에서 처음으로 언급된 것이다. 관맹호존의 이치와 같다. '정관지치'의 성세를 이룬 당태종은 관맹호존의 이치를 통찰하고 있었다. 《정관정요》〈사종奢縱〉에 나오는 다음 일화가 이를 뒷받침한다. 정관 11년(637), 대신 마주馬周가 이같이 상소했다.

"신이 역대 왕조의 수명을 일일이 따져보니 하, 은, 주에서 시작해 한고조 유방이 천하를 통일하기까지 후손에게 보위를 계속 물려준 시기가 각기 달랐습니다. 긴 경우는 800여 년, 짧은 경우일지라도 무려 400~500년에 달했습니다. 모두 덕행과 공업을 쌓고, 군주의 은혜가 백성들 마음속에 깊이 각인된 결과입니다. 어느 시대인들 어찌 삿되고 편벽된 '위군자'가 나타나지 않을 리 있겠습니까? 다만 이들은 선대 군주가 베푼 은덕 덕분에 곤경을 면할 수 있었을 뿐입니다. 그러나 삼국시대 이래 수나라까지 등장한 역대 왕조 가운데 시간이 긴 경우는 50년, 짧은 경우는 20~30년 지속되다가 패망했습니다. 이는 실로 창업주가 은덕과 교화를 널리 행하지 않은 탓입니다. 예로부터 성명한 군왕은 개개인이 처한 상이한 상황을 좇아 그에 상응하는 교화를 펼쳤습니다. 정령이 관대하면서도 엄한 '관맹호존'의 수준을 시국변화에 따라 적당히 조절한 이유입니다. 그러나 이들 군왕 모두 기본원칙만큼은 스스로 검소하게 생활하면서 백성들에게 은혜를 베푸는 데 두었습니다. 스스로에게 엄격하면서 백성에게 은혜를 베푸는 이 두 가지 원칙이야말로 정치교화의 요체에 해당합니다. 그러면 백성들은 군주를 자신들의 부모처럼 좋아하며 떠받들고, 마치 해와 달을 우러러보는 것처럼 숭앙하고, 신령을 대하는 것처럼 존경하고, 뇌성벽력을 무서워하는 것처럼 두려워할 것입니다.”

관맹호존의 이치는 병법에도 그대로 적용된다. 《손자병법》〈시계〉는 전쟁터에서 유리하게 돌아가는 상황변화를 적극 활용해 싸움의 주도권을 장악할 것을 주문하고 있다. 이를 '인리제권因利制權'이라 표현했다. 이를 두고 삼국시대의 조조는 이같이 풀이했다.

"전쟁터의 주도권은 임기응변에서 나온다. 임기응변은 상황변화를 좇아 재빨리 그에 부응하는 전략전술을 구사해 계속 주도권을 쥐는 것을 말한다."

인리제권은 정규전을 뜻하는 정병正兵과 비정규전을 뜻하는 기병奇兵을 섞어 쓰는 기정병용奇正幷用의 묘리를 터득해야만 능히 구사할 수 있다. 당태종도 군웅을 평정하는 과정에서 '기정병용'을 통해 승리를 거머쥐었다. 이를 뒷받침하는 내용이 위국공 이정李靖과 함께 역대 병법을 논한 《당리문대唐李問對》에 나온다. 하루는 당태종이 이정에게 물었다.

"짐이 수나라 장수 송노생宋老生을 격파할 때의 일이오. 접전 초기 정의의 기치를 든 아군이 약간 후퇴하게 됐소. 짐이 직접 갑옷으로 무장한 철기鐵騎를 이끌고 달려갔소. 측면에서 적의 진지를 치자 송노생의 군사는 후방이 차단돼 대패하고 말았소. 송노생도 포로로 잡혔소. 이는 정병과 기병 가운데 어디에 속하는 것이오?"

이정이 대답했다.

"신이 병법의 이치를 살펴보건대 역대 왕조 모두 우선 정병을 구사한 뒤 적을 엄습하는 기병을 사용했고, 인의를 앞세운 뒤 권모술수를 구사했습니다. 송노생과 싸울 때 아군은 짐짓 약간 뒤로 물러났습니다. 이는 기병입니다."

당태종이 물었다.

"그때 아군이 약간 후퇴하는 바람에 하마터면 대업이 무산될 뻔했는데 어찌하여 이를 기병의 전법이라고 하는 것이오?"

이정이 대답했다.

"무릇 용병할 때 적의 전방을 향해 진격하는 군사를 정병, 후퇴하는 군사를 기병이라고 합니다. 그때 아군이 약간 후퇴하지 않았다면 어떻게 송노생의 군사를 우리 쪽으로 유인할 수 있었겠습니까?《손자병법》에서 말하기를, '적에게 미끼를 내보여 유인하고, 혼란한 틈을 이용해 취한다'고 했습니다. 송노생은 병법을 모르는 자였습니다. 자신의 용맹만 믿고 서둘러 진격했다가 뜻밖에 뒤가 차단됐고, 결국 패해 사로잡히게 된 것입니다. 이것이 바로《손자병법》에서 말하는 이기위정以奇爲正입니다."

'이기위정'은 기병을 정병으로 삼는다는 뜻이다. 당태종이 물었다.

"지금 고구려가 내 말을 듣지 않고 있어 고구려를 치고자 하는데 경의 생각은 어떻소?"

이정이 대답했다.

"신이 연개소문에 대해 탐지한 바에 따르면 그는 병법에 능하다고 자부하면서, 중국은 감히 고구려를 치러 나서지 못할 것이라고 장담한다고 합니다. 폐하의 조명을 듣지 않는 이유입니다. 청컨대 신에게 3만 명의 군사를 내려주시면 그를 사로잡을 수 있습니다."

당태종이 물었다.

"3만 명의 군사는 너무 적지 않겠소? 게다가 고구려는 멀리 떨어져 있소. 공은 어떤 전술로 임하려는 것이오?"

이정이 대답했다.

"신은 정병으로 공략코자 합니다."

당태종이 물었다.

"돌궐을 평정할 때는 기병을 사용하지 않았소? 그런데 어찌하여 이번에는 정병을 사용하려는 것이오?"

이정이 대답했다.

"제갈량은 남만南蠻을 정벌할 때 맹획孟獲을 일곱 번 놓아주었다가 일곱 번 다시 사로잡는 이른바 칠종칠금七縱七擒을 행했습니다. 그는 다른 계책은 사용하지 않고 오직 정병만 구사했습니다. 신이 돌궐을 칠 때 서쪽으로 몇천 리나 진격해 들어갔습니다. 그때 정병이 아니었다면 어찌 그처럼 멀리 원정을 떠날 수 있었겠습니까?"

당태종이 물었다.

"전한 때 곽거병霍去病의 용병은 우연히도 손자나 오자의 병법과 부합했소. 이는 있을 수 있는 일이오. 짐이 분전해 적을 격퇴한 것이 아군에게 유리하게 작용함으로써 손자와 오자의 병법에 부합하게 됐다는 경의 지적은 옳소. 그런데 일시 후퇴한 것을 두고 과연 기병이라고 할 수 있는 것이오?"

이정이 대답했다.

"군사가 후퇴할 때 치켜든 깃발이 높기도 하고 낮기도 하여 고르지 못하고, 북소리가 크기도 하고 작기도 하여 장단이 맞지 않고, 호령이 떠들썩하기만 할 뿐 통일이 되지 않는 것은 패퇴할 조짐입니다. 결코 기병이라고 할 수 없습니다. 깃발이 가지런하고, 북소리 장단이 맞고, 호령이 통일돼 있으면 설령 외양상 혼란스런 모습을 보이며 퇴각하는 것일지라도 결코 패주하는 것으로 볼 수는 없습니다. 거기에는 반드시 기이한 계책이 숨어 있습니다. 《손자병법》에 이르기를, '짐짓 패한 척하는 군사는 뒤쫓지 말라'고 했습니다. 또 '전황이 유리해도 짐짓 불리한 듯 보여라'고 했습니다. 이는 모두 기병을 언급한 것입니다."

당태종이 물었다.

"송노생과 싸울 때 우리 군사가 약간 후퇴했던 것은 하늘의 뜻이오? 또 송노생이 잡힌 것은 인력에 의한 것이오?"

이정이 대답했다.

"만일 정병이 변해 기병이 되고, 기병이 변해 정병이 되지 않는다면 어찌 능히 승리를 거둘 수 있겠습니까? 용병에 능한 장수는 정병과 기병을 섞어 사용합니다. 이는 전적으로 사람에 달려 있습니다. 그 운용이 변화무쌍해 신묘하기 그지없는 것은 하늘의 조화로 돌릴 수밖에 없습니다."

《손자병법》을 비롯한 모든 병서는 상황에 따라 임기응변할 줄 알아야 능히 승리를 거둘 수 있다고 역설한다. '기정병용'은 모든 병서를 관통하는 키워드로 '왕패병용'의 이치를 병법의 관점에서 풀이한 것이다. 21세기 경제전쟁은 전쟁터의 살벌한 풍경을 방불케 한다. 생사를 걸고 접전할 때 필승을 거두려면 반드시 '기정병용'의 용병 원리를 활용할 줄 알아야 한다. 임기응변의 절묘한 운용이 해답이다.

심기일전의 각오로 임기응변하라

21세기를 흔히 스마트혁명시대 내지 G2시대라 한다. 전자는 변화의 속도가 급격하다는 취지에서 나온 것이고, 후자는 미국과 중국이 G1의 자리를 놓고 치열하게 경쟁하는 양상에 착안한 용어다. G2시대는 국가총력전의 경제전쟁 양상을 띠고 있다. 요체는 세계의 공장에서 세계의 시장으로 부상한 중국의 내수시장을 점령하는 데 있다. 우리가 상대적 우위를 차지하고 있는 산업기술에서 중국의 추월을 허용해서는 안 되는 이유다. 현재 중국의 추격이 가속도를 내고 있다. 한마디로 위기다. 이를 전화위복의 계기로 삼아야 한다. 정부와 기업이 2인3각의 자세로 합심하여 잘만 대응하면 위기를 도약의 발판으로 삼을 수 있다. 심기일전의 각오로 임기응변하는 게 관건이다. 크게 세 가지 방안을 생각할 수 있다.

첫째, 일부 독과점 업체에 의해 장악된 왜곡된 현재의 시장질서부터 바로잡아야 한다. 공자는 《논어》〈안연〉에서 정치가 무엇인지를 묻는 노나라 권신 계강자의 질문에 '정자정야政者正也'라고 답했다. 잘못된 것을 바로 잡는다는 뜻이다. 이는 전 백성이 고루 잘사는 균부均富를 달리 표현한 것이다. 《논어》〈계씨〉에 나오는 다음 언급이 이를 뒷받침한다.

"군주와 공경대부는 재물이 적은 것을 근심하지 않고 고르지 못한 것을 걱정하며, 가난한 것을 근심하지 않고 편안치 못한 것을 근심한다. 대개 고르면 가난하게 되는 일이 없고, 조화를 이루면 적게 되는 일이 없고, 편안하면 기울어지는 일이 없게 된다."

이는 최근 중국 학계에서 제자백가의 일원으로 새롭게 각광을 받고 있는 상가商家의 효시인 관중의 주장과 맥을 같이하는 것이다. 춘추시대 중엽 제환공을 도와 첫 패업을 이룬 관중은 전 백성에게 재화를 고르게 나눠주는 여민분화與民分貨를 정치의 요체로 꼽은 바 있다.

다음은 《관자》〈치미侈靡〉의 해당 대목이다.

"지나치게 부유하면 부릴 수가 없고 지나치게 가난하면 염치를 모르게 된다."

초한전 때 유세가 역이기가 유방을 만나 '제왕은 백성을 하늘로 삼고, 백성은 먹고 사는 것을 하늘로 삼는다'며 이른바 민이식위천民以食爲天을 역설한 것도 같은 맥락이다. 진수는 《삼국지》를 저술하면서 이를 약간 변용해 '나라는 백성을 근본으로 삼고, 백성은 먹고사는 것을 하늘로 삼는다'고 표현해놓았다. 모두 민생의 해결에서 정치를 시작해야 한다고 역설한 것이다.

공자와 관중의 이런 주장은 경제민주화와 동반성장이 화두로 등장한 저간의 상황에 비춰 시사하는 바가 매우 크다. 정치경제학의 관점에서 풀이하면 극도로 왜곡된 시장질서의 시정을 주문한 것이나 다름없다. 역대 왕조사가 증명하듯이 시장이 소수 독과점 업자에게 좌우되며 시장질서가 극도로 왜곡된 나라치고 오랫동안 유지된 적이 없다. 이는 민생문제가 해결돼야 비로소 나라가 바로 설 수 있다는 매우 단순하면서도 엄중한 진리를 반영하고 있다.

민생의 현장인 시장질서를 바로 잡아 시장을 활성화하는 게 요체다. 시장의 활성화는 사람 몸에서 피가 원활히 돌아 활력이 넘치는 이치와 같다. 혈액순환이 원활하지 못하면 아무리 튼튼한 신체를 자랑할지라도 이내 죽게 된다. 나라 경제도 이와 같다. 혈액에 해당하는 게 바로 재화와 돈이다. 실물경제와 화폐경제가 수레의 두 바퀴처럼 맞물려 원활히 돌아가야만 활성화된다. 재화와 돈이 교환되는 장소가 바로 실물 시장이다.

주부들이 느끼는 장바구니 물가는 당국이 발표하는 수치와 늘 괴리돼왔다. 해당 관원들이 자신들의 공적을 높이기 위해 '통계의 마술'을 부린 결과다. 이는 나라의 기둥을 갉아먹는 짓이다. 문민정부 때 터져나온 전대미문의 IMF환란이 그 증거다. 지금도 별반 다를 게 없다. 서민의 부채가 1000조 원에 달하고 있는 현실이 그렇다. 깊은 병에 걸려 속으로 썩어 들어가고 있는데도 겉모습만 멀쩡한 경우와 같다.

세계적인 경제 불황 속에서 시장 상인들은 '돈이 돌아야 뭘 해먹지!'라며 푸념을 그치지 않고 있다. 그들은 돈이 원활히 도는지 여부로 활황과 불황을 가늠한다. '돌고 돌아야 돈이다'라는 우리말 속담이 실감나는 대목이다. 우리말의 '돈'처럼 시장경제 원리의 정곡을 찌르는 말도 없다. 돈이 돌게 만들어야 한다. 돈은 어원이 보여주듯이 돌기 위해 존재한다. 고여 있으면 썩고 만다. 혈류가 막히면 병이 나는 것과 같다. 시급히 왜곡된 시장질서부터 바로잡아야 하는 이유다.

둘째, 이공계 인재를 대거 육성해야 한다. 이웃 중국을 적극 벤치마킹할 필요가 있다. 현재 세계의 공장에서 세계의 시장으로 탈바꿈한 중국의 과학기술 발전은 눈부시다. 지난 2013년 6월 지상 340킬로미터에 떠 있는 중국의 우주정거장 톈궁天宫에서 물리학 강의와 실험이 이뤄졌다. 실시간으로 중국 전역에 생중계된 우주강의에서 6000만 명에 달하는 중국 학생이 직접 화상통신을 통해 강사와 질의응답을 주고받았다. 현재 중국은 연구개발에 엄청난 투자를 하고 있다. 어림잡아 한국의 세 배 수준이다. 지난 2008년부터는 세계적 수준의 과학인재 2000명을 국내로 영입하는 천인계획千人計劃을 추진하고 있다.

중국은 지난 2013년 9월 자체 제작한 우주왕복선 아오톈遨天 1호 발사에 성공했다. 시험비행 방식은 미국의 상업용 우주왕복선인 '드림체이서'와 닮았다. 드림체이서는 중국보다 한 달 앞선 2013년 8월 캘리포니아에서 7명을 태우고 발사돼 시험비행에 성공한 바 있다. 현재 우주왕복선 기술을 가진 나라는 미국과 중국뿐이다. 드림체이서와 아오톈 모두 위성 공격용 우주 전투기로 사용될 소지가 크다. 우주 공간에서도 전쟁이 벌어질 수 있음을 시사한다.

한국은 사상 최초로 이공계 출신 대통령을 배출하기는 했으나 그 기반은 매우 취약하다. 우리나라는 국회의원의 7퍼센트만이 이공계 출신이다. 중국의 핵심권력층 대부분이 이공계 출신으로 채워져 있는 것과 대비된다. 과학기술에 대한 과감한 투자와 이공계 인재의 육성은 장기적인 저성장과 저소비, 고실업으로 상징되는 이른바 '뉴노멀New Normal' 시대에 자원빈국인 한국이 살아남을 수 있는 유일한 활로이기도 하다.

이공계 인재에 대한 과감한 병역특례 조치 등을 적극 고려할 필요가 있다. 이스라엘이 최고의 엘리트를 육성하기 위해 시행하는 군복무 프로그램인 '탈피오트Talpiot'가 좋은 실례다. 탈피오트는 히브리어로 '최고 중의 최고'를 뜻한다. 지난 1973년 제4차 중동전쟁 이후 위기관리 해결능력을 가진 영재를 군에서 키우자는 취지로 1979년부터 시작됐다. 이들은 부대 내에서 숙식하며 수학과 물리학을 학습하고, 컴퓨터공학을 복수로 전공한다. 대학을 졸업하면 원하는 부대에서 6년간 장교로 근무하면서 기술적으로 해결하기 힘든 과제들을 푸는 데 전념한다. 미사일 발사 후 과열된 발사대에서 바로 미사일을 다시 쏘는 기술을 개발하거나 반년 동안 쓸 수 있는 최첨단 배터리 등을 개발하는 식이다. 이들은 제대 후 대부분 유망 벤처기업가로 변신한다. 과학기술의 발전 없이는 초일류 국가로의 도약은 기대하기 어렵다. 위정자들의 대오각성이 절실한 상황이다.

셋째, 삼성과 같은 초일류 글로벌 기업을 대거 육성해 나라에 보답하도록 하는 방안이다. 경제민주화 및 동반성장의 패러다임에 갇혀 초일류 글로벌 기업의 육성을 게을리하는 것은 소탐대실小貪大失 내지 교각살우矯角殺牛의 우를 범하는 것이다. 중소기업을 중견기업으로 집중 육성하는 방안과 함께 우리도 여러 개의 초일류 기업을 거느려야만 국부를 획기적으로 증진시켜 실질적인 부국강병을 이룰 수 있다. 그러기 위해서는 초일류 글로벌 기업을 지향하는 기업 CEO들을 적극 성원할 필요가 있다. 그들로 하여금 명실상부한 '국민기업인'으로 거듭나게 해 스스로 자부심을 갖도록 만드는 게 관건이다.

글로벌 기업 CEO는 경제전쟁의 최전선에서 비즈니스 전사들을 지휘하는 일선 장수에 해당한다. 21세기에 들어와 가장 혁혁한 전공을 세운 장수는 말할 것도 없이 삼성군단의 사령관 이건희 회장이다. 그는 늘 자강불식을 외치며 비즈니스 전사들을 긴장시키는 것으로 유명하다. 일찍이 창업주 이병철은 후계자인 이건희에게 사업보국事業報國의 외길을 의연하게 걸어가라는 취지에서 '목계木鷄'를 좌우명으로 내려준 바 있다. '목계'의 일화는 《장자》〈달생〉에 나온다. 이에 따르면 하루는 주나라 대부 기성자가 투계鬪鷄를 좋아하는 주선왕을 위해 싸움닭을 길렀다. 열흘 후 왕이 물었다.

"닭을 이제 싸움판에 내놓을 만한가?"

"아직 안 됐습니다. 헛되이 교만하여 자기 기운만 믿는 상태입니다."

열흘 후 다시 물었다.

"아직 안 됐습니다. 다른 닭만 보면 싸우려 드는 상태입니다."

열흘 후 또 물었다.

"아직 안 됐습니다. 상대방을 노려보며 기운이 성한 상태입니다."

열흘 후 재삼 묻자 마침내 이같이 대답했다.

"다 됐습니다. 닭이 비록 주변의 변화에 민감하게 반응해 소리를 내지르는 짐승이라고는 하나 이제 변화가 없게 됐습니다. 저 놈을 바라보면 마치 '목계'와 같습니다. 다른 닭들이 저 놈을 보면 감히 도전하지 못하고 이내 꽁지 빠지게 달아나고 있습니다."

목계는 주변의 칭송과 비판에 아랑곳하지 않고 목표를 향해 꾸준히 전진하는 자강불식을 상징한다. 이를 이루기 위해서는 먼 미래를 내다보는 원모遠謀와 사안의 본질을 꿰뚫어보는 식견識見, 상식의 허를 찌르는 독보적인 창견創見, 신속하면서도 통이 큰 과단果斷, 결단하면 반드시 일을 성사시키고야 마는 투지鬪志 등이 전제돼야 한다. 이 책에서 정밀하게 검토한 임기응변의 모든 항목이 바로 이들 덕목과 취지를 같이한다. 삼성이 소니와 노키아를 제친 데 이어 애플마저 누르고 IT업계의 최강자가 된 것도 바로 이런 임기응변을 발휘한 덕분으로 볼 수 있다. 임기응변이 난세에 위력을 발휘하는 생생한 증거에 해당한다.

임기응변은 국가와 기업 차원에서만 요구되는 것도 아니다. 개인 차원에서 볼지라도 임기응변에 능하지 못하면 낭패를 보기 십상이다. 최근 항간을 떠들썩하게 만든 검찰총장의 '혼외자식 의혹' 논란이 대표적이다. 당사자는 유전자 검사를 실시하는 방안을 거론하면서 해당 언론사에 대한 정정보도 청구소송을 제기했으나 안타깝지만 이는 하책下策이다.

　동서고금을 막론하고 언론은 항간에 나도는 모든 의혹을 그 자체로 보도할 수 있는 특권을 가지고 있다. 이른바 '풍문거핵風聞擧劾'과 '불문언근不問言根'이다. 풍문만으로도 탄핵을 할 수 있는 것은 물론 탄핵 내용의 출처를 제시할 필요가 없는 특권을 말한다. 동양에서는 이런 전통이 수천 년 동안 이어졌다. 제왕에 대한 온갖 소문도 예외가 될 수 없다. 이를 담당한 관원이 바로 간관諫官이다. 오늘날에는 언론이 바로 이런 역할을 수행하고 있다.

　《정관정요》를 보면 당태종 때 최고의 간관 역할을 수행한 위징이 역린에 가까운 아슬아슬한 이야기를 거리낌 없이 한 것을 알 수 있다. 당태종도 사람인 까닭에 위징의 간언을 듣고 불같이 화를 내기도 했다. 이를 뒷받침하는 유명한 일화가 있다.

　원래 당태종은 위징의 간언을 잘 받아줬으나 늘 그랬던 것은 아니다. 하루는 조회를 마치고 내전으로 돌아온 그의 표정이 험악하게 일그러져 있었다. 장손황후長孫皇后가 조심스레 묻자 노기 띤 목소리로 위징을 질타했다.

　"그 시골 촌놈이 조회에서 또 짐에게 대들었소. 이 시골뜨기를 죽이지 않으면 내 마음속의 한을 풀 길이 없을 것 같소!"

　장손황후가 즉시 내실로 들어가 조복朝服으로 갈아입고 돌아와서는 당태종에게 절을 하며 축하했다. 당태종이 이유를 묻자 이같이 대답했다.

"사서에 보면 군주가 성군이면 신하도 충신이라고 했습니다. 지금 폐하가 성군으로 계시는 까닭에 위징 같은 신하가 직언을 하는 것이 아니겠습니까? 천하에서 이런 성군을 얻었으니, 폐하 곁에 있는 소첩이 어찌 이를 축하하지 않을 수 있겠습니까?"

당태종의 반응에 관한 사서의 기록은 없다. 하지만 틀림없이 기뻐했을 것이다. 장손황후가 구사한 화술은 전국시대 말기를 풍미한 소진과 장의 등의 종횡가를 떠올리게 한다. 그녀는 먼저 황제를 극단적으로 높이는 화법을 구사했다. 종횡가의 이론서인《귀곡자》는 이를 비양술飛揚術로 표현했다. 우리말로 '비행기를 띄우는' 격이다. 이어 황제를 옭아매는 겸제술箝制術을 구사했다. '성군이 있기에 귀에 거슬리는 직간을 하는 충신이 있다'고 설파한 게 그렇다. 당태종 이세민은 여기에 녹았다.《귀곡자》는 비양술과 겸제술을 합쳐 '비겸술飛箝術'로 통칭했다. 유세술의 진수가 바로 비겸술에 있다.

당시 그녀가 당태종에게 '신하의 직간을 받아들이지도 못하는가?'라는 식으로 말을 풀어갔다면 자부심이 강한 당태종의 부아를 돋워 이내 위징의 목을 자르게 만들었을지도 모를 일이다. 임기응변의 관점에서 보면 장손황후는 당대 최고의 임기응변술을 발휘한 셈이다. 그녀는 후궁의 일에 대해서도 늘 이런 식으로 접근했다. 당태종이 크게 노하면 자신이 알아서 엄히 처리하겠다고 대답한 뒤 당태종의 화가 어느 정도 풀리면 그간의 사정을 말하며 관대한 처분을 주문한 게 그렇다. 당태종이 일시적으로 화를 참지 못해 일을 그르치는 것을 미연에 방지했던 것이다.

원래 이세민은 호색했다. '영웅호색'의 대표적 사례에 해당한다. 그럼에도 궁궐은 늘 조용했다. 장손황후가 임기응변술을 구사한 덕분이다. 그녀는 단순한 황후가 아니었다. 중대한 문제가 있을 때마다 그녀의 조언이 결정적인 역할을 했다. 천하의 인재인 위징과 방현령을 천거한 장본인이 바로 장손황후다. 사실 위징은 원래 이세민의 형인 태자 이건성의 편이었다. 그렇기에 '현무문의 변'이 일어난 직후 이세민의 참모들 가운데 위징을 적극 수용하고자 한 이는 아무도 없었다. 그때 그녀가 나서 위징의 발탁을 적극 권하고 나섰다. 위징이 역사에 남을 수 있었던 근본배경에 그녀가 있었던 셈이다.

임기응변의 관점에서 볼 때 2013년 가을을 떠들썩하게 만든 '혼외자식 의혹' 사건은 많은 아쉬움을 남긴다. 언론에 처음으로 보도됐을 당시 즉각 장손황후가 구사한 임기응변술을 활용할 필요가 있었다. '이런 의혹이 일어난 것 자체가 본인이 부덕한 소치' 운운하는 식으로 대응했으면 사안이 그처럼 크게 불거지지 않았을 것이다. 과거 유력한 대선 후보가 자식의 '병역 비리 의혹'이 불거졌을 때 임기응변을 제대로 하지 못해 낙마한 것과 닮았다. 당시 두 자식이 모두 군대를 가지 않았다면 그 어떤 이유를 댈지라도 군역면제 자체가 국민감정을 정면으로 거스른 것임을 통찰해야 했다. '모든 것이 본인이 부덕한 소치' 운운하며 유권자들에게 용서를 구하는 게 정답이었다. 그럼에도 당사자는 자식을 군대에 보내고 노심초사하는 부모들의 마음을 헤아리지 못한 채 범법을 저지르지 않았다는 식으로 대응했다. 자책골을 넣은 것이나 다름없다. 거의 손에 다 넣은 천하를 놓친 것이다.

자리가 높아질수록 작은 의혹도 크게 확대돼 널리 유포되기 마련이다. 검찰총장이나 대선후보의 경우는 더 말할 게 없다. 이때 설득의 대상은 국민 전체다. 《한비자》〈세난〉에서 '유세할 때는 무엇보다 먼저 설득 대상의 마음을 헤아려야 한다!'고 역설했듯이 국민감정을 헤아리는 게 급선무다. 이를 감안하지 못한 채 구구한 변명으로 일관하면 오히려 국민들의 부아만 돋우는 꼴이 된다. 해명을 안 하느니 만도 못하다. 《채근담》은 이같이 조언하고 있다.

"늘 귀에 거슬리는 말만 들리고 마음에 거리끼는 일만 있다면 이는 오히려 덕을 연마하는 숫돌이 된다. 늘 귀를 즐겁게 만드는 말만 들리고 하는 일마다 즐겁다면 이는 오히려 자신을 독을 탄 술에 빠뜨리는 길이다."

동아 3국의 국민들 가운데 임기응변에 가장 능한 이들은 중국인이다. 그만큼 현실적이고 실리적이라는 이야기다. 그들은 상황에 따라서는 월왕 구천이 보여준 '후흑'을 뺨칠 정도의 비굴한 모습마저 거리낌 없이 구사한다. 살아남는 일이 그만큼 어려웠음을 반증한다. 황하의 범람으로 인한 홍수, 극심한 가뭄으로 인한 피해, 빈번한 왕조교체 전쟁 등으로 인한 것이다. 이런 환경 속에서 그들의 관심은 자연스레 현재의 삶을 이어가는 것에 쏠릴 수밖에 없었다. 현실적이고 실리적인 사고에 기초한 온갖 종류의 임기응변술이 쏟아져 나온 이유다.

이들은 불신으로 가득 찬 세상에서 살아나갈 묘책을 '꽌시關係'에서 찾았다. 관건은 신의信義다. 신의가 없으면 언제 등 뒤에서 칼을 꽂을지 모른다는 생각을 하기 때문이다. 흔히 동아 3국을 논할 때 한국은 효孝, 중국은 의義, 일본은 충忠을 중시한다고 한다. 중국인들이《삼국연의》첫 편에 나오는 도원결의桃園結義에 열광하는 게 그렇다. 신의를 통한 꽌시가 성립되면 그들은 유비, 관우, 장비가 그랬던 것처럼 목숨을 바쳐 이를 실천하고자 한다. 사마천이《사기》를 저술하면서〈자객열전〉에 이어〈유협열전遊俠列傳〉을 편제했던 것도 이 때문이다.〈유협열전〉에서 말하고자 한 가르침은 간단하다. 난세에는 임기응변이 필요하고, 이는 꽌시를 통해 효과를 볼 수 있고, 진정한 꽌시는 뇌물과 미인계 등의 스캔들이 아닌 신의를 토대로 해야만 가능하다는 것이다.

중국이 개혁개방 이후 불과 30여 년 만에 G2의 일원으로 우뚝 선 것도 이런 맥락에서 이해할 수 있다. 다른 어느 나라에도 존재하지 않는 '사회주의 시장경제'의 이론적 뿌리는 덩샤오핑의 '흑묘백묘론黑猫白猫論'과 '도광양회론韜光養晦論'에 있다. '흑묘백묘론'은 고양이는 털의 색깔과 상관없이 쥐만 잘 잡으면 된다는 생각에서 나왔다. '도광양회론'은 명실상부한 G1의 '신중화질서'를 구축하기 위해서는 속셈을 철저히 숨긴 채 '후흑'의 술책을 구사하는 게 필요하다는 취지에서 나온 것이다. 사상적 연원은《주역》을 관통하는 키워드 '자강불식'이다. 현실에 안주하지 않고 부단히 스스로를 채찍질하며 정진하는 게 답이다. 이는 '임기응변'을 위한 대전제에 해당한다. 양자는 마치 닭과 달걀의 관계와 같아 어느 한 쪽을 떼어놓고 다른 한 쪽만을 생각할 수 없다.

국가와 기업, 개인의 흥망과 영욕 모두 '자강불식'과 '임기응변' 여부에 달려 있다. 현실에 안주하는 순간 이내 추락하고 만다. 모든 것이 급변하는 오늘날의 스마트혁명시대는 난세의 전형에 해당한다. 난세를 헤쳐 나가기 위해서는 《주역》의 변역 논리에 뿌리를 둔 임기응변이 절실히 필요하다. 이는 쉼 없이 정진하는 자강불식에서 나온다. 그게 바로 천기와 지기, 인기 등 3기를 하나로 꿰는 생기生機다. 우리 곁에 임기응변으로 무장한 중국이 명실상부한 세계시장으로 부상해 있는 까닭에 우리 모두는 임기응변의 이치를 깊이 터득할 필요가 있다. 《손자병법》은 상대도 모르고 자신도 모르는 '부지피부지기不知彼不知己'는 싸울 때마다 위험하다고 했다. 위정자와 기업 CEO, 국민 개개인 모두에게 심기일전의 각오와 분발이 절실히 요구되는 시점이다.

참고
문헌

1. 기본서

《논어》,《맹자》,《관자》,《순자》,《한비자》,《도덕경》,《장자》,《묵자》,《상군서》,《안자춘추》,《춘추좌전》,《춘추공양전》,《춘추곡량전》,《여씨춘추》,《회남자》,《춘추번로》,《오월춘추》,《월절서》,《신어》,《세설신어》,《잠부론》,《염철론》,《국어》,《설원》,《전국책》,《논형》,《공자가어》,《정관정요》,《자치통감》,《독통감론》,《일지록》,《명이대방록》,《근사록》,《설문해자》,《사기》,《한서》,《후한서》,《삼국지》,《수서》,《구당서》,《신당서》

2. 저서 및 논문

• 한국어판 •

곽말약,《중국고대사상사》, 조성을 역, 도서출판 까치, 1991.
김승혜,《원시유교》, 민음사, 1990.
김용옥,《동양학 어떻게 할 것인가》, 민음사, 1985.
김충렬 외,《논쟁으로 보는 중국철학》, 예문서원, 1995.
니시지마 사다이키,《중국고대사회경제사》, 변인석 편역, 한울아카데미, 1994.
라이샤워 외,《동양문화사》, 고병익 외 역, 을유문화사, 1973.
리징,《상모-임기응변 계략》, 남은숙 역, 시그마북스, 2012.
마츠시마 다카히로 외,《동아시아사상사》, 조성을 역, 한울아카데미, 1991.
모리모토 준이치로,《동양정치사상사 연구》, 김수길 역, 동녘, 1985.
모리야 히로시,《중국고전의 인간학》, 이찬도 역, 을지서적, 1991.

박덕규 편, 《중국역사이야기》, 일송북, 2006.
박용식, 《당태종전》, 고려대학교출판부, 1995.
박한제, 《중국역사기행》, 사계절, 2003.
박혜숙 편역, 《사마천의 역사인식》, 한길사, 1989.
사마광, 《자치통감》, 권중달 역, 삼화, 2009.
사마천, 《사기》, 김원중 역, 민음사, 2007.
서울대동양사학연구실 편, 《강좌 중국사》, 지식산업사, 1989.
소공권, 《중국정치사상사》, 최 명 역, 서울대출판부, 2004.
솔즈베리, 《새로운 황제들》, 박월라 외 역, 다섯수레, 1993.
송영배, 《제자백가의 사상》, 현암사, 1994.
슈월츠, 《중국고대사상의 세계》, 나성 역, 살림, 1996.
신동준, 《채근담, 돈이 아닌 사람을 번다》, 위즈덤하우스, 2013.
안길환, 《정관정요 제왕학》, 책만드는집, 2007.
야마모토 시치헤이, 《제왕학》, 고경문 역, 페이퍼로드, 2011.
양계초, 《중국문화사상사》, 이민수 역, 정음사, 1980.
양지강, 《천추흥망》, 고예지 역, 따뜻한손, 2009.
여동방, 《삼국지강의》, 문현선 역, 돌베개, 2010.
오긍, 《정관정요》, 김원중 역, 글항아리, 2010.
──, 《정관정요》, 임농석 역, 동서문화사, 2009.
──, 《정관정요》, 정애리시 역, 새물결, 1998.
──, 《정관정요》, 최성덕 역, 시사출판사, 1994.
오카다 히데히로, 《세계사의 탄생》, 이진복 역, 황금가지, 2002.
유현종, 《연개소문》, 행림출판사, 1992.
이성규, 《중국고대제국성립사 연구》, 일조각, 1984.
이시다 미키노스케, 《장안의 봄》, 이동철 외 역, 이산, 2004.
이종오, 《후흑학》, 신동준 역, 인간사랑, 2010.
이탁오, 《분서》, 김혜경 역, 한길사, 2004.

장훈,《한 권으로 보는 중국미술사 101장면》노승현 역, 가람기획, 1999.
전락희,〈동양 정치사상의 윤리와 이상〉,《한국정치학회보 24》, 1990.
전목,《중국역대정치의 득실》, 신승하 역, 박영사, 1975.
──,《중국사의 새로운 이해》, 권중달 역, 집문당, 1990.
전해종 외,《중국의 천하사상》, 민음사, 1988.
지배선,《고선지 평전》, 청아출판사, 2002.
차오시,《당태종 읽는 CEO》, 황보경 역, 21세기북스, 2009.
최명,《춘추전국의 정치사상》, 박영사, 2004.
쿨랑주,《고대도시》, 김응종 역, 아카넷, 2000.
크레인 브린튼 외,《세계문화사》, 민석홍 외 역, 을유문화사, 1972.
크릴,《공자, 인간과 신화》, 이성규 역, 지식산업사, 1989.
팽철호,《임기응변의 중국인》, 사회평론, 2003.
한국공자학회 편,《공자사상과 현대》, 사사연, 1986.
헤로도토스,《역사》, 박광순 역, 범우사, 1995.
홍순창,《사기의 세계》, 영남대출판부, 1982.
황원구,《중국사상의 원류》, 연세대출판부, 1988.

• 중국어판 •

匡亞明,《孔子評傳》, 齊魯出版社, 1985.
金德建,《先秦諸子雜考》, 中州書畵社, 1982.
勞思光,〈法家與秦之統一〉,《大學生活 153-155》, 1963.
童書業,《先秦七子思想硏究》, 齊魯書社, 1982.
潘富恩·甌群,《中國古代兩種認識論的鬪爭》, 上海人民出版社, 1973.
方立天,《中國古代哲學問題發展史》, 中華書局, 1990.
騈宇騫,《貞觀政要》, 中華書局, 2009.
傅樂成,〈漢法與漢儒〉,《食貨月刊 復刊 5-10》, 1976.

謝保成, 《貞觀政要集校》, 中華書局, 2009.

史尙輝, 〈韓非-戰國末期的反孔主將〉, 《學習與批判 1974-9》, 1974.

徐復觀, 《中國思想史論集》, 臺中印刷社, 1951.

蕭公權, 《中國政治思想史》, 臺北聯經出版事業公司, 1980.

蘇誠鑑, 〈漢武帝"獨尊儒術"考實〉, 《中國哲學史硏究 1》, 1985.

孫 謙, 〈儒法法理學異同論〉, 《人文雜誌 6》, 1989.

孫家洲, 〈先秦儒家與法家"忠孝"倫理思想述評〉, 《貴州社會科學 4》, 1987.

孫開太, 〈試論孟子的"仁政"學說〉, 《思想戰線 1979-4》, 1979.

梁啓超, 《先秦政治思想史》, 商務印書館, 1926.

楊善群, 〈論孟荀思想的階級屬性〉, 《史林 1993-2》, 1993.

楊雅婷, 〈荀子論道〉, 《中國文學硏究 2》, 1988.

楊幼炯, 《中國政治思想史》, 商務印書館, 1937.

楊鴻烈, 《中國法律思想史》, 商務印書館, 1937.

呂凱, 〈韓非融儒道法三家成學考〉, 《東方雜誌 23-3》, 1989.

呂思勉, 《秦學術槪論》, 中國大百科全書, 1985.

葉光大 外, 《貞觀政要全譯》, 貴州人民出版社, 1995.

吳康, 〈荀子論王霸〉, 《孔孟學報 22》, 1973.

吳乃恭, 《儒家思想硏究》, 東北師範大學出版社, 1988.

吳辰佰, 《皇權與紳權》, 儲安平, 1997.

王德敏, 〈管子思想對老子道德論的影響〉, 《中國社會科學 1991-2》, 1991.

王德昭, 〈馬基雅弗里與韓非思想的異同〉, 《新亞書院學術年刊 9》, 1967.

王道淵, 〈儒家的法治思想〉, 《中華文史論叢 19》, 1989.

王文亮, 《中國聖人論》, 中國社會科學院出版社, 1993.

王錫三, 〈淺析韓非的極端專制獨裁論〉, 《天津師大學報 1982-6》, 1982.

王亞南, 《中國官僚政治硏究》, 中國社會科學出版社, 1990.

王威宣, 〈論荀子的法律思想〉, 《山西大學學報, 哲學社會科學 2》, 1992.

王曉波, 〈先秦法家之發展及韓非的政治哲學〉, 《大陸雜誌 65-1》, 1982.

于孔寶,〈論孔子對管仲的評價〉,《社會科學輯刊 4》, 1990.

劉奉光,〈孔孟政治思想比較〉,《南開學報, 哲學社會科學 6》, 1986.

劉如瑛,〈略論韓非的先王觀〉,《江淮論壇 1》, 1982.

劉澤華,《先秦政治思想史》, 南開大學出版社, 1984.

游喚民,《先秦民本思想》, 湖南師範大學出版社, 1991.

李侃,〈中國近代'儒法鬪爭'駁議〉,《歷史研究 3》, 1977.

李宗吾,《厚黑學》, 求實出版社, 1990.

李澤厚,《中國古代思想史論》, 人民出版社, 1985.

人民出版社編輯部 編,《論法家和儒法鬪爭》, 人民出版社, 1974.

林聿時·關峰,《春秋哲學史論集》, 人民出版社, 1963.

張豈之,《中國儒學思想史》, 陝西人民出版社, 1990.

張國華,〈略論春秋戰國時期的"法治"與"人治"〉,《法學研究 2》, 1980.

張君勱,《中國專制君主政制之評議》, 弘文館出版社, 1984.

張岱年,《中華的智慧-中國古代哲學思想精髓》, 上海人民出版社, 1989.

章培恒,《貞觀政要選譯》, 鳳凰, 2011.

鄭良樹,《商鞅及其學派》, 上海古籍出版社, 1989.

曹謙,《韓非法治論》, 中華書局, 1948.

趙光賢,〈什麼是儒家? 什麼是法家?〉,《歷史敎學 1》, 1980.

曹思峰,《儒法鬪爭史話》, 上海人民出版社, 1975.

趙守正,《管子經濟思想研究》, 上海古籍出版社, 1989.

趙如河,〈韓非不是性惡論者〉,《湖南師範大學社會科學學報 22-4》, 1993.

曹旭華,〈《管子》論富國與富民的關係〉,《學術月刊 6》, 1988.

周立升 編,《春秋哲學》, 山東大學出版社, 1988.

周雙利,〈略論儒法在'名實'問題上的論爭〉,《考古》4, 1974.

周燕謀 編,《治學通鑑》, 臺北, 精益書局, 1976.

曾小華,《中國政治制度史論簡編》, 中國廣播電視出版社, 1991.

陳大絡,〈儒家民主法治思想的闡述〉,《福建論壇, 文史哲 6》, 1989.

陳進坤,〈論儒家的"人治"與法家的"法治"〉,《廈門大學學報, 哲學社會科學 2》, 1980.

鄒華玉,〈試論管子的"富國安民"之道〉,《北京師範學院學報, 社會科學 6》, 1992.

湯新,〈法家對黃老之學的吸收和改造-讀馬王堆帛書《經法》等篇〉,《文物 8》, 1975.

夏子賢,〈儒法鬪爭的歷史眞相〉,《安徽師大學報, 哲學社會科學 3》, 1978.

郝鐵川,〈韓非子論法與君權〉,《法學研究 4》, 1987.

黃公偉,《孔孟荀哲學證義》, 臺北, 幼獅文化事業公司, 1975.

黃偉合,〈儒法墨三家義利觀的比較硏究〉,《江淮論壇 6》, 1987.

曉東,〈政治學和政治體制改革〉,《瞭望 20-21》, 1988.

• 일본어판 •

加藤常賢,《中國古代倫理學の發達》, 二松學舍大學出版部, 1992.

角田幸吉,〈儒家と法家〉,《東洋法學 12-1》, 1968.

岡田武彥,《中國思想における理想と現實》, 木耳社, 1983.

鎌田 正,《左傳の成立と其の展開》, 大修館書店, 1972.

高文堂出版社 編,《中國思想史》, 高文堂出版社, 1986.

高山方尙,〈商子·荀子·韓非子の'國家'-回歸と適應-〉,《中國古代史研究 4》, 1976.

高須芳次郞,《東洋思想十六講》, 東京, 新潮社, 1924.

高田眞治,〈孔子的管仲評-華夷論の一端として〉,《東洋研究 6》, 1963.

顧頡剛 著 小倉芳彦 等 譯,《中國古代の學術と政治》, 大修館書店, 1978.

谷澤永一,《上に立つ者の心得'貞觀政要'に學ぶ》, 致知出版社, 2008.

菅本大二,〈荀子の禮思想における法思想の影響について〉,《筑波哲學 2》, 1990.

溝口雄三,《中國の公と私》, 硏文出版, 1995.

宮崎市定,《アジア史研究, 1-V》, 同朋社, 1984.

宮島博史 外,〈明清と李朝の時代〉,《世界の 歷史》, 中央公論社, 1998.

金谷治,《管子の研究-中國古代思想史の一面》, 岩波書店, 1987.

大久保隆郎也,《中國思想史, 上-古代·中世-》, 高文堂出版社, 1985.

大濱 晧,《中國古代思想論》, 勁草書房, 1977.

大野實之助,〈禮と法〉,《東洋文化研究所創設30周年紀念論集, 東洋文化と明日》, 1970.

渡邊信一郎,《中國古代國家の思想構造》, 校倉書房, 1994.

明治書院第三編集部 編,《これぞ帝王學の定番, 貞觀政要》, 明治書院, 1997.

木村英一,《法家思想の探究》, 弘文堂, 1944.

────,《孔子と論語》, 創文社, 1984.

茂澤方尙,〈韓非子の'聖人'について〉,《駒澤史學 38》, 1988.

服部 武,《論語の人間學》, 東京, 富山房, 1986.

福澤諭吉,《福澤諭吉選集》, 岩波書店, 1989.

山口義勇,《列子研究》, 風間書房, 1976.

山本七平,《帝王學, 貞觀政要の讀み方》, 日本經濟新聞社, 2001.

森 秀樹,〈韓非と荀況-思想の繼蹤と繼絶〉,《關西大學文學論集 28-4》, 1979.

上野直明,《中國古代思想史論》, 成文堂, 1980.

相原俊二,〈孟子の五覇について〉,《池田末利博士古稀記念東洋學論集》, 1980.

上田榮吉郎,〈韓非の法治思想〉,《中國の文化と社會 13》, 1968.

小林多加士,〈法家の社會體系理論〉,《東洋學研究 4》, 1970.

小野勝也,〈韓非.帝王思想の一側面〉,《東洋學術研究 10-4》, 1971.

小倉芳彦,《中國古代政治思想研究》, 青木書店, 1975.

松浦 玲,〈'王道'論をめぐる日本と中國〉,《東洋學術研究 16-6》, 1977.

守本順一郎,《東洋政治思想史研究》, 未來社, 1967.

狩野直禎,《韓非子の知慧》, 講談社, 1987.

守屋 洋,《貞觀政要のリーダー學 守成は創業より難し》, プレジデント社, 2005.

──, 《韓非子の人間學-吾が存に善なる恃まず》, プレジデント社, 1991.

安岡正篤, 《東洋學發掘》, 明德出版社, 1986.

安居香山 編, 《讖緯思想の綜合的研究》, 國書刊行會, 1993.

原田種成, 《貞觀政要》上下, 明治書院, 1978.

栗田直躬, 《中國古代思想の研究》, 岩波書店, 1986.

伊藤道治, 《中國古代王朝の形成》, 創文社, 1985.

日原利國, 《中國思想史, 上,下》, ペリカン社, 1987.

──, 〈王道から覇道への轉換〉, 《中國哲學史の展望と模索》, 東京, 創文社, 1976.

張 柳雲, 〈韓非子の治道與治術〉, 《中華文化復興月刊 3-8》, 1970.

町田三郎 外, 《中國哲學史研究論集》, 葦書房, 1990.

中村 哲, 〈韓非子の專制君主論〉, 《法學志林 74-4》, 1977.

中村俊也, 〈孟荀二者の思想と'公羊傳'の思想〉, 《國文學漢文學論叢 20》, 1975.

陳柱著 中村俊也 譯, 《公羊家哲學》, 百帝社, 1987.

津田左右吉, 《左傳の思想史的研究》, 東京, 岩波書店, 1987.

淺井茂紀他, 《孟子の禮知と王道論》, 高文堂出版社, 1982.

貝塚茂樹 編, 《諸子百家》, 筑摩書房, 1982.

布施彌平治, 〈申不害の政治說〉, 《政經研究 4-2》, 1967.

疋田啓佑, 《貞觀政要を讀む》, 明德出版社, 2007.

戶山芳郎, 《古代中國の思想》, 放送大敎育振興會, 1994.

丸山松幸, 《異端と正統》, 每日新聞社, 1975.

丸山眞男, 《日本政治思想史硏究》, 東京大出版會, 1993.

荒木見悟, 《中國思想史の諸相》, 中國書店, 1989.

• 서양어판

Ahern, E. M., *Chinese Ritual and Politics*, Cambridge Univ. Press, 1981.

Allinson, R., ed., *Understanding the Chinese Mind: The Philosophical Roots*,

Hong Kong: Oxford Univ. Press, 1989.

Ames, R. T., *The Art of Rulership — A Study in Ancient Chinese Political Thought*, Honolulu: Univ. Press of Hawaii, 1983.

Aristotle, *The Politics*, London: Oxford Univ. Press, 1969.

Barker, E., *The Political Thought of Plato and Aristotle*, New York: Dover Publications, 1959.

Bell, D. A., 〈Democracy in Confucian Societies: The Challenge of Justification.〉 in Daniel Bell et. al., *Towards Illiberal Democracy in Pacific Asia*, Oxford: St. Martin's Press, 1995.

Carr, E. H., *What is History*, London: Macmillan Co., 1961.

Cohen, P. A., *Between Tradition and Modernity: Wang T'ao and Reform in Late Ch'ing China*, Cambridge: Harvard Univ. Press, 1974.

Creel, H. G., *Shen Pu-hai, A Chinese Political Philosopher of The Fourth Century B.C.*, Chicago: Univ. of Chicago Press, 1975.

Cua, A. S., *Ethical Argumentation — A study in Hsün Tzu's Moral Epistemology*, Univ. Press of Hawaii, 1985.

De Bary, W. T., *The Trouble with Confucianism*, Cambridge, Mass. Harvard Univ. Press, 1991.

Fingarette, H., *Confucius: The Secular as Sacred*, New York: Harper and Row, 1972.

Fukuyama, F., *The End of History and the Last Man*, London: Hamish Hamilton, 1993.

Hegel, F., *Lectures on the Philosophy of World History*, Cambridge: Cambridge Univ. Press, 1975.

Held, D., *Models of Democracy*, Cambridge: Polity Press, 1987.

Hsü, L. S., *Political Philosophy of Confucianism*, London: George Routledge & Sons, 1932.

Huntington, S. P., "The Clash of civilization," *Foreign Affairs* 7, no.3, summer.

Johnson, C., *MITI and the Japanese Miracle*, Stanford: Stanford University Press, 1996.

Machiavelli, N., *The Prince*, Harmondsworth: Penguin, 1975.

Macpherson, C. B., *The Life and Times of Liberal Democracy*, Oxford: Oxford Univ. Press, 1977.

Mannheim, K., *Ideology and Utopia*, London: Routledge, 1963.

Marx, K., *Oeuvres Philosophie et Économie 1-5*, Paris: Gallimard, 1982.

Mills, C. W., *The Power Elite*, New York: Oxford Univ. Press, 1956.

Moritz, R., *Die Philosophie im alten China*, Berlin: Deutscher Verl. der Wissenschaften, 1990.

Munro, D. J., *The Concept of Man in Early China*, Stanford: Stanford Univ. Press, 1969.

Peerenboom, R. P., *Law and Morality in Ancient China — The Silk Manuscripts of Huang-Lao*, Albany, New York: State Univ. of New York Press, 1993.

Plato, *The Republic*, Oxford Univ. Press, 1964.

Pott, W. S., *A Chinese Political Philosophy*, Alfred. A. Knopf, 1925.

Rawls, J., *A Theory of Justice*, Cambridge, Harvard Univ. Press, 1971.

Rubin, V. A., *Individual and State in Ancient China — Essays on Four Chinese Philosophers*, Columbia Univ. Press, 1976.

Sabine, G., *A History of Political Theory*, Holt, Rinehart and Winston, 1961.

Sartori, G., *The Theory of Democracy Revisited*, Catham House Publisher, Inc., 1987.

Schumpeter, J. A., *Capitalism, Socialism and Democracy*, London: George Allen & Unwin, 1952.

Schwartz, B. I., *The World of Thought in Ancient China*, Cambridge: Harvard Univ. Press, 1985.

Strauss, L., *Natural Right and History*, Chicago Univ. of Chicago Press, 1953.

Taylor, R. L., *The Religious Dimensions of Confucianism*, Albany, New York: State Univ. of New York Press, 1990.

Tocqueville, Alexis de, *Democracy in America*, Garden City, N.Y.: Anchor Books, 1969.

Tomas, E. D., *Chinese Political Thought*, New York: Prentice-Hall, 1927.

Tu, Wei-ming, *Way, Learning and Politics— Essays on the Confucian Intellectual*, Albany, State Univ. of New York Press, 1993.

Waley, A., *Three Ways of Thought in Ancient China*, doubleday & company, 1956.

Weber, M., *The Protestant Ethics and the Spirit of Capitalism*, London: Allen and Unwin, 1971.

Wu, Geng, *Die Staatslehre des Han Fei — Ein Beitrag zur chinesischen Idee der Staatsräson*, Wien & New York: Springer-Verl., 1978.

Wu, Kang, *Trois Theories Politiques du Tch'ouen Ts'ieou*, Paris: Librairie Ernest Leroux, 1932.

Zenker, E. V., *Geschichte der Chinesischen Philosophie*, Reichenberg: Verlag Gebrüder Stiepel Ges. M. B. H., 1926.